버려졌어도 살아있는 우리의 전통

이병혁 지음

국학자료원

버려졌어도 살아있는 우리의 전통

이병혁(李炳赫) 지음

이 책은 어떤 책인가

우리는 현실생활을 떠난 고원(高遠)한 이론은 좋아하면서도 실제생활에 가까운 실용적인 문제에 대해서는 예사로 여기는 경향이 있다. 이와 유사한 예로 입으로는 인문학을 부르짖으면서 가까운 생활예절에 대해서는 부정적이고 비판적이다. 과연 옳은 일인가?

내가 대만(臺灣)에 두어 달 머문 적이 있었는데, 그곳에서 좋은 책을 찾노라고 많은 고생을 했다. 그런데 나의 머릿속에는 지워지지 않는 책이 있었다. 고전의 명저(名著)도 많았지만 특히 일반생활과 관계되는 책들이 인상 깊었다. 예를 들면 공용문(公用文), 즉 공문(公文)의 역사적인 변천과정을 담은 책과 일반생활에 응용할 수 있는 『응용문(應用文)』이 그것이다. 나는 그것들을 구입하여 몇 번을 읽었다.

그 후에 나는 우리나라에도 이처럼 실생활에 필요한 책이 있었으면 하는 생각이 늘 마음속에서 떠나지 않았다. 우리는 이 방면을 너무 소홀히 여겨왔기 때문이다. 하지만 항상 시간에 쫓겨 뜻을 이루지 못했다. 정년을 하고난 후에 건강이 좋지 못하여 휴양 중에 있으면서 이 방면에 중점을 두어 『한국의 전통제사 의식』(국학자료원)과 『혼서와 혼속』(국학자료원)이란 두 권의 책을 출간했다. 특히 제례를 다룬 책은 4쇄까지 나올 정도로 독자들의 호응을 받아 전국 각지의 독자들로부터 편지와 문의 전화도 많이 받았다. 그 중에서도 "집집마다 한 권씩 소장해야 할 필독서라고 생각됩니다."(양산에서 독자 팔순옹 노만현 드림)라는 편지를 받았을 때는 진작 대중을 위해서 이런 글을 쓰지 못한 것에 미안하기도 했다.

제례와 혼례에 대해서 썼으니 다음에는 장례(葬禮)에 대해서 한 번 정리해 보고 싶었다. 돌이켜 생각해 보면 과거에 우리는 모든 것이 인문학 중심이었고, 인문학의 핵심(核心)은 예학(禮學)이었다고 해도 과언이 아닐 것이다. 당시 사람들의 사고(思考)는 인간을 우주의 질서 속에서 살아가는 하나의 존재로 생각하여, 여기에서 벗어나서는 살 수 없다고 여겼다. 그래서 춘하추동(春夏秋冬)의 변화나 음양오행(陰陽五行)의 변역(變易) 속에 맞추어 거기에 순응하면서 순리대로 살았다.

예(禮)는 바로 이 우주의 질서인 동시에 인간의 질서이다. 따라서 예는 인간이 살아가는 데에 편리하기 위해서 생겨난 것이다. 결코 인간을 불편하게 하거나 구속하기 위해서 생겨난 것이 아니다. 다만 과거에는 과거의 예가 있었고, 현재에는 현재의 예가 있는 것이다. 문제는 과거의 것을 지키는 것만이 예라고 하는 데에 있다. 이러한 사고에는 분명히 문제가 있다. 그렇지만 우리가 결코 간과할 수 없는 것이 있는데, 현대의 예에는 알게 모르게 과거의 예가 녹아 그 곳에 내재하고 있다는 것이다. 『버려졌어도 살아있는 우리의 전통』이란 것도 바로 이 점을 이야기하려는 것이다. 표면에 나타나 있는 것만이 전부가 아니다. 그 이면(裡面)에는 우리의 전통이 살아 숨쉬고 있다는 것을 알아야 한다.

본 저서의 내용은 다음과 같이 구성되어 있다.

제 1편에서 제 4편까지는 상장례(喪葬禮)에 대한 글이다. 과거에는 부모가 별세하면 삼년상(三年喪)을 입었다. 하지만 지금은 대부분 삼우제(三虞祭)를 지내고 탈상(脫喪)을 한다. 심한 경우에는 장례 당일 화장장(火葬場)에서 유골(遺骨)을 인수받아 흩어버리고 그날 탈상을 하는 사람도 있다고 한다. 그렇게 하면 편리하기야 하겠지만 편리함만을 추구하는 것이 좋은 것은 아니다. 이처럼 죽음에 대해 경시(輕視)하면 곧 삶에 대한 경시로 이어진다. 아무리 바쁜 세상을 살아가더라도 한번쯤은 이 책을 통해 옛사람들은 어떤 과정을 거쳐 탈상을 했는가를 읽어보고 그 의미를 생각

해 보라고 권하고 싶다. 이 책은 옛사람들의 일상생활에 대한 내용뿐만 아니라 옛 문서의 형식을 파악하는 데에도 큰 도움이 될 것이다.

그리고 본 저서에서는 유림장(儒林葬)에 대해서도 언급했는데, 이는 아직까지 장례 연구에서 논의된 적이 없는 글이다. 유림장은 특수 계층에서 행해지는 의례이긴 하지만 우리나라 장례문화를 이해하는 데 많은 도움이 될 것으로 믿는다. 이 밖에도 죽음에 대한 명칭, 놓치기 쉬운 전통 예절, 친인척 간의 호칭 등도 아직까지 널리 알려진 적이 없는 글들이다. 오늘날 우리는 공식적으로는 한글전용을 하고 있지만, 이와 반대로 한문전용을 하는 계층도 있다. 바로 한문생활문(漢文生活文)을 사용하는 사람들이다. 이것을 정리하면 책이 몇 권 정도는 될 것이다. 그러나 여기서 예문을 다 들 수 없어 지금도 행해지고 있는 몇 가지만 들었다. 독자 여러분들에게 도움이 되기를 바란다. 또한 「서당에 숨은 이야기들」은 미지의 세계를 여행하는 것과 같은 신비감을 줄 것이다.

끝으로 이 책이 나오기까지 바쁜 중에도 도와준 류경자(柳京子, 부산대 강사) 박사, 고종제 하동기(河東基) 선생 , 황병호(黃炳鎬) 박사, 사진을 찍어준 처질(妻姪) 정경윤(鄭敬潤) 군에게 고마움을 표한다.

필자는 국학자료원에서만 여섯 번째의 책이 나온다. 불황에도 불구하고 이처럼 깨끗한 책을 내어준 정찬용 사장 이하 이 일에 종사한 여러분들에게 고마움을 표한다.

2018. 10. 30.
함장실(含章室) 주인 이병혁(李炳赫) 씀.

목차

제1장

죽은 이를 보내는 예절

상례(喪禮) 1 - <초종(初終)>

초상(初喪)이라 하면 사람이 죽어서 장사(葬事) 지낼 동안을 말하고, 초종(初終)이라 하면 초상(初喪)이 난 뒤로부터 졸곡(卒哭) 때까지를 일컫는다. 하지만 글자의 의미대로 초종이란 처음 별세했을 때를 일컫는 경우가많다. 이때부터 탈상(脫喪)까지 중요한 과정을 살펴보기로 한다. 요즘은장의사(葬儀社)에서 시키는 대로 하는 추세지만, 여기에 우리의 전통 장례문화를 파악하는 데 도움을 줄 만한 내용을 간략하게 정리하기로 한다.

1. 속광(屬纊)

의학이 발달되지 못한 시대에는 사망(死亡)을 확인하는 방법으로 속광이라는 것이 있었다. 광(纊)은 솜 중에서도 "고운 솜"을 일컫는 글자이다. 예전에는 사람이 죽어갈 무렵에 이 고운 솜을 코나 입에 대어 기식(氣息)의 유무를 확인했다. 이 속광이 정지되면 호흡이 끊어졌다는 의미이다. 그러면 이불로 망자(亡者)의 얼굴을 덮고, 곡성(哭聲)을 내고, 고복(皐復)을 한다. 지금은 없어진 의식이다. 의사가 확인하기 때문이다.

2. 고복(皐復)

고복은 쉬운 말로 바꾸면 초혼(招魂)이다. 고(皐)는 "부르는 소리 고"자이고, 복(復)은 "고복 복"자인데, 우리가 흔히 쓰는 초혼과 같은 말이다.『예기(禮記)』에 "초혼을 복(復)이라 하는데, 사랑하는 도리를 다하는 것이다.〔招魂曰復 盡愛之道也〕"라는 글이 그것이다. 고복은 사람이 죽으면 영혼이 육체에서 떠난다고 여겼기 때문에 이 혼을 다시 되돌아오도록 부르는 의식이다.

우리나라에서는 지역에 따라 그 부르는 방법이 조금씩 다르다. 속광을 하여 호흡이 끊어진 것을 확인한 후에는 망자(亡者)가 생시에 입던 저고리를 왼손으로는 옷깃을 잡고, 오른손으로는 허리춤을 잡고, 망자가 누워있는 방문 앞마당이나 또는 지붕 위에 올라가서 북쪽을 향해 평소에 부르던 그 사람의 호(號)나 택호(宅號)를 세 번을 부른 후 "옷 가져가십시오. 복(復)─ · 복(復)─ · 복(復)─" 하고 세 번을 반복한다. 지붕 위에 올라가는 것은 혼이 높이 날아간다고 믿었기 때문이고, 세 번을 반복하는 것은 "예(禮)는 세 번에 이루어진다.〔禮成於三〕"라고 생각하는 정신에서 나온 것이다. 그렇게 하면 가던 혼이 옷 가지러 되돌아올 수 있으리라고 믿었던 것이다. 초혼을 한 저고리는 가지고 와서 시신(屍身)의 가슴 위에 덮어둔다.

그런데 초혼은 지역에 따라 앞마당에서 북쪽 지붕을 향해 하기도 하고, 뒷담장을 통해서 지붕 뒤편에 올라가서 북쪽을 향해 초혼을 하거나 뒷담장 위에 올라가서 북쪽을 향해 하는 곳도 있다.

초혼을 할 때 지붕 위에서 부르든, 집 안마당에서 부르든, 집 뒤쪽에서 부르든 공통점은 북쪽으로 향하는 것이다. 집 뒤편에서 북쪽을 향해 초혼을 하는 것은 북쪽으로 떠나는 혼(魂)에 조금이라도 더 가까이 다가가려는 마음에서 나온 것이다. 사람이 죽으면 북망산(北邙山)으로 간다고 믿기 때문에 북쪽을 향해 초혼을 하는 것이다.

북망산(北邙山)은 중국 동주(東周)의 서울이었던 낙양성(洛陽城)에서 북쪽으로 십리쯤[十里許]에 있던 공동묘지이다. 우리의 민요(民謠)에 "낙양성(洛陽城) 십리허(十里許)에 높고 낮은 저 무덤아"라는 구절이 있는데, 이때 "허(許)"자는 "쯤 허"자이다. 처음에는 서울의 북쪽에 있는 산이라고 북망산(北邙山)이라 했겠지만 지금은 행정구역 명칭으로 변했다. 그런데 우리나라에서는 이 북망산을 상상 속에서 저승과 같은 뜻으로 여겨왔다. 이는 우리나라의 상여소리 중에 "북망산(北邙山)이 멀다 해도 방문 앞이 북망산이네."라는 구절에서도 잘 드러나고 있다.

따라서 초혼은 북망산, 즉 저승으로 가는 혼을 되돌아오라고 부르는 것이다. 이렇게 해도 되살아날 희망이 없을 때는 발상(發喪)을 한다. 발상이란 초상(初喪)이 난 것을 곡성(哭聲)을 내어 주위에 알리는 것이다. 이 초혼도 지금은 거의 없어진 의식이다. 그러나 우리는 문학작품을 통해 그 모습을 어렴풋하게라도 짐작해 볼 수 있다. 김소월의 「초혼(招魂)」이라는 시(詩)가 바로 앞에서 설명한 고복(皐復), 즉 초혼을 소재로 한 작품으로 남아있기 때문이다.

3. 역복(易服)

역복이란 옷을 바꾸어 입는다는 말이다. 상주(喪主)가 평소에 입던 현란한 옷을 상복(喪服:초상에 입을 옷)으로 바꾸어 입고, 피발(披髮)이라 하여 머리를 풀어 늘어뜨린다. 이것은 사치스러운 차림을 피하고 슬픔에 잠긴다는 뜻이다.

이 의식은 지금도 어느 정도 지키는 것이 좋다. 대만(臺灣)에서는 지금도 전통 장례의식을 상당히 지키는데, 몇 년 전에 본인 부부가 대만을 여행 중 현란한 차림을 하고 어느 상가(喪家) 앞을 지나게 되었다. 상가에 있던 사람들이 우리에게 집중하여 눈길을 돌리는 것을 보고 매우 미안함을 느낀 적이 있다.

● 천시(遷尸)

당일 죽은 이의 몸이 굳어지기 전에 시상(尸床)이라는 평상 위에 시신(屍身)을 옮겨 놓는다. 목욕과 염(殮)하기에 편리하게 하기 위함이다.

● 목욕(沐浴)

죽은 사람의 몸이 굳어지기 전에 향(香)을 물에 삶아서 망자(亡者)를 목욕시킨다. 천시와 목욕은 요즘 장의사에서 합리적으로 한다.

● 치관(治棺)

과거에는 목수가 직접 생나무를 베어 관(棺)을 만들었다. 하루에 다 만들기란 힘겨운 일이었다. 요즘은 장의사에서 만들어 놓은 관을 선택하면 되기 때문에 개인적으로 만들 필요가 없다.

● 부고(訃告)

예전에는 부고를 일일이 손으로 써야 했다. 시간이 너무 소요되기 때문에 한 가문에 한 장만 보낼 때는 그 가문에서 나이도 많고 명망도 높은 분에게 한 장만 보내면서 "ㅇㅇㅇ 첨좌전(僉座前)"이라 하여, "ㅇㅇㅇ 모두에게 전함"이라는 뜻으로 써서 받는 사람이 가까운 사람들에게 소식을 전해 달라는 뜻으로 표시하였다. 또 요즘처럼 통신이 발달되지 못했기 때문에 부고 하인(訃告下人)이 집집마다 부고를 가지고 다니면서 전했다. 지금은 삼일장을 하니 부고할 시간적인 여유가 없기 때문에 휴대폰 문자나 이메일로 연락하면 된다.

● 습(襲)

별세(別世) 당일에 망자의 옷을 갈아입힌다. 시간이 경과되면 시신(屍身)이 굳어지기 때문에 굳기 전에 옷을 갈아입혀야 한다. 이처럼 옷을 갈아입히는 것을 습(襲)이라고 한다. 그리고 혼백(魂帛) 등의 제구(諸具)도 이때에 준비해야 한다. 이처럼 옷을 갈아입히는 것은 현대도 마찬가지이다. 옷을 갈아입혀야 염하기에 편하다.

● 함반(含飯)

함반은 먹을 것을 입에 넣는다는 뜻이다. 상주가 왼팔을 벗어 오른쪽 허리에 꽂고, 구슬[珠], 금옥(金玉), 전패(錢貝), 잘 인 쌀(쌀은 버드나무 숟갈로 입에 떠 넣는다.) 등을 시신(屍身)의 입에 넣어 주는 일이다. 저승에 가서도 먹을 것과 재산이 필요할 것이므로 죽은 이를 보내면서 최대한의 예(禮)를 다 갖추는 것이다.

옛날 사람들의 죽음에 대한 생각은 이 세상에서 저 세상으로 자리를 옮기는 정도로 생각했다. 따라서 저 세상에 가도 이 세상에서처럼 금은보화가 필요하다. 그래서 망자(亡者)의 입 안에 금옥 같은 것을 넣는 것이다. 그렇게 입 안에 금은보화를 넣기도 했기 때문에 그 시절에는 장례 후에 무덤을 파서 그 보물을 내어갔다는 이야기들도 있었다. 그러나 일반사람은 금옥 같은 것을 넣을 수가 없어서 대신 엽전을 넣거나 쌀을 넣었다. 하지만 현대 장례에서는 이 절차가 없어졌다.

4. 소렴(小斂)

소렴은 사람이 죽은 다음 날[死之明日]에 한다. 죽은 사람이 다시 살아날 수 있기 때문에 하루를 넘겨서 하는 것이다. 의금(衣衾)도 있어야 하고, 큰옷 즉 심의(深衣)도 입힌다. 관(棺)이불도 준비해야 한다. 아직 시신(屍身)을 묶지 않는다. 행여 살아날 지도 모른다는 기대와 희망을 포기하지 않는다는 의미이다. 그러므로 소렴이라고 한다. 그런데 귀인(貴人)은 명주로 염을 한다.

이때 상주(喪主)는 괄발(括髮)이라 하여 노끈으로 풀어 늘어뜨린 머리를 걷어 올려 묶는다. 활동에 지장을 주기 때문이다. 현대 장례에서는 "소렴"과 "대렴"을 나누어서 하지 않고 합쳐서 한다.

5. 대렴(大斂)

소렴(小斂) 다음 날에 대렴을 한다. 죽은 지 제삼일(第三日) 만이다. 대렴이불을 깔고 관(棺)을 시신(屍身)이 있는 방안으로 들여오며, 엄수결교(掩首結絞)라 하여 머리를 가리고 교(絞)를 맺고, 명목(瞑目)과 악수(握手)를 한다. 얼마 전에만 하더라도 법적으로 24시간 이내에는 염을 못하게 되어 있었다. 오진으로 죽었다고 판단했지만 혹시 살아날 수도 있기 때문이다. 지금도 오늘 사망하면 내일 염을 한다.

언젠가 TV <아침마당>이라는 코너를 시청하다가 어떤 사람이 자신의 경험담 이야기 하는 것을 들었는데, 그 사람은 외국에 나가 죽었던 적이 있었다고 한다. 그런데 본국에 연락이 안 돼 하는 수없이 시신을 병원에 두었는데, 10여일이 지난 후에 다시 살아났다고 한다. 그래서 지금까지 살아있다고 했는데, 입관을 빨리 못하는 이유가 여기에 있다.

6. 입관(入棺)

죽은 지 삼일(三日) 만에 입관(入棺)한다. 예를 들면 오늘 사람이 죽었다면 내일은 생나무를 베어 관(棺)을 만드는데 꼬박 하루가 걸린다. 그 관을 만들어 다음날 입관을 하면 삼일입관(三日入棺)이 된다. 아무리 빨리 하려고 해도 사회적인 여건 때문에 어쩔 수 없었다. 지금은 3일장을 원칙으로 하기 때문에 염을 마치면 바로 입관을 해야 한다.

이때 망자(亡者)의 이[齒], 평소에 빠진 이를 모아 두었다가 입관할 때 넣어준다. 그리고 손톱(평소에 손톱을 깎아 둔 것과 새로 깎은 것), 발톱(손톱과 마찬가지로 모아둔 것과 새로 깎은 것) 등도 입관(入棺)할 때 넣는다. 이것은 신체발부(身體髮膚)는 부모에게서 받은 것이므로 그대로 가지고 간다는 뜻이다. 하지만 현대에 와서는 이런 것을 하지 않는데, 그래도 시신의 손톱과 발톱 정도는 깎아 넣는다.

또 충관(充棺)을 해야 하는데, 입관(入棺)을 했을 때 관에 공간이 있으면 상여(喪輿)를 메고 갈 때 시신이 멋대로 동요되므로 망자의 헌옷 등을 이용하여 관에 충당시킨다. 이것이 끝나면 목수가 관에 못질을 한다. 그리고 구의(柩衣)를 덮는다. 이 못질하는 소리는 듣는 사람을 슬프게 한다.

입관 전에는 시신의 머리를 동쪽[東首]으로 둔다. 동쪽은 해가 뜨는 생(生)의 방향이므로 생기를 받아 살아나기를 기대하는 마음에서이다. 그러나 입관(入棺)을 하여 천구후(遷柩後)에는 서수(西首)로 한다. 서쪽은 해가 지고 만물이 조락(凋落)하는 가을에 해당하므로 이제 살아날 수 없다는 의미이다. 지금은 시신을 영안실에 안치하기 때문에 이런 절차는 없다.

● **명정(銘旌)**

입관을 한 후에 명정을 영좌(靈座)의 오른쪽에 세운다. 누구의 관(棺)이라는 것을 알리는 뜻이다. 예서(禮書)대로 하면「모관모공지구(某官某公之柩)」라 쓰고, 벼슬이 없으면 평소에 일컫는 바에 따라 쓴다[무관즉수소칭(無官則隨所稱)]고 했다. 부인은 남편의 봉호(封號)가 있으면「모봉부인모관모씨지구(某封夫人某貫某氏之柩)」라 쓰고, 봉호가 없으면「유인(孺人)」이라 썼다. 요즘은 남자의 경우 호(號)가 "효원(曉原)"이면「효원처사김해김공지구(曉原處士金海金公之柩)」라 쓰고, 부인이 "밀양박씨"라면「유인밀양박씨지구(孺人密陽朴氏之柩)」라고 쓴다. 본래 누구의 관(棺)이라는 것을 알리는 실용적인 데서 나온 것이다.

명정의 광은 진홍비단 전폭을 사용하고[用絳帛廣全幅], 길이는 삼품

<사진 1> 명정은 누구의 관이라는 것을 알리기 위해 영좌(靈座)의 오른쪽에 세워 두었다가, 장례 때에는 깃발 모양으로 상여 앞에 세워 장지까지 간다.

<사진 2> 명정은 매장할 때 관 위에 덮는데, 묻혀서도 누구의 관이라는 것을 알리기 위함이다.

이상(三品以上)은 9척(尺), 오품이상(五品以上)은 8척, 육품이하(六品以下)는 7척이다[造禮器尺]. 또 천자(天子)는 9척, 제후는 7척, 대부는 5척, 사(士)는 3척이라고도 한다. 그러나 명정은 매장할 때 관(棺) 위에 덮으므로 대개 관의 길이 정도로 하면 되는데, 요즘은 이 명정도 장의사에서 끊어놓은 대로 한다. 옛날에는 명정을 깃발 모양으로 만들어 '누구의 상여가 간다'는 뜻으로 상여 앞에 들고 나갔다.[<사진 1> 참조] 그러나 요즘은 관을 운반하여 화장장으로 가거나, 차를 이용하여 매장지까지 바로 간다. 따라서 명정을 들고 갈 수 없다. 때문에 관 위에 놓고 관과 함께 묶어버린다. 그리고 하관(下棺)할 때 그것을 풀어서 관 위에 얹고 흙을 덮는다.[<사진 2> 참조]

상례(喪禮) 2 - <성복(成服)>

입관(入棺)을 하기 전에는 성복(成服)이 있을 수 없다. 입관을 했기 때문에 성복을 하는 것이다. 진행 순서는 대렴(大斂), 삼일입관(三日入棺), 사일성복(四日成服)이다. 궤연(几筵)을 꾸며 두었다가 다음날 조곡(朝哭), 즉 해 뜰 무렵에 하는 신흥곡(晨興哭) 때 성복(成服)을 한다.

성복(成服)이란 초상에 상복(喪服)을 입는 것이다. 상(喪)을 당한 4일 만의 아침에 각자 자신에게 해당하는 상복을 입고, 서로 마주보고 곡(哭)을 한다. 본래 음식도 많이 장만하지 않는데, 관을 만든 목수를 성복제물로 대접하기 위하여 제물을 더 장만한다. 성복제를 『예서(禮書)』에서는 "상향곡(相向哭)" 한다고 했다. 그리고 남녀가 설 때는 관(棺)을 중심으로 남동여서(男東女西)이다. 동자(童子)도 8세가 되면 복(服)을 입는다. 요즘 장의사(葬儀社)에서는 성복제(成服祭), 축문(祝文) 등이 있는데, 유교 장례식에는 없는 일이다. 더욱이 초상(初喪)에는 전(奠)만 있고, 제(祭)는 우제(虞祭)가 처음 있는 제이다. 성복은 위에서 지적한 것처럼 상향곡(相向哭)으로써 끝이다. 이후 곡(哭)은 주로 조곡(朝哭, 晨興哭), 조석곡(朝夕哭), 조석전(朝夕奠, 卒哭까지), 상식(上食) 등에서 한다. 옛날에 성복(成服)은 반드시 조곡(朝哭)에 하는데, 조곡에는 절을 하지 않는다. 하지만 지금의 시속(時俗)에서는 조전을 겸해서 성복을 많이 한다. 그러므로 절을 하는데 실로 예가 아니라고 했다. 하지만 곡(哭)만 하고 절을 하지 않으니 허전한 감이 있어 절을 한다.

조문(弔問)하는 사람은 지극히 가까운 친족이 아니면 입관(入棺)하기 전에는 조문을 하지 않는 것이 좋다. 왜냐하면 망자(亡者)의 설위(設位)를 못했기 때문이다. 상주(喪主)는 망자의 설위(設位)와 함께 성복(成服)을 하는데, 성복 후에 조문을 해야 상주가 예의를 갖출 수 있다. 성복 전에는 상주가 조문 받을 정황이 아니다. 소렴 후 상주가 통두건을 쓰고, 왼팔을 벗고 있다가 성복 후에 두건 위를 막는다. 현대에도 조문은 가급적 성복 후에 하는 것이 좋다.

<오복(五服)>

1) 참최복(斬衰服)

거친 삼베로 아랫단을 꿰매지 않는다.(3년 복)

참(斬)자는 "도련하지 않은 상복 참"자이고, 쇠(衰)자는 "상옷이름 최(縗)"자와 동자(同字)이다. 아랫단을 끊은 채로 손보지 않았다는 뜻이다. 삼승 베로 만든다[斬三升布以爲衰].

2) 재최복(齊衰服)

거친 삼베로 아랫단을 꿰맨다.(3년 복)

제(齊)자는 "상복 자"자인데, 우리 발음으로 "재"라고 읽는다. 아랫단을 꿰맨 상복이다. 아랫단을 손을 보아 가지런하게 한다는 뜻이다. 아버지 상(喪)에는 아랫단을 끊은 채로 상복을 짓는데, 어머니 상에는 아랫단을 가지런히 손을 보았다는 것은 어머니 상은 아버지 상에 비해 한 등급 아래라는 뜻이다.

3) 대공복(大功服)

굵은 삼베로 짓는다.(9개월 복)

공(功)자는 "상복이름 공"자이다.

4) 소공복(小功服)

굵은 삼베로 짓는다.(5개월 복)

대공과 소공복은 열한 새 삼베이다.(大功小功 布十一升 -『의례전(儀禮傳)』) 즉 올이 열한 새인 삼베로 만든다는 것이다. 베 한 새는 40올이다.

5) 시마복(緦麻服)

가는 삼베로 짓는다.

시(緦)자는 "시마 시"자인데, 올이 가늘고 올의 새가 성긴 베다. 사세(四世)가 시마복이니, 복이 다 된 것이다.(四世而緦 服之窮也 ─『예기(禮記)』)

※ 중복(重服)일수록 베의 올이 굵고 거칠며, 경복(輕服)일수록 베의 올이 가늘고 정교하다. 슬픔이 클수록 화려하게 몸단장을 할 여유가 없기 때문이다.

참고사항

◦ 상주(喪主)는 장사(葬事) 때까지 죽만 먹는다.
◦ 3개월[유월장(踰月葬)], 삼우제(三虞祭) 등 여러 가지 장례 상의 절차가 있다.
◦ 졸곡(卒哭) 다음 날 부제(附祭)이다.[明日附祭]
◦ 졸곡(卒哭)까지는 조석곡(朝夕哭)을 하며, 소사 음수(素食飮水) 하고, 불식소과(不食蔬果) 한다. 졸곡을 마치고 위장(慰狀)에 답을 한다.
◦ 전(奠) : 해가 돋을 때와 저녁 무렵[日晡時]에 ─ 조석(朝夕)으로 주과포(酒果脯)를 올리는데, 이것도 장후(葬後)에는 하지 않는다.
◦ 상식(上食)은 성복(成服) 후로부터 대상(大祥)까지 한다. 성복 전에는 전(奠)만 올린다.
※ 제(祭) : 축문이 있고, 술 석 잔을 올린다.[삼헌(三獻)]
　전(奠) : 축문이 없고, 술 한 잔만 올린다.[무축단헌(無祝單獻)]
◦ 전(奠)과 상식(上食)은 다르다. 전은 상식 전에 주(酒)·과(果)·포(脯)를 올리는데, 장례 전까지 하루에 조석(朝夕)으로 두 번 올린다. 성복(成服) 전에는 상식이 없고, 주·과·포의 전만 올린다. 성복 후부터

상식을 올리는데, 성복제(成服祭)는 없고 전만 있으며 남녀 상향곡(相向哭)만 한다.

◦ 반혼(返魂) 전에는 상주가 할 모든 것을 축(祝)이 대신 행한다.

◦ 예(禮)는 뒤에 나온 것이 옳다[禮後出爲正]는 말이 있다.

<복제(服制)>

1) 참최 3년[一曰 斬衰三年]

참최복을 입고, 대나무 지팡이를 짚는 복(服) : 부상(父喪), 장자상(長子喪), 시부상(媤父喪)

2) 재최 3년[二曰 齊衰三年]

재최복을 입고, 버드나무나 오동나무 지팡이를 짚는 복(服) : 모상(母喪), 시모상(媤母喪)

※ 아버지 상에는 대나무 지팡이를 짚고, 어머니 상에는 버드나무나 오동나무 지팡이를 짚는 것은 남강(男剛) 여유(女柔)를 상징한 것이다. 또 아버지 상에는 둥근 대나무 지팡이를 짚고, 어머니 상에는 네모나게 깎은 지팡이를 짚는데, 이것은 천원지방(天圓地方)의 사상에서 나온 것이다. 아버지는 건(乾) 즉 천(天)이기 때문에 둥근 대나무 지팡이를 짚고, 어머니는 곤(坤) 즉 지(地)를 상징하기 때문에 네모난 나무 지팡이를 짚는다. 그리고 오동나무 또는 버드나무 지팡이도 상원하방(上圓下方)으로 깎는다.

• 재최복을 입고 지팡이를 짚고, 1년 복(服)[재최장기(齊衰杖期)] : 아버지가 살아계시는데 어머니가 먼저 별세한 부재모상(父在母喪), 즉 처상(妻喪)일 때에는 아버지가 상주(喪主)이다. 즉 처상(妻喪)이다. 따라서 아들도 아버지를 따라 1년상이다.

• 재최복은 입지만 지팡이는 짚지 않는 1년 복(服)[재최부장기(齊衰不杖期)] : 형제, 자매, 차자(次子), 맏며느리, 딸, 조카, 맏손자

• 재최복을 입고 5개월 복(服)[재최오월(齊衰五月)] : 증조부모(曾祖父母)

• 재최복을 입고 3개월 복(服)[재최삼월(齊衰三月)] : 고조부모(高祖父母)

3) 대공 9월[三曰 大功九月]

만 9개월 대공복(大功服)을 입는 복(服) : 종형제(從兄弟)

4) 소공 5월[四曰 小功五月]

만 5개월 소공복(小功服)을 입는 복(服) : 종조부모(從祖父母)

5) 시마 3월[緦麻三月]

만 3개월 시마복(緦麻服)을 입는 복(服) : 삼종형제(三從兄弟), 처부모(妻父母)

• 상복(殤服) : "상(殤)"자는 "일찍 죽을 상"자로 요사(夭死)한 것을 말한다. 성년(成年)이 되기 전에 죽은 사람인데, 나이에 따라 세 등급으로 구분한다. 이를 삼상(三殤)이라 한다. 즉 19세부터 16세까지는 장상(長殤), 15세부터 12세까지는 중상(中殤), 11세부터 8세까지는 하상(下殤)이라 한다. 이들에게도 복(服)이 있는데, 차례대로 한 등급 낮추어서[以次降一等], 장상(長殤)은 대공구월(大功九月), 중상(中殤)은 칠월(七月, 지금의 제도에는 9월에 매여 있다.), 하상(下殤)은 소공오월(小功五月) 복(服)이었

다. 그리고 8세가 되지 않으면 복(服)이 없다[無服之殤].

　● 강복(降服) : 양자(養子) 간 남자와 출가(出嫁)한 여인의 생가 부모를 위한 복(服)은 모두 한 등급 낮추어서 상복을 입는다[凡男爲人後 女適人者 爲其私親 皆降一等].

　● 심상 삼년(心喪三年) : 상복(喪服)은 입지 않지만 상제(喪制)와 같은 마음으로 애모(哀慕)하는 일로, 주로 스승을 위해서 심상삼년(心喪三年)이다.

　● 삼년상 안에는 선조의 제사에 축문을 읽지 않고, 복경자(服輕者)를 시켜서 술도 한 잔만 올린다. 이를 일러 무축단헌(無祝單獻)이라 한다.

　다음 복제도(服制圖)는 『상례비요(喪禮備要)』와 『사례편람(四禮便覽)』을 참고하여 일반적인 것만 뽑아서 필자 나름대로 정리한 것이다. 좀 더 전문적인 것을 알고 싶으면 원전을 참고하는 것이 좋을 것이다. 그리고 도표(圖表) 안의 용어 중 며느리의 경우,「장부장기 중대공(長不杖朞 衆大功)」이라는 말은 맏며느리는 지팡이를 짚지 않고 1년 상(喪)을 입고, 작은 며느리는 9개월 복(服)을 입는다는 말이다. 그리고 손부(孫婦)의 경우「적소공 중시(嫡小功 衆緦)」라는 말은 맏손부는 5개월, 그 밖의 여러 손부들은 시마(緦麻) 3개월 복을 입는다는 것이다. 또 누이들은 부장기(不杖朞), 즉 지팡이를 짚지 않고 1년 복을 입는다는 뜻이다. 가대공(嫁大功)은 시집을 가면 강일등(降一等)하여 대공(大功) 9개월 복(服)을 입는다는 것이다.

本宗五服之圖 (본종오복지도)

	1	2	3	4	5 (중앙左)	6 (중앙右)	7	8	9	10
高祖					高祖母 齊衰 三月	高祖父 齊衰 三月				
曾祖				族曾祖姑 緦 嫁無	曾祖母 齊衰 五月	曾祖父 齊衰 五月	族曾祖父母 緦 三月			
祖			族祖姑 緦 嫁無	從祖祖姑 小功 嫁緦	祖母 齊衰 杖朞	祖父 齊衰 不杖朞	從祖祖父母 小功 五月	族祖父母 緦 三月		
父		族姑 緦 嫁無	從祖姑 小功 嫁緦	姑 不杖朞 嫁大功	母 齊衰 三年	父 斬衰 三年	伯叔父母 朞 不杖	從祖父母 小功 五月	族父母 緦 三月	
己	族姊妹 緦 嫁無	從祖姊妹 小功 嫁緦	從父姊妹 大功 嫁小功	姊妹 不杖朞 嫁大功	妻 齊衰 杖朞	己	兄弟 朞 不杖	從父兄弟 大功 九月	從祖兄弟 小功 五月	族兄弟 緦 三月
子		從祖兄弟之女 緦 嫁無	從父兄弟之女 小功 嫁緦	兄弟之女 不杖朞 嫁大功	婦 嫡大功 眾小功	子 長斬衰 眾不杖衰	兄弟之子 不杖 婦大功	從父兄弟之子 小功 婦緦	從祖兄弟之子 緦 婦無	
孫			從父兄弟之孫女 緦 嫁無	兄弟之孫女 小功 嫁緦	孫婦 嫡小功 眾緦	孫 嫡大功 眾小功	兄弟之孫 小功 婦緦	從父兄弟之孫 緦 婦無		
曾孫				兄弟之曾孫女 緦 嫁無	曾孫婦 嫡緦 眾無	曾孫 嫡小功 眾緦	兄弟之曾孫 緦 婦無			
玄孫					玄孫婦 眾無	玄孫 嫡緦 眾無				

상례(喪禮) 3 - <치장(治葬)>

- 계기(啓期) : 장사(葬事) 날짜를 알리는 일[장일(葬日)]
- 장지(葬地)를 결정하고 장삿날을 받으면[得地擇日] 고유(告由)가 있다.[①]
- 장례 하루 전일[前一日] : 개토(開土) 고유(告由)함[②]
- 지석(誌石), 명기(明器) 등 쓰던 물건 준비
- 조주(造主)·신주(神主)를 만들 것
- 계빈(啓殯) : 빈(殯)은 "초빈할 빈"자인데, 시체를 입관(入棺)한 후 장사(葬事)지낼 때까지 안치(安置)하는 곳이다. 유월장(踰月葬)을 하면서 한 달이 넘도록 시신(屍身)을 방안에 둘 수가 없으므로 임시로 가매장(假埋葬)을 해둔다. 매장한 장소에 따라, 즉 집안에 매장을 하면 내빈(內殯), 집 밖에 매장을 하면 외빈(外殯)이라 한다. 그리고 형식에 따라 이엉 같은 것으로 덮어두면 초빈(草殯), 임시 흙으로 묻어두면 토빈(土殯)이라고 한다.

발인(發靷)할 때 출관(出棺)하기 위하여 장사(葬事) 하루 전날[前一日] 조전(朝奠) 때에 빈소(殯所)를 열 것이라고 고유(告由)를 한다.[③] 특히 유림장(儒林葬)을 할 경우 이날 오후에 개좌(開座)를 해야 하기 때문에 장사 하루 전날 오후 3시경에 조상(祖上)에 이별을 고(告)하는 "봉구조우조(奉柩朝于祖)"라는 절차를 밟아야 한다.[④] 여기서 "조(朝)"자는 "뵐 조"자로 관(棺)을 받들어 조상을 뵙는다는 뜻이다. 이때 상주(喪主)는 지팡이를 땅에 버티지 않고 거두어 손에 잡기만 하는 "집장입곡(輯杖立哭)"을 한다. 조상을 모신 앞에서 상주가 감히 지팡이를 버티고 설 수 없기 때문에 거두어 손에 잡고 서는 것이다.

- 축(祝)이 혼백을 받들고[奉魂魄], 명정(銘旌)이 뒤따르며, 관(棺)을 옮긴다.
- 관(棺)을 드디어 청사(廳事)로 옮긴다.[遂遷于廳事][⑤] 이때에 대개

치전(致奠)을 올린다.

- 조전(祖奠)은 저녁 상식(上食)을 올릴 때 병행해도 가능하다.[⑥] 여기서 조(祖)는 "길제사 지낼 조"자인데, 송별연을 베푸는 것이다. 마지막 송별연을 올린다는 뜻이다.

- 다음 날 관(棺)을 옮겨 상여(喪轝)에 싣는다.[明日遷柩就轝][⑦]

※ [ ] 안에 든 숫자는 다음 장에 나오는 고사(告辭)와 축문(祝文)의 예시(例示) 번호이다.

7. 발인(發靷)[⑧]

발인은 상여가 출발한다는 뜻이다. 이때 마지막 제사를 올리는데, 이를 발인제(發靷祭) 또는 견전(遣奠)이라고 한다. 상주가 술을 올릴 정황이 아니기 때문에 축(祝)이 상주를 대신해서 올리면서 한 잔, 즉 단헌(單獻)으로 올린다. 이름은 발인제(發靷祭)이지만 사실은 술을 한 잔만 올리는 전(奠)이다. 여기서 축(祝)이란 축관(祝官)을 줄인 말이다. 이하 모두 동일하다.

축(祝)이 혼백함을 받들어[奉魂函] 영여(靈轝: '영령을 모시는 가마'라는 뜻인데, 허리 높이로 들고 간다고 해서 '요여腰轝'라고도 한다.)에 모시고 분향(焚香)을 한다. 그리고 상여가 정지할 때마다 영여가 상여 앞에 가서 정지하고 술을 부어 놓으며, 분향(焚香)은 끊어지지 않아야 한다.

발인하여 떠나는 순서를 도표로 보이면 다음과 같다.[구행(柩行)]

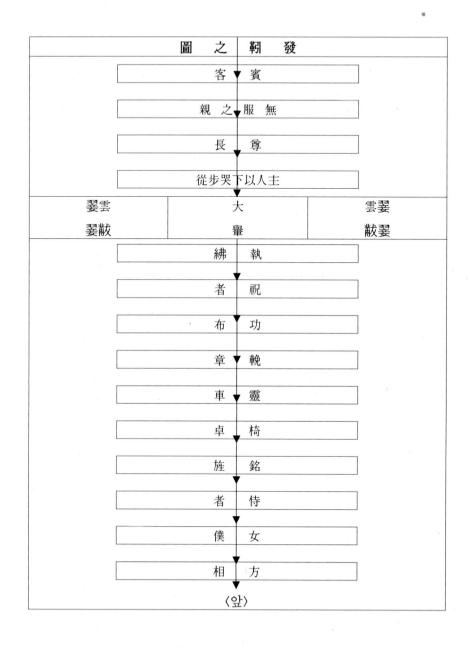

위에서 본 바와 같이 상여가 떠날 때 방상씨(方相氏)가 맨 앞에 선다. 방상씨는 여귀(癘鬼)를 쫓는다. 옛날에는 산 사람이 방상씨 역할을 했으나, 속설에 방상씨 역할을 맡은 사람은 달구소리가 들리지 않는 곳까지 피해야 살아남을 수 있다는 말이 있으므로 사람 대신 허수아비를 만들어 사용했다는 설도 있다.

방상씨는 대부(大夫)의 장사(葬事)에는 눈이 네 개[四目]이고, 사(士)의 장사에는 눈이 두 개[二目]이다.

◦ 천광(穿壙) : 묘의 구덩이를 판다.

◦ 하관(下棺) : 관을 광중(壙中)에 내려놓는다. 봉분이 어느 정도 이루어지면 **사후토어묘좌(祠后土於墓左)**라 하여 산신제(山神祭)를 지낸다.[⑨]

◦ 제주(題主) : 신주(神主)를 쓴다. 신주를 다 쓰고 나면 집으로 돌아가면서 **제주축(題主祝)**이 있다.[⑩]

8. 반곡(反哭)

반혼제(返魂祭)를 지내고 집으로 돌아간다. 제주축(題主祝)에 "신반실당(神返室堂)"이란 말이 있기 때문에 반혼축이라고도 한다.

9. 우제(虞祭)[⑪]

사람이 죽으면 골육(骨肉)은 흙으로 돌아가고, 혼령(魂靈)은 불안하여 사방으로 떠돌아다닌다고 여겼다. 우제는 그 방황하는 혼령을 안정시키기 위해 진혼제(鎭魂祭)를 지내는 것이다. 따라서 "우(虞)"자도 "우제 우"자인데, 우(虞)는 안(安)과 같은 뜻이다.

이 우제는 신분에 따라 그 횟수가 다르다. 사(士)는 세 번을 지내므로 삼우제(三虞祭), 대부는 다섯 번을 지내므로 오우제(五虞祭), 제후는 일곱 번을 지내므로 칠우제(七虞祭), 천자는 아홉 번을 지내므로 구우제(九虞祭)를 지냈다. 여기서 3·5·7·9의 횟수로 격차를 둔 것에 대하여 유의해야 한다.

한문에서 기수(奇數), 즉 홀수(1·3·5·7·9)는 양수(陽數)라 하여 길(吉)한 것으로 여기고, 우수(偶數), 즉 짝수(2·4·6·8·10)는 음수(陰數)라 하여 흉(凶)한 것으로 여겼다. 위에서 우제를 1·3·5·7·9로 차이를 둔 것도 양수(陽數)에 근거를 둔 것이다.

우제에 강일(剛日)이니 유일(柔日)이니 하는 말을 쓰는데, 강일이란 양수일(陽數日)의 날이란 뜻이고, 유일이란 음수일(陰數日)의 날이란 뜻이다. 이러한 지식을 바탕으로 하여 초우(初虞), 재우(再虞), 삼우(三虞)를 지내는 날짜를 보자.

먼저 옛사람들은 모든 사고(思考)가 음양관(陰陽觀)에 뿌리를 두고 있었다. 당시 사람들은 자연에 순응하면서 살았기 때문에 음양을 벗어난 사고를 할 수가 없었다. 초우(初虞)는 체백(體魄)을 땅에 묻는 당일 바로 혼령을 위로해야 하기 때문에 장사하는 날 일중(日中=正午)에 지냈다. 하지만 재우(再虞), 삼우(三虞)는 선택할 여지가 있다. 재우는 두 번째 지내는 제사이므로 음수(陰數)의 날인 유일(柔日), 즉 을(乙=2)·정(丁=4)·기(己=6)·신(辛=8)·계(癸=10)일에 지낸다. 반면 삼우제(三虞祭)는 세 번째 지내는 제사이므로 양수(陽數)의 날인 강일(剛日), 즉 갑(甲=1)·병(丙=3)·무(戊=5)·경(庚=7)·임(壬=9)일에 지낸다. 결론적으로 보면 갑(甲)·을(乙)·병(丙)·정(丁)·무(戊)·기(己)·경(庚)·신(辛)·임(壬)·계(癸)에서 위에 점을 찍은 갑(甲)의 계열은 강일인 양일(陽日)이고, 나머지 을(乙)의 계열은 유일인 음일(陰日)이다. 여기에 맞추어 재우제는 음수며 유일인 짝수 날에 지내고, 삼우제는 양수며 강일인 홀수 날에 지낸다.

주자(朱子)는 "우제는 길제(吉祭)가 되니 차차 길(吉)한 데로 나아가기 때문이다.[虞爲吉祭 蓋漸趨於吉也]"라고 했다. 또 『주례(周禮)』에 의하면 제사(祭祀)의 예(禮)는 오례(五禮: 길吉·흉凶·빈賓·군軍·가嘉) 중에서 길례(吉禮)에 해당한다. 나라의 제사는 길례이기 때문에 귀신에게 제물을 바치고 춤과 음식으로 귀신을 기쁘게 하여 복을 비는 것이다. 이는 일종의 연회 또는 잔치의 성격을 띠었다. 상례(喪禮)는 이와 다르지마는 흉사(凶事)에서 점차 길사(吉事)로 나아가는 것은 사실이다. 우제(虞祭)라는 진혼제를 지내어 혼령을 안정시키는 한편 자신의 마음도 안정을 찾는 것이다. 여기서 꼭 알아두어야 할 것은 "삼우제"는 '세 번째 지내는 제사'라는 뜻이지, 삼일 만에 지내는 제사가 아니라는 것이다. 4일 만에 삼우제가 들기도 한다.

10. 졸곡(卒哭) [⑫]

처음 상(喪)을 당하면 슬픔에 젖어 울음을 그칠 여가가 없다. 그러나 졸곡이 되면 정해진 조석곡(朝夕哭)만 하고, 시도 때도 없이 하는 무시곡(無時哭)은 그친다는 뜻이다. 초상 장사의 과정을 보면 처음에는 흉사의 제사인 상제(喪祭)에서 점차 길제(吉祭)로 나아가는 과정이 되는데, 졸곡(卒哭)은 바로 길제(吉祭)의 시작이다.

졸곡제는 삼우제(三虞祭)를 지낸 후 첫 강일(剛日)에 지낸다. 옛날 유월장(踰月葬)을 할 때는 삼우제를 이어서 곧 졸곡제를 지내지만, 요즘은 삼일장(三日葬) 내지는 오일장(五日葬)을 하기 때문에 곧 이어서 졸곡을 할 수 없고, 석 달을 기다린 후 첫 강일(剛日)에 졸곡을 해야 한다. 만약 졸곡을 일찍 지내면 상주의 상(喪)을 빼앗는다고 한다. 그러면 졸곡은 언제부터인가?

사(士)는 사후(死後) 석 달 만에 장사하는데 이 달에 졸곡(卒哭)이고, 대부(大夫)는 사후 석 달 만에 장사하는데 5개월 만에 졸곡이고, 제후는 사후 5개월 만에 장사하는데 7개월 만에 졸곡이다. [雜記 士三月而葬 是

月也卒哭. 大夫三月而葬 五月而卒哭. 諸侯五月而葬 七月而卒哭.]라고 했
다. ―『가례증해(家禮增解)·졸곡주(卒哭註)』

위의 인용문에서 보이는 바와 같이 졸곡은 신분에 따라 지내야 할 기간
이 다르다. 하지만 우리는 사(士)의 예(禮)에 따라 장사하는 달에 졸곡제를
지낸다. 날짜는 양수(陽數)인 강일(剛日)을 가려 지낸다. 졸곡은 초상에 비
해 슬픔이 조금 줄어진 것이다. 그래서 이때에 정신을 수습하여 각처에서
온 위장(慰狀)에 답장을 낸다.

상사(喪事)에서 졸곡은 큰 의미를 지닌다. 졸곡부터는 흉사(凶事)에서
길사(吉事)로 전환하는 계기가 되기 때문이다. 예를 들면 우제(虞祭)까지
는 축문을 읽을 때 주인의 오른쪽인 동편에서 읽지만, 졸곡부터는 주인의
왼쪽인 서쪽에서 읽는다. 이는 평상시의 일반제사 때와 동등하게 행하는
것이다. 졸곡까지는 망건을 쓰지 못한다.

11. 부제(附祭)[⑬]

부제란 죽은 이의 새 신주를 조상신주 곁에 모실 때 지내는 제사이다.
부(附)자는 부(祔)자와 통용으로, "합사할 부"자이다. 새 신주(神主)를 사
당에 모셔 선조와 한 곳에서 제사지내는 것이다. 손자는 할아버지에게 부
친다고 손부어조(孫附於祖)라고 한다. 망자(亡者)가 지금까지는 인간의
가족으로 있다가 이제부터는 신(神)의 가족으로 되는 첫걸음이다. 가문에
따라서는 장례 때부터 졸곡까지 주인의 오른쪽에서 축문을 읽다가 부제
부터 주인의 왼쪽에서 축문을 읽기도 한다. 그리고 이때에 상주가 처음으
로 포망건(布網巾)을 쓴다.

부제(附祭)는 ① 졸곡 다음에, ② 소상(小祥) 다음에, ③ 대상(大祥) 다음
에 지내야 한다는 세 가지 설이 있다. 그러나 『사례편람(四禮便覽)』에서

는 졸곡 다음에 부제라고 했다. 졸곡까지는 제주(祭主)가 자신을 일러 고자(孤子)라 쓰던 것을 부제부터는 효자(孝子)라고 쓴다. 흉사(凶事)에서 상당히 길사(吉事)로 접근하는 것을 알 수 있다.

12. 소상(小祥)[⑭]

사람이 죽은 지 한 돌 만에 지내는 제사이다. 글자 그대로 슬픔이 줄어져 조금 좋은 차림을 할 수 있다는 뜻이다. 그러나 조석곡(朝夕哭)은 한다. 조석곡은 산 부모에게 하는 혼정신성(昏定晨省)의 의미이다. 특히 아침에 하는 곡(哭)은 아침보다는 새벽에 일어나서 하는 곡이기 때문에 신흥곡(晨興哭)이라고도 한다. 하지만 소상(小喪) 후로는 곡(哭)은 하지 않고 절만 하기도 한다.

또 고례(古禮)에는 기년(朞年)만 상식(上食)을 하고, 기년 후에는 삭망(朔望, 초하루와 보름) 때만 지냈다. 그러다가 조선조(朝鮮朝)에 부모상을 당한 관료가 3년간 휴직을 하고 와서 할 일이 없으므로 3년간 상식(上食)을 올리고, 삭망곡(朔望哭)을 했다는 설도 있다.

13. 대상(大祥)[⑮]

사람이 죽은 지 두 돌 만에 지내는 제사이다. 소상(小祥)보다 더 나은 차림을 할 수 있다는 뜻이다. 공자(孔子)의 제자 자하(子夏)가 탈상(脫喪)을 한 후에 공자를 뵙자 공자께서 그에게 거문고를 주며 타보라고 한 것도 슬픔이 줄어졌기 때문에 가능한 일이다. 이런 일이 있은 후로 대상(大祥)을 금상(琴祥)이라고도 한다. 이를 보더라도 상사(喪事)·장사(葬事)의 예(禮)는 흉사(凶事)에서 길사(吉事)의 예(禮)로 나아가고 있는 것을 알 수 있다. 그리고 대상 때 백흑추종망건(白黑麤騣網巾)을 쓰는 것도 점차 슬픔이 줄어졌기 때문이다. 대상 전 생포망건[굵은 것, 생베], 대상 후 담제까지 백포망건[가는 것, 심의, 소대(素帶 - 상옷 벗고)]로 한다.

삼년상이라고 하지만 죽은 지 1년이면 소상(小祥)이고, 2년째가 대상(大祥)으로 탈상(脫喪)이다. 상복을 벗는다는 뜻이다. 지금은 대개 삼우(三虞)인 3일 만에 상복을 벗는다. 옛날 3년을 입는 복(服)을 지금은 3일로 단축시킨 것이다. 숫자로 따지자면 365일 대 1일로 단축시킨 것이다. 이것도 예(禮)를 잘 지키는 사람의 일이다. 서예학원을 운영하는 어떤 친구의 말에 의하면, 요즘은 장례식장에서 당일 화장(火葬)을 하여 뼈를 헤쳐 버리고 삼우제도 지내지 않으며, 혼백도 없애버리고 1일 만에 탈상을 하는 사람이 90%는 될 것이라고 한다. 이런 사람들에게 예(禮)를 말하는 자체가 사치다. 이처럼 시간에 쫓긴다고 편리함을 추구하니 인간경시, 생명경시의 풍조가 팽배하게 된다.

14. 담제(禫祭)[⑯]

담제(禫祭)는 "담담연 평안지의(淡淡然 平安之意)"라고 간단히 설명한다. 대상(大祥)을 지낸 후 중월(中月 間一月也)에 담제(禫祭)를 지낸다. 대상(大祥) 3개월 후 지내기도 한다. 지금까지는 백망건(白網巾)·백립(白笠)을 쓰다가 담제 후부터는 백립에 먹물을 들인 치립(緇笠), 담복(禫服 - 치포관) 또는 조포망(皁布網)을 쓴다. 하지만 대상(大祥)까지는 백립(白笠)을 쓰고 문상을 받는다.

15. 길제(吉祭)[⑰]

담제(禫祭)를 지낸 다음 좋은 날을 가려 행하는 제사이다.[담지명일(禫之明日) 복일(卜日)] 사람이 죽은 지 27개월 만에 지내는 제사이다. 담제

후 한 달 만에 선세(先世)와 새 신주(神主)를 합제(合祭)하는 것이다. 즉 새 신주(神主) 입묘식(入廟式)이다. 이때에는 옷도 길복(吉服), 화복(華服), 평상복(平常服)으로 갈아입고 개제주(改題主)를 한다. 사실 길제(吉祭) 앞날에 개제주를 해 두었다가 길제날 제사를 지낸다. 개제주를 하면 대수(代數)가 한 대 바뀌어진다. "현고(顯考)가 현조고(顯祖考)로, 현조고가 현증조고(顯曾祖考)로, 현증조고가 현고조고(顯高祖考)로, 현고조고는 현오대조(顯五代組)"로 된다. 오대(五代)가 되면 사대봉제사(四代奉祭祀)를 봉향(奉享)하는 가묘(家廟)에 모실 수가 없다. 체천(遞遷)이라 하여 종손(宗孫)과 같은 항렬인 차종손(次宗孫)의 집으로 옮겨가든지, 신주(神主)를 땅에 묻는 매주(埋主)를 해야 한다. 이렇게 하면 대(代)가 바뀌게 되므로 봉사손(奉祀孫)의 대수(代數)도 고쳐 써야 한다.

다만 나라에 큰 공훈이 있는 사람의 신주는 영구히 사당(祠堂)에 모시고 제사지내게 하는 특전이 있었는데, 이를 부조묘(不祧廟)라 하며, 따로 별묘(別廟)에 모신다.

지금까지 논의된 내용 중에 핵심은 다음과 같다.

상례(喪禮)는 초상(初喪) ➡ 우제(虞祭) ➡ 졸곡(卒哭) ➡ 부제(附祭) ➡ 소상(小祥) ➡ 대상(大祥) ➡ 담제(禫祭) ➡ 길제(吉祭)로 끝난다.

결국 상례(喪禮)는 초상(初喪)의 슬픔[哀]에서 시작하여 점차 평상(平常)으로 돌아와 길제(吉祭)로 끝난다.

기타

1. 죽음에 대한 명칭

옛날은 계급사회였기 때문에 죽음에 대한 말도 신분에 따라 달리 썼다.

천자(天子) → 붕(崩)　제후(諸侯) → 훙(薨)
대부(大夫) → 졸(卒)　소인(小人) → 사(死)

또 달리 『신당서 · 백관지일(新唐書 · 百官志一)』에서는,

이품이상(二品以上) → 훙(薨)　오품이상(五品以上) → 졸(卒)
육품(六品) ~ 서인(庶人) → 사(死)

라고 한다고 했다.

위의 경우가 그 예인데, 여기서는 이런 글자를 문제 삼는 것이 아니라, 글자들이 모여서 성어(成語)로 된 것을 들어보기로 한다. 중요하다고 생각되는 것은 제목을 도표 안에 넣고, 설명은 아래에서 따로 했다. 반면 그렇지 않다고 생각되는 것은 제목도 도표 안에 넣지 않고, 제목과 뜻을 함께 아래에 붙였다. 가급적 중복을 피하기 위해서이다.

	상(喪)의 종류	해당 성어(成語)
①	아버지의 상(喪)	엄곡죽상(奄哭竹相)
②	부모의 상(喪)	풍수지탄(風樹之嘆) 망극지통(罔極之痛) 엄곡죽동(奄哭竹桐) 양산풍우(梁山風雨)
③	남편의 상(喪)	붕성지통(崩城之痛)

		주곡(晝哭)
④	아내의 상(喪)	고분지통(叩盆之痛)
		취구지통(吹臼之痛)
		항려지통(伉儷之痛)
		반체지통(牉體之痛)
⑤	형제의 상(喪)	할반지통(割半之痛)
		척령지통(鶺鴒之痛)
		공회지통(孔懷之痛)
		원습지애(原隰之哀)
⑥	누나의 상(喪)	상우지통(尙右之痛)
⑦	자식의 상(喪)	상명지통(喪明之痛)
		서하지통(西河之痛)
		영박지통(嬴博之痛)
		문오지통(門吳之痛)
		슬참(膝慘)/도장(搯撑)
		층봉지비(層峰之悲)
⑧	스승의 상(喪)	양절지통(梁折之痛)
		안앙지통(安仰之痛)
		안방지통(安倣之痛)
		산퇴양절(山穨梁折)
		산퇴지통(山穨之痛)
		서림지통(西林之痛)
		영몽(楹夢)
⑨	친구의 상(喪)	상질지통(喪質之痛)
⑩	사위의 죽음	생관지원(甥館之寃)
⑪	임금의 죽음	유궁검(遺弓劍)
		선어빈천(仙馭賓天)
		궁양지통(穹壤之痛)
⑫	아까운 사람이 일찍 죽음	속백지탄(贖百之歎)
⑬	나라 망함	원안지체(袁安之涕)
⑭	일반 죽음	기기(騎箕)

'죽음에 대한 성어(成語)'의 이해를 돕는 말

● 엄곡죽상(奄哭竹相) : "상(相)"은 "도울 상"자로 지팡이를 의미한다. 아버지가 별세했을 때는 대나무 지팡이를 짚는데, 갑자기 대나무 지팡이로 곡(哭)하게 되었다는 말은 부친상(父親喪)을 의미한다. 달리 죽상(竹相), 죽장(竹杖)이라고도 한다.

● 풍수지탄(風樹之嘆) : 돌아가신 부모님께 효도를 다하지 못한 한탄을 이른다. "수욕정이풍불지 자욕양이친부대(樹欲靜而風不止 子欲養而親不待 − 나무가 고요히 섰고자 하나 바람이 그치지 아니하고, 자식이 부모님을 봉양하고자 하나 어버이께서 기다려주지 아니한다.)"라는 글에서 온 말이다.

● 동장(桐杖) : 어머니 상(喪)을 의미한다. 어머니 상에는 오동나무 지팡이를 짚기 때문이다.

● 망극지통(罔極之痛) : 어버이가 별세한 슬픔을 이른다. 부모의 은혜는 호천망극(昊天罔極), 즉 부모의 은혜는 넓고 큼이 하늘같이 한이 없다는 데서 온 말이다.

● 엄곡죽동(奄哭竹桐) : 아버지 상에는 대나무 지팡이를 짚고, 어머니 상에는 오동나무 지팡이를 짚는데, 갑자기 대나무 지팡이와 오동나무 지팡이로 곡(哭)했다는 것은 부모가 모두 별세함을 의미한다.

● 양산풍우(梁山風雨) : 아버지의 상(喪)을 이른다. 유신(庾信)은 북주(北周)의 문인으로 세상에 이름을 날렸다. 그의 아버지 유경오(庾○○)의 상(喪)을 양산(梁山)에서 당했으므로 이르는 말이다. −『애강남(哀江南)』또는 곡조 이름으로 부모를 그리워함. − 풍우양산(風雨梁山)이라고도 한다.

● 붕성지통(崩城之痛) : 남편이 죽은 슬픔을 이른다. 제경공(齊景公)의 장수에 기량(杞梁)이라는 사람이 있었다. 그는 거(莒)나라를 치다가 거군(莒軍)의 화살에 맞아죽었다. 제경공은 거(莒)나라와 화친을 맺고 기량의 시체를 싣고 돌아왔다. 경공은 제성(齊城) 교외(郊外)에 빈소(殯所)를 설치

했다. 기량의 처 맹광(孟光)이 노숙(露宿)하면서 삼일간 통곡을 하니, 제(齊)나라의 성(城)이 무너졌다고 한다. 붕성지통(崩城之痛)은 이 고사에서 나온 말이다.

• 주곡(晝哭) : 남편의 상(喪)을 이른다. 남편이 죽었을 때, 아내가 낮에 곡(哭)을 해야 한다. 밤에 야곡(夜哭)을 하면 이는 음욕(淫慾)에서 나오는 곡(哭)으로 오인(誤認)받을 수 있으므로 꼭 주곡(晝哭)을 해야 한다.

• 고분지통(叩盆之痛) : 아내가 죽은 슬픔을 이른다. 고분지통(叩盆之痛)의 설화는 중국에도 있고, 우리나라에도 있다. 몇 십년 전에 중국에서 「대벽관(大劈棺) ― 크게 관을 도끼질로 쪼개다」이라는 제목으로 영화를 만든 것을 보았다. 지금 생각해 보면 당시에 대륙과 수교 이전이니 대만이나 홍콩에서 수입한 영화인 것 같다. 그 내용은 한국설화와 대동소이하였다. 여기서는 내가 10대 때 들은 이야기를 회상하여 재생한다. 이 이야기는 필자가 10대 때 한학자이신 고숙(姑叔) 영계(潁溪) 하현석(河炫碩, 1912~1978)선생에게 들은 것이다.

장자(莊子)가 하루는 길을 가는데, 산속의 새 묏등 앞에서 소복(素服)을 입은 어떤 여인이 묘를 향해 부채질을 하고 있었다. 장자가 그 앞을 지나다가 이상히 여겨 그 여인에게 다가가 묘에 부채질을 하고 있는 사연을 물었다. 그러자 그 여인은 "이 묘는 내 남편의 무덤인데, 남편이 별세할 때 자신이 죽거든 재혼을 하더라도 자신의 묏등에 풀이라도 마르고 나거든 재혼해 가라고 해서 묏등에 풀을 빨리 말리기 위해 부채질을 한다."라고 했다. 묏등에 풀이 마르면 가라고 한 것은 풀이 마르는 짧은 기간이나마 조금 더 있어 달라는 의미이다. 우리나라에서도 남편이 죽은 후에 곧 재혼해 간 여자를 욕할 때 "그 년이 제 남편 묏등에 풀도 마르지 않아서 재혼해 갔다."라고 한다. 장자의 이 이야기가 과거에는 일반화되었던 것 같다.

그 여인의 사연을 들은 장자는 그러냐고 하면서 부채를 달라고 하여 받아가지고는 묘를 향해 세 번을 크게 부치니 묏등에 풀이 바짝 말랐다. 그 여인은 장자의 덕으로 빨리 재혼할 수 있게 되어 장자에게 감지덕지 고맙다는 인사를 하고 그 부채까지 선물로 주었다. 장자는 부채를 받아가지고 허리춤에 차고는 집으로 돌아왔다. 부인이 보니 남편이 웬 부채를 차고 있었다. 부인이 이상히 여겨 그 부채는 무엇 하는 부채냐고 물었다. 장자는 그날 겪은 일을 그대로 이야기해 주었다. 부인은 화를 내면서 남자가 무슨 할 일이 없어 남의 묏둥에 풀이나 말려주고 다니느냐고 하면서 부채를 똑똑 분질러 던져버렸다.

장자는 마음속에 여러 가지 생각이 일어났다. 내가 죽으면 내 아내는 내 묏둥에 부채질을 하지 않을까? 어느 하루 장자는 아내를 시험해 보기 위하여 슬쩍 죽어보았다. 장자는 도술(道術)이 뛰어났기 때문에 가능한 일이다. 부인은 과연 남편의 죽음을 슬퍼하면서 주야로 남편의 빈소(殯所)를 지키고 있었다. 뜻밖의 일이었다. 하루는 미남 청년이 백마를 타고 찾아와서 장자선생님을 뵈러 찾아왔노라고 했다. 그래서 부인이 장자선생님은 이미 별세했다고 했다. 그 청년은 더욱 애통해 하면서 "내가 장자선생님을 평생 경모(景慕)하여 꼭 한번 뵈려고 천리 길도 멀다 하지 않고 찾아왔는데 이럴 수가 있습니까? 그렇다면 빈소라도 한번 보게 해주십시오." 하고 애걸한다. 그래서 부인은 그 청년에게 장자의 빈소를 보게 했다. 부인이 곁눈으로 그 청년을 보니 천하에 미남자였다. 부인은 그 청년을 한번 보고 두 번 보고 하는 사이에 연정을 느꼈다.

그런데 그 청년은 가지 않고 그날 밤 그곳에서 자고 가겠다고 했다. 부인은 이를 허락했고 결국 그날 밤 둘은 동침을 하게 되었다. 취침하려는 순간 밖의 나무 위에서 까마귀가 "깍깍" 하고 울었다. 그 청년은 까마귀를 쫓는다고 돌을 주워가지고 나무 위로 던지다가 넘어져 뇌진탕으로 즉사했다. 부인은 크게 당황했다. 먼저 죽은 남편의 장사도 하지 못했는데, 또 다른 남자마저 죽었으니 한 방에 두 남자의 시체를 어떻게 처리한단 말인가? 매우 고민하고 있는데, 청년의 말을 모는 마부(馬夫) 동자(童子)가 "우리 서방님께서는 가다가 한 번씩 죽는 버릇이 있는데, 그때는 사람의 생간(生肝)을 먹이면 살아날 수 있습니다."라고 했다. 부인에게는 엄청나게 어려운 숙제였다. 오랜 숙고 끝에 생각해 보니 불가능한 것도 아니었다. 그래서 부인이 동자에게 죽은 사람의 간은 안 되느냐고 물었다. 장자가 죽어서 아직 장례를 하지 않았기 때문이다. 그 동자 말이 죽어도 한 달이 넘지 않았으면 가능하다고 했다. 부인은 장자의 간을 내어 이 청년을 살릴 작정이었다.

부인은 도끼를 들고 죽은 남편의 간을 내기 위해 관(棺)을 걸타고 앉아 도끼로 내리쳤다. 그 순간 죽은 줄만 알았던 장자가 백발을 휘날리며 벌떡 일어나 앉더니 "허허" 웃으면서 "내가 잠을 과히 잤는가 보다." 하고는 부인을 보니 화장을 진하게 하고 있었다. 본래 상중(喪中)에는 세수도 하지 않는 법인데, 얼굴에 화장까지 했으니 말이 아니었다. 그래서 장자가 부인을 보고 웬 화장을 했느냐고 물었더니 "서방님께서 별세하신 후에 세수도 안 하고 너무 추해서 오늘 처음으로 세수도 하고 화장도 조금 해보았습니다." 하고 대답했다. 남편은 "과연 내 부인이 다르도다." 하고는 아주 많은 칭찬을 했다. 남편에게 그런 칭찬을 받으면 받을수록 부인은 민망하였다. 그리고는 함께 침소에 갔다. 가보니 모든 것이 신방 차림이었다. 장자가 하나하나 이것은 어쩐 일이며, 저것은 어쩐 일인가 하고 물으니, 부인이 양심에 가책을 느끼고 대답이 궁하여 자살해 버렸다. (중국영화에서는 부인이 갈등을 느껴 도망가다가 나뭇가지에 목을 매어 죽었다.) 그 미남 청년은 다름 아닌 장자가 죽은 화신(化身)이었다.

부인이 죽은 후에 장자는 동이를 두드리면서 후회했다고 한다. 애초에 장자의 생각은 자신이 가지고 온 부채를 분질러 던지던 자신의 아내는 어떻게 하겠는가 시험해 보려고 했던 것이었다. 그런데 장난이 지나쳐 부인을 죽게 했다는 것이다. 지금 『장자(莊子)』를 보면 "고분가(叩盆歌)"는 있어도 고분지통(叩盆之痛)은 없다. 고분가(叩盆歌)에는 초월달관한 장자의 사상이 깔려 있어 고분지통과는 다르다.

- 취구지통(吹臼之痛) : 아내가 죽은 슬픔을 이른다. "취구(吹臼)"는 입으로 불을 불어 피우고, 절구질 하는 일을 말하는데, 이는 부인이 하는 살림살이의 고생스러움을 말한다.

- 구몽(臼夢) : 아내의 상(喪)을 이른다. 취구지통(吹臼之痛)에서 파생된 말이다.

- 항려지통(伉儷之痛) : 아내가 죽은 슬픔을 이르는데, 항려(伉儷)는 배필이다.

- 반체지통(牉體之痛) : 아내 죽은 슬픔을 이른다.

- 할반지통(割半之痛) : 형제 자매가 죽어, 느끼는 슬픔을 이른다. 내 몸의 반을 끊어내는 슬픔이라는 의미이다.

- 척령지통(鶺鴒之痛) : 형제가 죽은 슬픔을 이른다. "척령(鶺鴒 — 할미새)이 언덕에 있으니 형제가 위급한 난을 당하면 도와주지만, 매양 양붕(良朋)이 있으나 도와주지 못하고 탄식만 한다."라는 글에서 온 말로, 척령은 형제를 비유하는 보조관념이다. —『시경·소아』,「상체(常棣)」8장

- 공회지통(孔懷之痛) : 형제가 죽은 슬픔을 이른다. 사상(死喪)의 위협에도 형제간에 매우 생각한다는 데서 나온 말이다. —『시경·소아』,「상체(常棣)」8장

- 공회지척(孔懷之戚) : 형제가 죽은 슬픔을 이른다. 앞에서 인용한『시경(詩經)』에서 파생한 말이다. 사상(死喪)의 위협에도 형제간에 매우 생각한다는 데서 나온 말이다. —『시경(詩經)·소아(小雅)』「상체(常棣)」8장

- 원습지애(原隰之哀) : 형제가 죽은 슬픔을 이른다. "죽음이 위협해도 형제는 매우 생각하며 들판에 시체가 쌓였더라도 형제는 서로 구한다[死喪之威 兄弟孔懷 原隰裒矣 兄弟求矣]."라는 데서 나온 말이다. 관숙(管叔)과 채숙(蔡叔)은 모두 주공 단(周公旦)의 형제로 난리를 일으키므로 주공이 이들을 죽이고 지은 시라고 한다. —『시경(詩經)·소아(小雅)』상체(常棣)

- 상우지통(尙右之痛) : 누이가 죽은 슬픔을 이른다. 공자가 문인들과

함께 서서 공수(拱手)를 하면서 오른손을 왼손 위로 얹으니 몇몇 제자들 역시 모두 오른손을 위로 하였다. 공자께서 말하기를 "너희들은 배우기를 좋아하는구나. 나는 내 누님의 상(喪)이 있기 때문에 그렇게 한다."라고 했다. ─『예기(禮記) · 단궁 상』

길사(吉事)는 이좌위상(以左爲上)이고, 흉사(凶事)는 이우위상(以右爲上)이다.

• 상명지통(喪明之痛) : 자식이 죽은 슬픔을 이른다. 공자의 제자 자하(子夏)가 아들이 죽자 너무나 슬픔에 빠져 밝은 눈을 상실했다는 데서 나온 말이다.

• 서하지통(西河之痛) : 아들이 죽은 슬픔을 이른다. 자하(子夏)가 서하(西河)에서 자식을 잃고 지나치게 슬퍼한 나머지 눈이 어두워졌다고 한다. 여기서 상명지통(喪明之痛), 즉 밝던 눈이 상실되었다는 말이 파생했다.

• 영박지통(嬴博之痛) : 자식이 죽은 슬픔을 이른다. 춘추시대(春秋時代) 오왕(吳王) 계찰(季札)이 제(齊)나라에 갔다 돌아오다가 영현(嬴縣)과 박현(博縣) 사이에서 아들이 죽어 그 곳에 장사했다. ─『예기(禮記) · 단궁(檀弓) 하(下)』

• 영친(嬴櫬) : 자식의 죽음을 이른다. 앞의 글 참조.

• 문오지통(門吳之痛) : 자식이 죽은 슬픔을 이른다. 동문오(東門吳)가 자식이 죽었으나 슬퍼하지 않았다. "자식이 없을 때는 걱정도 없었는데 지금 본래대로 되었는데 무엇을 슬퍼하랴."라고 했다. ─『열자(列子) · 역명(力命)』편. 자식을 잃은 본인은 슬퍼하지 않았는데도 남들이 자식 죽은 슬픔으로 쓴다.

• 슬참(膝慘) : 자식 죽은 슬픔을 이른다. '슬하의 참변'이라는 뜻이다.

• 도장(掐撑) : 자식 죽은 슬픔을 이른다.

• 층봉지비(層峰之悲) : 딸이 죽은 슬픔을 이른다. 층봉(層峰)은 당(唐)나라 때에 역(驛)이 있었던 곳인데, 한유(韓愈)가 딸이 죽어서 여기에 묻었

기 때문에 생긴 말이다.

● 구산지조(龜山之操) : 선생님의 별세를 이른다.

● 양절지통(梁折之痛) : 선생님을 여읜 슬픔을 이른다. 공자가 문 앞을 거닐며 노래하기를 "태산이 무너질 것이고, 대들보가 꺾어질 것이며, 철인이 시들 것이로다[逍遙於門 歌曰 泰山其頹乎 梁木其壞乎 哲人其萎乎]."라고 하자, 자공(子貢)이 듣고 말하기를 "태산이 무너지면 우리가 장차 어디를 우러르며, 대들보가 꺾어지고 철인이 시들어지면 우리가 장차 어디에서 본받겠는가[子貢聞之曰 泰山其頹 則吾將安仰 梁木其壞 哲人其萎 則吾將安放]."라고 한 데시 나온 말이다.

● 산퇴지통(山頹之痛) : 선생님 별세의 슬픔을 이른다.

공자가 73세 되던 해에 일찍 일어나 뒷짐을 지고 지팡이를 끌고 문 앞을 거닐며 노래하기를 "태산이 무너지고, 대들보가 꺾어지며, 철인이 시들 것이로다."라고 했다. 노래를 마치고 방에 들어와 문호(門戶) 앞에 앉자, 자공(子貢)이 그 노래를 듣고 말하기를 "태산이 무너지면 우리들은 장차 누구를 우러르며, 대들보가 꺾어지고 철인이 시들어지면 우리들은 장차 누구를 본받겠는가. 선생님이 아마 병이 나실 것 같다." 하고 곧 빠른 걸음으로 공자에게 달려갔다. 공자께서 "사(賜)야 네가 어찌 늦게 오는가? 하후씨(夏后氏)는 동계(東階) 위에 빈소(殯所)를 설치하니, 그러면 조계(阼階 - 동쪽 섬돌)에 있는 것과 같고, 은인(殷人)은 두 기둥 사이에 빈소를 설치하니 그러면 빈주(賓主)의 사이에 끼이고, 주인(周人)은 서계(西階) 위에 빈소를 설치하니 그러면 손님으로 대접받는 것과 같다. 나는 은인(殷人)이다. 내가 전날 밤 꿈에 앉아서 두 기둥 사이에 술잔을 올렸다. 대저 명군(明君)이 일어나지 않으니 천하에서 그 누가 나를 높이겠는가? 내가 아마 죽을 것 같다."라고 했다. 병석(病席)에 누운 지 7일 만에 별세했다[孔子 蚤作 負手曳杖 逍遙於門 歌曰 泰山其頹乎 梁木其壞乎 哲人其萎乎 旣歌而入 當戶而坐 子貢聞之曰 泰山其頹 則吾將安仰 梁木其壞 哲人其萎

則吾將安放. 夫子 殆將病也 遂趨而入 夫子曰 賜! 爾來何遲也 夏后氏 殯於東階之上 則猶在阼也 殷人 殯於兩楹之間 則與賓主夾之也 周人 殯於西階之上 則猶賓之也 而某也 殷人也 予疇昔之夜夢 坐奠於兩楹之間 夫明王不興 而天下其孰能宗予 予殆將死也 寢疾之七日而沒]. ―『공자편년(孔子編年)』,『예기(禮記) · 단궁(檀弓)』상(上)

● 영몽(楹夢) : 선생님의 별세를 이르는 말이다. 위의 인용문 "좌전어양영지간(坐奠於兩楹之間)" 참조.(두 기둥사이에 앉아서 술잔을 올렸다.)

● 안앙지통(安仰之痛) : 선생님을 여읜 슬픔을 이른다. 앞의 글 참조.

● 서림지통(西林之痛) : 선생님의 별세를 이른다. 주자(朱子)의 시(詩)에 "참괴서림취정지(慚愧西林就正遲)", 즉 "선생[西林]께 늦게 나아가서 질정한 것이 부끄럽습니다."라는 글에서 나온 말이다.

● 안방지통(安倣之痛) : 선생님을 여읜 슬픔을 이른다. 앞의 글 참조.

● 상질지통(喪質之痛) : 친구의 죽음을 슬퍼함을 이른다. 초(楚)나라 서울 영(郢) 땅에 도끼질을 잘하는 사람이 있었다. 친구가 코끝에 흙을 묻혀두고 도끼로 그것을 찍어 떼어내 보라고 했다. 그러자 그 친구 앞에서 도끼를 휘두르며 춤을 추다가 코끝에 묻은 흙만 꼭 찍어내었다. 그처럼 유명한 도끼 기술 보유자였지만 도끼 앞에 서 주는 친구가 죽은 후부터는 도끼질을 포기했다고 한다. 상질(喪質), 바탕 즉 모델을 잃었기 때문이다.

그러나 공부를 하는 데에는 이런 잔재주는 인정하지 않았다. 우리나라 과거(科擧)의 글을 지을 때는 회제(回題)만 잘 지으면 합격된다. 많은 글을 다 볼 수 없어 이곳만 보는 경향이 많기 때문이다. 과거시험(科擧試驗)에 "좌집인 우집장 중처언(左執引 右執杖 中處焉 ― 왼손에는 자를 잡고, 오른손에는 지팡이를 잡고 복판에 서다.)"이라는 제목이었다. 대목수는 잔재주가 필요한 것이 아니라 복판에 서서 지시만 잘하면 된다는 뜻이다. 어떤 사람이 회제(回題)에 가서 "악비농근쟁수기 천하졸공명어초(堊鼻弄斤爭手技 天下拙工名於楚 ― 진흙 묻은 코에 도끼를 휘둘러 솜씨를 자랑하니,

천하의 졸공(拙工)이 초나라에서는 유명하구나.)"라는 구절을 써서 과거에 합격했다는 이야기가 있다. 유교에서는 이런 잔재주보다 대자(大者), 요자(要者)에 눈길을 돌리기를 권한다. '상질지통'은 이러한 고사에서 나왔다.

- 생관지원(甥館之寃) : 사위의 죽음을 이른다.
- 유궁검(遺弓劍) : 임금의 죽음을 이른다.
- 선어빈천(仙馭賓天) : 천자(天子)가 세상을 떠남을 말한다. 빈천(賓天) 역시 천자(天子) 붕어(崩御)를 말한다. 여기서는 두 단어의 합성어이다.
- 궁양지통(穹壤之痛) : 임금의 죽음을 이른다.
- 초토여생(草土餘生) : 상(喪)을 당한 사람이 남에게 자기 자신을 말할 때 쓰는 말.
- 기기(騎箕) : '하늘에 기성(箕星)을 타다'는 말로, 죽음을 의미한다.
- 천붕지통(天崩之痛) : 제왕의 죽음을 이른다.
- 천붕지탁(天崩地坼) : 제왕의 죽음을 이른다.
- 정호풍설(鼎湖風雪) : 임금의 죽음을 이른다.
- 천붕지변(天崩之變) : 임금의 죽음을 이른다.
- 읍창(泣蒼) : 임금의 죽음을 이른다.
- 대유(岱遊) : 죽음을 이르는 말이다.
- 후야(厚夜) : 죽음을 이르는 말이다.
- 기미(騎尾) : 죽음을 이르는 말이다.
- 취목(就木) : 죽음을 이르는 말이다.
- 반진(返眞) : 죽음을 이르는 말이다.
- 기경(騎鯨) : 익사(溺死), "이백기경비상천(李白騎鯨飛上天)"에서 나온 말이다.
- 곡내(哭內) : 아내의 상(喪) 당함을 이른다.
- 내외우(內外憂)·양우(兩憂) : 부모상(父母喪)을 이른다.
- 불숙(不淑) : 현인(賢人)의 죽음을 이른다.

- 균화(菌化) : 일찍 죽음을 이른다.
- 속백지탄(贖百之歎) : 유능한 사람이 일찍 죽은 것을 매우 애석하게 여겨 이르는 말이다.
- 노지지비(老舐之悲) : 자식이 죽은 슬픔을 이른다.
- 연릉지통(延陵之痛) : 자식이 죽은 슬픔을 이른다.
- 영원지통(領原之痛) : 형제가 죽은 슬픔을 이른다.
- 내간(內艱) : 어머니의 상사(喪事)를 이른다.
- 대한엄박(大限奄迫) : 명(命)이 다 되어 죽다.
- 종방지통(宗祊之痛) : 망국(亡國)의 슬픔을 이른다.
- 국참(國斬) : 망국(亡國)
- 황노지감(黃爐之感) : 친구가 죽은 슬픔을 이른다.
- 백계몽(白鷄夢) : 죽는 꿈을 이른다.

죽음에 대한 말은 지금도 조사 중이다. 지금까지 조사한 것만으로도 많은 편이다. 이처럼 죽음에 대한 말이 풍부하다는 것은 죽음에 대한 사유(思惟)의 폭이 그만큼 넓다는 의미이기도 하다. 한문의 원산지인 중국에도 없는 말을 만들어 쓴 것은 놀라울 정도이다. 앞으로 이것만 가지고도 논문이 한 편 나올 수 있을 것이다.

2. 상례(喪禮)와 장례(葬禮)에 쓰이는 고사(告辭)와 축문(祝文)

상례와 장례를 이해하려면 고사(告辭)와 축문의 뜻도 알아야 한다. 고사(告辭)라고 할 때 고(告)는 "아뢸 고"자이므로 신에게 아뢰는 말씀이다. 이와 달리 축문(祝文)이라 할 때 축(祝)은 "빌 축"자이므로 축문은 신에게 기원을 하는 글이다. 옛사람의 조상에 대한 생각은 다른 신(神)과 달리 육체는 죽었지만 영혼은 산사람처럼 항상 우리 곁에 있는 것으로 여겼다.

따라서 좋은 일이 있든지, 나쁜 일이 있든지 반드시 조상신에게 아뢴다.

특히 가묘(家廟)가 있는 가정에서는 자손들이 출입할 때에도 가묘에 배알한다. 그러므로 초상이나 장사에도 무슨 일이 있으면 일일이 궤연(几筵)에 고유를 했다. 우리가 우리말을 못하는 사람과 대화를 하다가 말이 통하지 않으면 필담(筆談)으로 하듯이 귀신과 대화를 할 수 없으니 글로써 고한다. 행동 하나 하나마다 일일이 고유하는 것도 이 때문이다. 다음에서 상례·장례에 쓰이는 고사와 축문을 들어보기로 한다.

① 득지택일(得地擇日) 고사(告辭)

사람이 죽은 후에 묘지(墓地)를 구하고, 장삿날을 받으면 영좌(靈座)에 고해야 한다. 복잡한 절차 없이 조전(朝奠) 때에 고사(告辭)만 읽으면 된다.

| 今已得地於○○郡 ○○里 ○坐之原 將以○○月○○日 襄奉敢告 |
| 금이득지어　군　리　좌지원장이　월　일 양봉감고 |
| ※ 妻·弟 이하는 敢告를 茲告라고 |
| 처제이하운자고 |

<번역>
이제 ○○군 ○○리 ○좌의 언덕에 이미 묘지를 구해서 장차 ○○월 ○○일에 장사할 예정이므로 감히 아룁니다.

<원문의 이해를 돕는 말>
● 양봉(襄奉) : 장례를 말한다.

② 개영역사후토(開塋域祠后土)
일명 개토제(開土祭) 축문이라고도 한다.

維歲次 甲子三月丙辰朔 十日乙丑 幼學金○○

유세차 갑자삼월병진삭 십일을축 유학김

敢昭告于

감소고우

土地之神 今爲學生金海金公 營建宅兆

토지지신 금위학생김해김공 영건택조

神其保佑 俾無後艱 謹以淸酌脯醢祇薦于

신기보우 비무후간 근이청작포해지천우

神尙

신상

饗

향

\<번역\>

유세차 갑자 3월 병진삭 3일 을축일에 유학 김○○은

감히 밝게

토지의 신에게 아룁니다. 이제 학생 김해 김공을 위해 묘를 쓰려고 하니
토지신께서는 도우셔서 뒤에 어려운 일이 없게 해주소서. 삼가 맑은 술
과 마른 고기 저린 고기 안주로써 신에게 올리오니
흠향하시기 바라나이다.

\<원문의 이해를 돕는 말\>

● 영역(塋域) : 묘지(墓地)

● 사(祠) : 제사지낼 사

● 후토(后土) : 토지(土地)를 맡은 신

● 택(宅) : 묏자리 택

● 조(兆) : 뫼 조. 택조(宅兆) = 무덤

● 포해(脯醢) : 마른 고기와 저린 고기 안주

※ 축문 쓰는 법에 대해서는 필자의 『한국의 전통 제사 의식』(국학자료원), 86~91쪽에 자세히 설명되어 있으므로 참고 바란다.

위의 축문은 상주가 직접 아뢰는 것이 아니라 친척이나 친지 중에서 고자(告者)를 선정하여 행한다. 겸손한 마음으로 고하는 사람을 낮추기 위하여 고하는 사람의 이름은 조금 작게 썼다. 한문에서는 글 쓰는 사람이 본인을 낮추어 써야 할 경우에는 본인의 이름을 작은 글씨체로 쓴다. 그리고 산신에 고하는 글이기 때문에 고하는 사람의 신분을 밝혀서 써야 한다. 벼슬을 하지 못한 사람은 "생유학 사학생(生幼學 死學生)"이라 하여 산 사람은 유학(幼學)이라 쓰고, 죽은 사람은 학생(學生)이라 쓴다. 그리고 글줄을 한 글자 올려 쓴 것은 존경의 뜻을 보이기 위함이다.

유세차(維歲次)라고 할 때, 유(維)는 발어사(發語辭)이다. 아무 뜻이 없이 말을 시작할 때 "아…, 어…" 하듯이 뜻 없이 쓰인 글자이다. 특히 축문에 많이 쓰이는데 처음에는 다음과 같이 썼다.

維
유
歲次 光武甲子…
세차 광무갑자

이때 유(維)는 뜻이 없으므로 낮추어 쓰고, 세차(歲次)는 해의 차례라는 뜻으로 다음에 임금의 연호를 썼다. 임금은 당연히 높여야 한다. 따라서 위의 예문으로 보인 것처럼 글자를 올려서 썼다. 이 영향으로 후에 임금의 연호도 쓰지 않으면서,

維歲次
유세차

```
甲子…
갑자
```

하는 식으로 유(維)자를 올려서 쓰는 사람도 있다. 하지만 지금은 그렇게 쓸 이유가 없다. 그러므로 유(維)자를 한 글자 낮추어서 쓰는 것이 옳다.

```
    維歲次 甲子… 某
    유세차 갑자    모
    敢昭告于
    감소고우
土地之神…
토지지신
```

위의 경우와 같이 쓰고, "토지지신(土地之神)"을 높여서 쓰면 된다. 가정의 기제사 축문도 이와 마찬가지이다. 예를 들면 다음과 같다.

```
    維歲次 甲子… 某
    유세차 갑자    모
    敢昭告于
    감소고우
顯考學生府君 …
현고학생부군
```

위와 같이 유세차(維歲次)…보다 '현고학생부군(顯考學生府君)'을 한 글자 올려서 자기 조상을 높인다.

③ 천구(遷柩) 고사(告辭)

천구 고사는 달리 일컬어 계빈(啓殯) 고사라고도 한다. 내일 발인을 하기 위하여 발인 하루 전날 아침 조전(朝奠) 때에 관을 옮길 것이라고 아뢴다.

> 今以吉辰 遷
> 금이길신   천
> 柩敢告 (妻弟以下는 敢告를 茲告라 한다.)
> 구감고   처제이하   감고   자고

<번역>

이제 좋은 때에 관을 옮기려고 감히 아룁니다.

위에서 보는 바와 같이 짧은 글이지만 글줄을 바꾸어서 구(柩)자는 올려서 썼다. 공경하는 뜻을 보이기 위함이다.

④ 조우조(朝于祖) 고사(告辭)

조(朝)는 "뵐 조"자로 조상의 사당에 뵙고 이별을 아뢰는 글이다. 장례 하루 전날에 행하며, 관을 옮겨놓고 그 앞에서 치전(致奠)을 드리기도 한다.

> 請朝
> 청조
> 祖
> 조

<번역>

조상을 뵙기를 청합니다.

⑤ 천우청사(遷于廳事) 고사(告辭)

축(祝)이 영좌(靈座) 앞에 꿇어앉아 고한다.

> 請遷

청천

```
柩于廳事
구우청사
```

<번역>

관을 청사(廳事)에 옮길 것을 청합니다.

⑥ 조전(祖奠) 고사(告辭)

일포시(日晡時), 즉 신시(申時)에 행한다고 했는데, 장사 전날 저녁 상식(上食) 때 조전(祖奠)을 병행해도 된다. 그렇지 않으면 장사 당일에 행해도 된다.

조(祖)는 "길제사 지낼 조"자인데, 먼 길을 떠날 때 송별연을 베푸는 것이다. 발인 전에 축(祝)이 궤연(几筵) 앞에 꿇어앉아 고하는 의식이다.


```
永遷之禮 靈辰不留 今奉
영천지례  영신불류  금봉
柩車 式遵祖道
구거 식준조도
```

<번역>

영구히 떠나는 예(禮)로, 좋은 때가 머물러 있지 않아 이제 상여(喪輿)를 받들어 대기하였으니, 이에 멀리 떠나는 길을 출발해 주십시오.

<원문의 이해를 돕는 말>

● 영신(靈辰) : 길한 때

● 구거(柩車) : 관을 실은 수레, 즉 상여(喪輿)

● 식(式) : "발어사(發語辭) 식"자이다.

● 조도(祖道) : 송별의 길

위의 조전(祖奠)은 발인(發靷) 전에 영결을 고하는 의식이다. 대개 장례식 당일 아침 상식(上食) 때 궤연(几筵)에 고한다. 장전(葬前)에는 상식(上食)과 전(奠)을 겸하는 경우가 많다. 본래 상식(上食)은 밥을 올리고, 전(奠)은 음양이 교차되는 체일(遞日), 즉 해가 뜰 때와 해가 질 때 술과 안주만 올린다. 전(奠)에는 석전(夕奠)과 조전(朝奠)이 있는데, 전이 상식보다 앞이다. 저녁 상식은 밤에 올리기도 한다.

⑦ 천구취여(遷柩就轝) 고사(告辭)

날이 밝을 무렵에 관을 옮겨 상여에 싣는다. 관을 옮기기 전 조전(朝奠)에 축(祝)이 관 앞이나 영좌(靈座)에 고한다.

今遷 금천 柩就擧 敢告(妻弟以下는 敢告를 茲告라 한다.) 구취여 감고
※ 처제이하 감고 자고

<번역>
이제 관을 옮겨 상여에 나아가야 하므로 감히 아룁니다.

⑧ 견전(遣奠) 고사(告辭)

발인할 때 문 앞, 또는 마당에서 지내는 제식(祭式)인데, 보통 발인제(發靷祭)라고 한다. 축(祝)이 직접 분향, 침주(斟酒), 독축(讀祝) 한다.

靈輀旣駕 往卽幽宅 載陳遣禮 永訣終天 영이기가 왕즉유택 재진견례 영결종천

<번역>

상여가 이미 출발 준비를 마쳐 곧 유택으로 가게 됩니다. 이에 보내
는 예를 베푸니, 이 세상이 끝나도록 영원한 이별을 고합니다.

<원문의 이해를 돕는 말>

- 영이(靈輀) : 영거(靈車), 상여
- 왕즉(往卽) : 나아감
- 유(幽) : 저승 유
- 택(宅) : 묏자리 택

유택은 무덤이다. 이는 음택(陰宅)이란 말과 같다. 사람이 인간 세상에 사는
집을 양택(陽宅)이라 하고, 죽어서 묻히는 곳을 음택(陰宅)이라 한다. 옛사람들
의 생사관(生死觀)은 사람이 이 세상에 살다가 마치 이사 가듯이 자리를 옮기는
것이 죽는 것이라고 생각했다. 이런 생사관을 가지고 있기 때문에 죽어서 매장
을 할 때 이 세상에서 쓰던 물건을 마치 이삿짐 싸듯이 챙겨서 넣는 것이다. 고
대의 순장이 그렇고 진시황의 무덤이 그렇다.

- 영결(永訣) : 영원히 이별, 또는 사별(死別)이라는 말이다. 오늘날 영결식(永
訣式)이란 말도 여기에서 나왔다.
- 종천(終天) : 이 세상의 끝, 영원, 영구(永久)라는 뜻

이렇게 상여가 출발하여 장지(葬地)로 가는 도중에 친지, 친척, 제자들이 제
사를 드리기도 하는데, 이를 길가는 도중에서 지내는 제사라고 하여 "노전(路
奠)" 또는 "노제(路祭)"라고 한다.

▶ 노제(路祭)

지금은 없어졌지만 옛날 장례(葬禮)에는 노제(路祭)라는 것이 있었다.
그런데 우리나라에서는 이 노제라는 개념이 정립되지 못한 것 같다. 우리
『국어사전』에 보면 노제(路祭)와 노전(路奠)은 모두 견전제(遣奠祭)라고
했다. 그리고 견전(遣奠)과 견전제(遣奠祭)는 같은 뜻으로, 발인(發靷)할

때 문 앞에서 지내는 제식이라 하고, 이를 노전(路奠), 노제(路祭), 견전(遣奠)이라 한다고 설명되어 있다. 이 설명대로 보면 노제(路祭)는 바로 발인제(發靷祭)가 된다.

그런데 이는 현재 우리가 시행하고 있는 노제(路祭)와 다르다. 위에서 본 바와 같이 발인제, 즉 견전축(遣奠祝)은 "영이기가 왕즉유택 재진견례 영결종천(靈輀旣駕 往卽幽宅 載陳遣禮 永訣終天)"뿐이다. 그런데 노제(路祭)는 상례(喪禮)와 장례(葬禮)의 정규예식(定規禮式) 순서에는 들어있지도 않았다. 장례에는 축원의 성격을 띤 축문(祝文)과 행사 진행을 혼령에게 알리는 고유(告由)가 위주다. 따라서 축문과 고유문은 상가(喪家)에서 행해야 하는 필수 과정이다. 하지만 노제는 지내는 사람도 있고 지내지 않는 사람도 있다.

노제(路祭)는 집 앞에서 발인제를 지내고, 상여(喪輿)가 집에서 출발하여 장지(葬地)로 가는 도중 망인(亡人)에게 술 한 잔 들고 가시라고 길가에서 간단히 올리는 제사의식이다. 따라서 제수(祭需)도 주(酒), 과(果), 포(脯, 마른 안주)면 충분하다. 이때 상여 앞에서 읽는 글을 요즘 장의사에서는 발인축문(發靷祝文)과 달리 "노제축문(路祭祝文)"이라 하여 한 조항을 신설해 놓았다. 하지만 여기에는 축문(祝文)이 있을 수 없다. 술을 올리는 사람이 자신의 사연에 따라 지어 읽는다. 이는 정식 제사가 아니기 때문에 축문과는 형식이 다르다. 그 형식을 예로 보이면 다음과 같다.

維歲次 丙申四月己丑朔 初三日辛卯 卽我
유세차 병신사월기축삭 초삼일신묘 즉아

雪山先生金公 大歸之日也
설산선생김공 대귀지일야

門下生 全州崔三烈 謹具菲薄之奠 再拜哭訣于路左曰 嗚呼⋯

```
문하생 전주최삼열  근구비박지전 재배곡결우노좌왈   오호
(사연 생략) … 嗚呼哀哉 尙
              오호애재 상
    饗
    향
```

여기서 유의해야 할 것은 왜 길의 왼쪽에서 이별을 고하는가 하는 점이다. 우리의 일반적인 상식으로는 인도상좌(人道尙左), 즉 산 사람은 왼쪽을 높이 여긴다. 이와 반대로 신도상우(神道尙右), 즉 산 사람과는 반대인 죽은 사람은 오른쪽을 높이 여긴다. 이것을 달리 말하면 길사(吉事)는 이좌위상(以左爲上), 즉 왼쪽을 높이 여기고, 이와 반대인 흉사(凶事)는 이우위상(以右爲上), 즉 오른쪽을 높이 여긴다. 왕이 남향으로 앉았을 때 왕의 좌편이 동쪽이고, 왕의 우편이 서쪽이다. 동쪽은 해가 뜨고 밝으니 당연히 양(陽)에 해당하고, 서쪽은 해가 지고 어두우니 음(陰)에 해당한다. 이는 일반적인 상식이다.

그런데 이와 반대로 된 경우가 있다. 동서상반(東西相反), 음양상반(陰陽相反), 인귀상반(人鬼相反), 주야상반(晝夜相反), 좌우상반(左右相反)이기 때문이다. 한 예로 길사(吉事)의 경우, 좌의정과 우의정은 동급이지만 관례로 좌의정을 높이 평가한다. 이와 반대로 흉사(凶事)의 경우, 좌천(左遷)이 되면 잘못된 것이다.

따라서 상여가 떠날 때 길의 왼쪽에서 이별을 고한다는 것은 자신을 낮춘다는 말이다.

⑨ 사후토어묘좌(祠后土於墓左)

사후토어묘좌(祠后土於墓左), 산신제를 묘의 왼편에서 지낸다. 매장(埋葬)을 한 후에 흙이 평지와 같이 다져지면 지내는 제사이다.

維歲次 壬申七月丁未朔 五日辛亥 幼學金海金吉童
유세차 임신칠월정미삭 오일신해 유학김해김길동
敢昭告于
감소고우
土地之神 今爲學生晉陽河公 窆玆幽宅
토지지신 금위학생진양하공 폄자유택
神其保佑 俾無後艱 謹以淸酌脯醢 祗薦于
신기보우 비무후간 근이청작포해 지천우
神尙
신 상
饗
향

<번역>

유세차 임신 칠월 정미삭 오일 신해일에 유학 김해 김길동은

감히 밝게

토지의 신에게 아룁니다. 지금 진양 하공(晉陽河公)을 위하여 이에 유택

을 마련하니

토지신께서는 도와 주서서 뒤에 어려운 일이 없도록 하소서. 삼가 맑은

술과 마른 고기, 저린 고기 안주로써 공경히 토지신께 올리오니

흠향하옵시기 바라나이다.

⑩ 제주축(題主祝)

제주축은 매장을 끝낸 후, 신주를 써서 혼백과 신주를 함께 모시고 집

으로 돌아오는데 이때 읽는 축문이다. 혼백은 삼우제 후에 묘의 계단 아

래 묻고 신주만 모신다.

維歲次 壬申七月丁未朔 五日辛亥 孤子吉童
유세차 임신칠월정미삭   오일신해 고자길동
敢昭告于

감소고우
顯考學生府君 形歸窀穸 神返室堂 神主
현고학생부군 형귀둔석 신반실당 신주
旣成伏惟
기성복유
尊靈 (舍舊從新) 是憑是依
존영 (사구종신) 시빙시의

<参考>
① 神主未成 依舊束帛(신주미성 의구속백 : 신주는 아직 마련하지 못했
   으니 종전의 속백에 의지하소서.)
② 神主未成 束帛猶存(신주미성 속백유존 : 신주는 아직 마련하지 못했
   지만 속백이 그래도 있으니)
③ 假主旣成(가주기성 : 가주가 이미 마련되어 있습니다.)
④ 神主未成 權奉尊影(신주미성 권봉존영 : 신주는 아직 마련하지 못했
   지만 임시로 존영을 모셨습니다.)
⑤ 神主未成 魂箱猶存(신주미성 혼상유존 : 신주는 아직 마련하지 못했
   지만 혼백함이 그래도 남아 있으니)

<번역>
유세차 임신 칠월 정미삭 오일 신해일에 고자(孤子) 길동(吉童)은
감히 밝게
현고 학생부군님께 고하나이다. 형체가 무덤으로 돌아갔으니 신께서는
집으로 돌아갑시다. 신주가 이미 이루어졌으니 삼가 생각건대
존영(尊靈)께서는 옛 속백(束魄)을 버리시고 새 신주(神主)를 따르시어
이에 의탁하고 이에 의지하십시오.

<원문의 이해를 돕는 말>

● 부군(府君) : 한(漢)나라 때에는 태수(太守)를 지칭했으나, 후대로 오면서 존
칭으로 변했다. 오늘날 우리말로 "-님"에 해당한다.

● 아버지가 별세했을 때는 "고자(孤子)"라 하고, 어머니가 별세했을 때는 "애

자(哀子)"라 하며, 아버지와 어머니가 모두 별세했을 때에는 "고애자(孤哀子)"라고 한다. 부모가 다 별세했을 때 "고애자"라는 말이 있을 수 있다는 뜻이지 실제이 말이 쓰이는 경우는 없다. 이를 다시 설명하면 아버지가 별세하면 고자(孤子)[父亡則孤子], 어머니가 별세하면 애자(哀子)[母亡則哀子], 아버지와 어머니가 함께 다 별세하면 고애자(孤哀子)[父母俱亡則孤哀子]라 한다고 되어 있다. 이는 논리적으로 그렇게 쓸 수 있다는 것이지, 실제로는 쓰이지 않는다고 보는 경향이 많다. 예를 들면 아버지가 별세하면 고자(孤子)이고 아버지가 살아계시고 어머니가 별세하시면 아버지가 상주이기 때문에 아들은 고자나 애자를 쓸일이 없다. 다만 아버지가 먼저 별세하시고 홀어머니를 모시고 있다가 그 홀어머니가 별세했을 때에 부모가 다 별세했으니 고애자라 써야 한다는 주장이 있다. 반면에 아버지가 별세했을 때에 이미 고자(孤子)라 썼으니 어머니 별세 때에는 애자(哀子)라고만 써야 한다는 주장이 설득력이 있다. 따라서 우리나라에서는 후자를 따라 아버지가 별세했을 때에는 고자, 어머니가 별세했을 때에는 애자라고 쓰는 경향이 지배적이다.

● 둔석(窀穸) : 둔(窀)은 "광중 둔"자이고, 석(穸) 역시 "광중 석"자로, 매장(埋葬) 또는 묘혈(墓穴)을 말한다.

● 실당(室堂) : 집

※ 요즘 와서는 신주를 만들지도 않으면서 이 축문을 그대로 읽고 있다. 이는 정말로 무식의 소치이다. 만약 신주를 만들지 못했으면 "아직 신주를 만들지 못했으니"의 "신주미성(神主未成)"이라 쓰고, 옛 속백을 버리고 새 신주를 따르라는 말을 고쳐서 "종전대로 속백에 의지하라"라는 "의구속백(依舊束魄)"이라 쓰든지, 신주는 아직 이루어지지 못했으나 속백은 그래도 남았으니 "신주미성…속백유존(神主未成 束魄猶存)"이라 써야 한다. 그리고 가주(假主, 임시 종이로 접은 신주)를 만들었을 경우에는 "가주가 이미 이루어졌으니"라는 "기성(既成), 즉 가주기성(假主既成)"이라 쓰고, "사구종신(舍舊從新)"은 빼며, 대신 "시빙시의(是憑是依)"를 두면

된다. 그러면 "가주(假主)는 이미 이루어졌으니 혼령께서는 여기에 의지하소서."가 된다.

⑪ 우제축(虞祭祝)

초우(初虞)는 장사 당일 일중(日中 = 正午)에 지내는 제사이다. 지금까지는 신에게 올리는 것이 전(奠)이었고, 그것은 축(祝)이 상주를 대신해서 올렸다. 그러나 우제(虞祭) 때부터는 처음으로 술 석 잔을 올리는 삼헌(三獻)을 갖춘 제사를 지낸다.

維歲次 壬申七月丁未朔 五日辛亥 孤子吉童
유세차 임신칠월정미삭 오일신해 고자길동
敢昭告于
감소고우
顯考處士府君 日月不居 奄及初虞 夙興夜處 哀慕
현고처사부군 일월불거 엄급초우 숙흥야처 애모
不寧 謹以淸酌庶羞 哀薦祫事 尙
불영 근이청작서수 애천합사 상
饗
향

<번역>
유세차 임신 칠월 정미삭 오일 신해일에 고자(孤子) 길동(吉童)은
감히 밝게
현고 처사부군님께 아뢰옵니다. 세월이 머물러 있지 않아 문득 초우(初虞)가 되었습니다. 일찍 일어나서고 밤에 늦게 잠자리에 들어서도 슬퍼하며 사모하여 편안하지 못합니다.
삼가 맑은 술과 여러 가지 맛있는 음식으로 슬퍼 우제(虞祭)를 올리오니
흠향하시기를 바라나이다.

\<유의할 점>

● 어머니 상(喪)에는 애자(哀子)라고 한다.

● 처상(妻喪)에는 "감(敢)"자를 없애고, 아우 이하는 다만 "고우(告于)"로 쓴다.

● 혹시 빨리 장사를 지냈으면 "일월불거(日月不居)를 없애고," "부장예필 (報葬禮畢)", 즉 빨리 장사하여 예(禮)를 마쳤다고 쓴다. "부(報)"는 "빠를 부"자로 읽는다.

● 처와 아우 이하는 "근이(謹以)"를 없애고, "자이(玆以)"라 쓴다.

● 처와 아우 이하는 "애천(哀薦)"을 없애고, "진차(陳此)"라 쓴다.

● 합사(祫事) : 그 혼기(魂氣)가 당연히 선조(先祖)와 합하고자 하는 것이므로 '합사'라고 하는 것이다(祫 合也 欲其合於先祖也). 우제를 말함.

● 재우(再虞)에는 "재우"라 쓰고, 삼우(三虞)에는 "삼우"라고 쓰며, 졸곡 (卒哭)에는 "졸곡"이라고 쓴다.

● 재우(再虞)에는 "우사(虞事)"라 하고, 삼우(三虞)에는 "성사(成事)"라 하며, 졸곡(卒哭)에는 "卒哭云 成事來日隮祔于顯祖考某官府君尙饗"이 들어간다.

● 사(士)는 죽은 지 3개월 만에 장사지내고, 장례날이 초우(初虞)이다. 죽은 지 3개월이 지났으므로 "문득 초우가 되었습니다."라고 한 것이다.

⑫ 졸곡축(卒哭祝)

維歲次 壬申七月丁未朔 五日辛亥 孤子吉童
유세차 임신칠월정미삭 오일신해 고자길동
敢昭告于
감소고우
顯考處士府君 日月不居 奄及卒哭 夙興夜處 哀慕
현고처사부군 일월불거 엄급졸곡 숙흥야처 애모

不寧 謹以淸酌庶羞 哀薦成事 來日隮祔于
불영 근이청작서수 애천성사 내일제부우

祖考處士府君 尙
조고처사부군 상

饗
향

<번역>

유세차 임신 칠월 정미삭 오일 신해일에 고자(孤子) 길동(吉童)은
감히 밝게

현고 처사부군님께 아리옵니다. 세월이 머물러 있지 않아 어느덧 졸곡
이 되었습니다. 일찍 일어나고 밤에 머무름에 슬퍼하며 사모하여 편안
하지 못합니다.

　삼가 맑은 술과 여러 가지 맛있는 음식으로 슬피 졸곡제를 올리며 내
일 조고(祖考) 처사부군님께 올려서 합사할 것입니다.
흠향하시기 바라나이다.

<원문의 이해를 돕는 말>

• 성사(成事) : 제사를 이룬다[成祭祀]는 뜻이다. 제(祭)는 길(吉)로 성(成)을
삼는다[祭以吉爲成]. 졸곡날은 길제(吉祭)로 상제(喪祭)를 바꾸는 것[以吉祭易
喪祭]이다. 졸곡이 길제[卒哭吉祭]이다. 그러나 바로 길제라고 단정하기가 지
나치므로 졸곡은 우제(虞祭)에 대해서는 길제(吉祭)이고, 부제(祔祭)에 비해서
는 상제(喪祭)가 된다[卒哭對虞爲吉祭 比祔爲喪祭]라고 했다. 그러므로 졸곡은
점차 길례로 쓴다[故此祭漸用吉禮]라고 한다. ―『가례증해(家禮增解)』참조

⑬ 부제축(祔祭祝)

　졸곡 다음날이 부제(祔祭)이다.[卒哭明日而祔] 손부어조(孫祔於祖)라
하여 손자를 조부와 합사하는 것이다. 따라서 할아버지께 올리는 축문과
손자에게 아뢰는 축문이 있다.

ㄱ) 증조고위축문(曾祖考位祝文)

> 維歲次 壬申七月丁未朔 五日辛亥 孝曾孫吉童
> 유세차 임신칠월정미삭　오일신해　효증손길동
> 謹以淸酌庶羞 適于
> 근이청작서수　적우
> 顯曾祖考處士府君 隮祔孫處士府君 尙
> 현증조고처사부군　제부손처사부군　상
> 饗
> 향

<번역>
유세차 임신 칠월 정미삭 오일 신해일에 효증손 길동(吉童)은
삼가 맑은 술과 여러 가지 맛있는 음식으로
현증조고 처사부군님께 손자 처사부군님을 올려서 합사하니
흠향하시기 바라나이다.

<유의할 점>

● 망자(亡者)에게는 조부이고, 고(告)하는 사람에게는 증조부가 된다.
● 적(適)은 부(附)의 뜻이다.

ㄴ) 신주축문(新主祝文)>

손자인 새 신주(神主)에 고(告)하는 축문이다.

> 維歲次 壬申七月丁未朔 五日辛亥 孝子吉童
> 유세차 임신칠월정미삭　오일신해　효자길동
> 謹以淸酌庶羞 哀薦祔事于

> 근이청작서수 애천부사우
> **顯考處士府君 適于**
> 현고처사부군 적우
> **顯曾祖考處士府君 尚**
> 현증조고처사부군 상
> **饗**
> 향

<번역>

유세차 임신 칠월 정미삭 오일 신해일에 효자 길동(吉童)은

삼가 맑은 술과 여러 가지 맛있는 음식으로

현고 처사부군님께 합사를 올려

현증조고 처사부군님께 부제를 올리니

흠향하시기 바라나이다.

<유의할 점>

● 부제(祔祭)에 효자(孝子)라고 일컫는다. 즉 길제(吉祭)에는 효자(孝子)·효손(孝孫)이라 하고, 상제(喪祭)에는 애자(哀子)·애손(哀孫)이라고 쓴다. 졸곡(卒哭) 이후에는 길제가 되기 때문에 효자(孝子)라고 쓰고, 우제(虞祭) 이전에는 흉제(凶祭)이기 때문에 애자(哀子)라고 쓴 것이다.

⑭ 소상축(小祥祝)

소상은 초기(初朞)이다.

> 維歲次 壬申七月丁未朔 五日辛亥 孝子吉童
> 유세차 임신칠월정미삭 오일신해 효자길동
> **敢昭告于**
> 감소고우
> **顯考處士府君 日月不居 奄及小祥 夙興夜處 哀慕**

```
현고처사부군  일월불거 엄급소상 숙흥야처  애모
   不寧 謹以淸酌庶羞 哀薦常事 尙
   불영 근이청작서수  애천상사  상
饗
향
```

<번역>

유세차 임신 칠월 정미삭 오일 신해일에 효자 길동(吉童)은

감히 밝게

현고 처사부군님께 아뢰나이다. 세월이 머물러 있지 않아 어느덧 소상

이 되었습니다. 일찍 일어나고 밤에 머무름에 슬퍼하며 사모하여 편안

하지 못합니다.

   삼가 맑은 술과 여러 가지 맛있는 음식으로써 슬피 상사(常事)를 올리

오니

흠향하시기 바라나이다.

<유의할 점>

● 상사(常事)는 점차 일상으로 돌아온다는 뜻이다. 또 달리 1년이 되면 계절이
바뀌므로 자식이 부모를 생각하여 제사지내는 것은 상사라고 해석하기도 한다.

⑮ 대상축(大祥祝)

대상축은 소상축(小祥祝)에서

① 엄급소상(奄及小祥) → 엄급대상(奄及大祥)으로

② 애천상사(哀薦常事) → 애천상사(哀薦祥事)로

➡ 이처럼 두 곳만 고치면 된다.

⑯ 담제축(禫祭祝)

담제축은 소상축(小祥祝)에서

① 엄급소상(奄及小祥) → 엄급담제(奄及禫祭)로

② 애천상사(哀薦常事) → 애천상사(哀薦禫事)로

➡ 이상 두 곳만 고치면 된다.

⑰ 길제축(吉祭祝)

維歲次 壬申七月丁未朔 五日辛亥 孝子吉童
유세차 임신칠월정미삭 오일신해 효자길동
敢昭告于
감소고우
顯考處士府君 日月不居 喪期已盡 敢玆涓日追感
현고처사부군 일월불거 상기이진 감자연일추감
吉祭 昊天罔極 謹以淸酌庶羞 祗薦吉事 尙
길제 호천망극 근이청작서수 지천길사 상
饗
향

사당(祠堂)이 있어 신주(神主)를 모시면 고조(高祖) 이하 개제주(改題主)
를 하고, 고사(告辭)가 있으며 오대체천(五代遞遷)과 고유(告由)가 있다.

<번역>
유세차 임신 칠월 정미삭 오일 신해일에 효자 길동(吉童)은
감히 밝게
현고 처사부군님께 아룁니다. 세월이 머물러 있지 않아 상기(喪期)가 이
미 다 되었으므로 감히 이에 날짜를 잡으니, 길제(吉祭)를 생각하며 느
껴 호천(昊天)이 망극(罔極)입니다.
삼가 맑은 술과 여러 가지 맛있는 음식으로 공경히 길사를 올리오니
흠향하시기 바라나이다.

3. 신주(神主)의 제도

신주의 받침대는 주척(周尺, 周나라의 자)으로 사방 4촌(寸)이고, 두께는 1촌 2푼[分]이다. 받침대를 뚫어서 밑바닥까지 꿰뚫어 신주의 몸통을 꽂는다.

신주의 몸통 높이는 1척(尺) 2촌이고, 너비는 3치이며, 두께는 1치 2푼이다. 윗부분의 5푼을 깎아서 머리를 둥글게 하고, 여기서 1촌 아래로 내려가서 앞쪽에 새겨 턱을 만들어 떼어내는데 4푼은 앞쪽으로 오게 하고, 8푼은 뒤쪽으로 가게 한다. 턱 아래 함중(陷中)의 길이가 6촌, 너비가 1촌, 깊이가 4푼이다. 떼어낸 것과 합해서 받침대에 세워 아래가 나란하게 한다. 옆에 구멍을 뚫어 안으로 통하게 하는데, 구멍의 원경(圓徑)이 4푼이다. 구멍은 위에서 3치 6푼의 아래에 있고, 아래로 부면(趺面, 받침대)과의 거리가 7촌 2푼이다.

<神主>

趺方四寸, 厚寸二分(周尺), 鑿之洞底, 以受主身. 身高尺二寸, 博三寸, 厚寸二分,

부 방 사 촌, 후 촌 이 푼 (주 척), 착 지 통 저, 이 수 주 신. 신 고 척 이 촌, 박 삼 촌, 후 촌 이 푼,

剡上五分爲圓首, 寸之下勒前, 爲頷而判之, 四分居前, 八分居後, 頷下陷中, 長六寸,

섬 상 오 푼 위 원 수, 촌 지 하 륵 전, 위 함 이 판 지, 사 푼 거 전, 팔 푼 거 후, 함 하 함 중, 장 육 촌,

廣一寸, 深四分, 合之植於趺下齊, 竅其旁以通中, 圓徑四分, 竅居三寸六分之下,

광 일 촌, 심 사 푼, 합 지 식 어 부 하 제, 규 기 방 이 통 중, 원 경 사 푼, 규 거 삼 촌 육 푼 지 하,

下距趺面七寸二分. ─『家禮增解』,『四禮便覽』

하 거 부 면 칠 촌 이 푼. ─『가 례 증 해』,『사 례 편 람』

신주의 제도(神主制度)

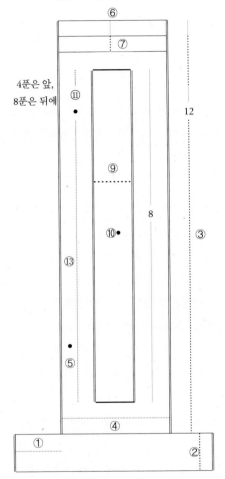

4푼은 앞,
8푼은 뒤에

⑥
⑦
⑪
12
⑨
8
⑩
③
⑬
⑤
④
①
②

<신주 제도의 해설>

① 신주 받침대[趺] : 사방 4촌(寸) [8cm]
② 신주 받침대 두께[厚] : 1촌 2푼[分]
  [2.5cm]
③ 신주 총높이[身高] : 1척(尺) 2촌
  [24cm]
  (받침대를 뚫어서 밑바닥까지 꿰뚫어
  신주의 몸통을 꽂았을 때)
④ 신주 총너비[博] : 3촌 [6cm]
⑤ 신주 총두께[厚] : 1촌 2푼 [2.5cm]
⑥ 신주 머리 둥글게[圓首] : 5푼 [1cm]
⑦ 1치 아래를 파서 턱[頷]을 만들어 떼
  어내어 4푼은 앞쪽으로 오게 하고, 8
  푼은 뒤쪽으로 가게 한다.
⑧ 함중(陷中)의 길이[長] : 6촌 [12cm]
⑨ 함의 너비[廣] : 1촌 [2cm]
⑩ 함의 깊이[深] : 4푼 [0.9cm]
⑪ 옆에 구멍[竅]을 뚫는데, 구멍의 원경
  (圓徑)이 4푼이다. 구멍은 혼의 통행
  로이다.
⑫ 구멍은 위에서 3치 6푼 아래에 있다.
  [7cm]
⑬ 구멍은 아래 받침대와의 거리가 7촌 2
  푼이다.[14.3cm]

[<사진 3> 참조]

위에서 논의된 내용을 종합하여 정리하면 다음과 같다.

신주(神主)의 윗부분 5푼을 깎아서 머리를 둥글게 하고, 1촌 아래의 앞부분을 파서 턱을 만들어 떼어내어 3분의 1(앞쪽 4푼)은 앞쪽으로 오게 하고, 3분의 2(뒷쪽 8푼)는 뒤편으로 가게 한다. 그리고 함중(函中)에는, 「大韓故處士義城金公諱楧字而晦神主(대한고처사의성김공휘황자이회신주)」와 같이 누구의 신주(神主)라는 것을 쓴다. 함중의 길이는 6촌이고, 너비는 1촌이다. 떼어낸 것을 신주에 덮어서 함께 받침대[跌]에 꽂는다. 그러면 신주의 몸통이 받침대 위에 1척 8푼이 올라간다. 받침대 높이 1촌 2푼과 합하여 신주의 총높이는 1척 2촌이 된다.

그리고 신주의 옆면에 구멍을 뚫어 안과 통하게 한다. 이는 혼령이 왕래하는 문(門)이다. 신주 몸통의 두께와 같이 3분의 1(원경圓徑, 4푼)을 3분의 2(7촌 2푼의 위) 위에 가게 한다.

신주 전면에는 분칠을 하고 속칭(屬稱)을 쓴다. '속(屬)'은 친속(親屬)이니 고조(高祖)·증조(曾祖)·조(祖)·고(考) 등을 말하고, '칭(稱)'은 호칭(號稱)을 말하는 것이니 관작(官爵)·호(號)·항렬(行列)·처사(處士)·수재(秀才) 등을 말한다. 그리고 신주 옆에 주사자(主祀者)의 이름을 쓴다. 예를 들면 「孝子吉童奉祀(효자길동봉사)」처럼 말이다. 앞에서 말한 바와 같이 신주에 분칠을 하는 것은 대수(代數)가 바뀌면 전면만 닦아버리고 그 위에 다시 써도 되게끔 하기 위한 것이다. 함중의 글은 고치지 않는다. 가정의 신주는 이처럼 규격이 정확하게 기록되어 있어서 어느 가문을 막론하고 신주의 규격이 동일하다.

하지만 서원(書院)의 위패(位牌)는 규격을 말한 곳이 없기 때문에 서원에 따라 차이가 있다. 그리고 서원(書院)과 향교(鄉校)의 위패(位牌)는 전면에 분칠을 하는, 즉 분면(粉面)을 하지 않는다. 서원이나 향교의 위패는 닦고 다시 쓸 일이 없기 때문이다. 다만 율곡(栗谷) 이이(李珥)와 우계(牛溪) 성혼(成渾)의 위패는 분면(粉面)을 했다. 이율곡(李栗谷)과 성우계(成

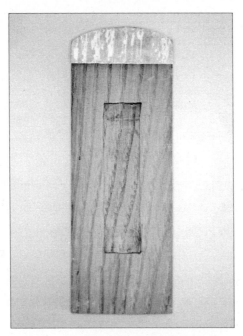

<사진 3> 신주(神主)의 앞쪽에 턱을 만들어
3분의 1을 떼어내고 함중(函中)을 만든 상태

牛溪)는 숙종(肅宗) 임술(壬戌, 1682)년에 문묘(文廟)에 배향(配享)되었다
가, 숙종 기사(己巳, 1689)년에 출향(黜享)되고, 출향된 6년만인 숙종 갑술
(甲戌, 1694)년에 복향(復享)되었다.

　이와 같이 향교에서 출향된 것과 복향된 것은 모두 당시의 정치적인 상
황과 불가분의 관계가 있었다. 숙종 때에는 서인(西人)들이 정권을 주도
하다가 기사환국(己巳換局)으로 정치판이 다시 짜이게 되었다. 이에 남인
(南人)들이 정권을 주도하면서 서인(西人)인 율곡과 우계가 향교에서 축
출된다. 율곡의 죄목은 입산(入山), 즉 불교에 입문했다는 것이고, 우계의
죄목은 임란(壬亂) 때 선조(宣祖)가 의주(義州)로 몽진(蒙塵, 선조의 피난)
하면서 임진강을 건너기 위해 우계가 사는 마을에서 멀지않은 곳으로 어

가(御駕)가 지나가는데 나와서 호종(扈從)하지 않았다는 것이다. 그리고 임란(壬亂) 때 주화(主和)를 했기 때문이다. 이를 두고 율곡과 동시대 사람인 경암(敬菴) 문동도(文東道)는,

谷栗僧前落(곡율승전락 : 골짜기의 밤은 승려 앞에서 떨어지고)
溪牛不受駕(계우불수가 : 시냇가의 소는 멍에를 받지 않는구나.)

라는 시(詩)를 지어 풍자하였다. 율곡(栗谷)을 '곡율(谷栗)'이라 쓰고, 우계(牛溪)를 '계우(溪牛)'라고 써서 시적인 기교를 더욱 높였다. 결국 율곡과 우계는 당시의 정치상황과 맞물려 향교에서 축출되었던 것이다.

그리고 6년 후에 또 한 차례의 정치적 변동이 일어나게 되는데 바로 갑술환국(甲戌換局)이다. 이때에는 서인(西人)과 동인(東人)들이 정치권을 주도하면서 남인(南人)들이 대거 축출당한다. 이처럼 정치적인 상황의 변화에 따라 율곡과 우계의 신주는 문묘(文廟)에 다시 복위(復位)된다. 다시 설명하자면 율우(栗牛) 두 분의 신주는 숙종(肅宗) 기사(己巳, 1689)년에 문묘(文廟)에서 축출되었다가 6년만인 갑술(甲戌, 1694)년에 복위(復位)된다. 그런데 축출당할 때 위패를 땅에 묻으면서 신주를 독(櫝)에 넣어 분면(粉面)을 해서 묻었다. 요즘 폐기물에 페인트칠을 하듯이 말이다. 그리고 후일 복위(復位)될 때, 새로 신주를 만들지 않고 전일에 묻었던 그 신주를 파내어 그대로 다시 모셨기 때문에 현재까지도 분면(粉面)을 하고 있다고 한다. 그리하여 문묘(文廟)의 18현(十八賢) 중에서 유독 율우(栗牛) 두 분의 신주만 분면(粉面)을 했다. 위에서 말한 신주와 위패는 사실 엄밀히 따지자면 다르다. 하지만 신(神)을 상징하는 의미에서 같은 뜻으로 썼다.

신주함중(神主陷中)　　　　　　　　　　신주전면(神主前面)

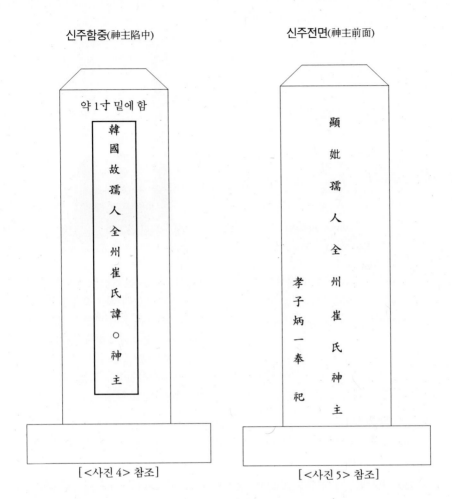

약 1寸 밑에 함

韓國故孺人全州崔氏諱○神主

顯妣孺人全州崔氏神主

孝子炳一奉祀

[<사진 4> 참조]　　　　　　　　[<사진 5> 참조]

※ ● 玉樞經云人之頭高居全體十二之一

　　● 寸之下之寸通圓首一寸

<사진 4> 신주(神主)를 완성하여
앞부분의 떼어낸 것을 덮고 분칠
하여 받침대[跌]에 꽂은 상태

<사진 5> 신주를 넣는 함을 독(櫝,
함, 궤)이라 하는데, 독은 고위(考位)
와 비위(妣位)를 함께 모신다. 그런
데 어느 한 분이 먼저 별세 했을 때
는 단위(單位)만 모신다. 위의 사진
은 단위만 모신 것이다. 그리고 평소
에는 독의 뚜껑을 닫는다.

※ 참고사항

❶ 신주 전면에는 흰 분칠을 한다. 뒤에 개제주(改題主)를 할 때 지우고 다시
쓰기 위해서이다.

❷ 옛날에는 ⑥의 원수(圓首)를 5푼으로 하고, 여기서 다시 1푼 아래에 턱을
내어 총 1.5푼으로 하였으나, 지금은 원수에서 턱까지 1푼으로 한다.

"寸下之寸 通圓首一寸(1촌 아래 촌은 원수를 통해서 1촌이다.)"이란 글이 있
고, 추연(秋淵) 선생께서도 이렇게 해석했다.

❸ 신주(神主)의 상징

ㄱ) 신주가 머리 부분이 둥글고 아래 받침대가 네모난 것은 천원지방(天圓
地方)을 상징한 것이다.

ㄴ) 받침대가 4방 4치인 것은 1년 4계절을 상징한 것이다.

<사진 7> 고위(考位)와 비위(妣位)를 함께 모실 때에는 신주를 정중히 모시는 동시에 쉽게 구분할 수 있도록 고위는 청색(靑色), 비위는 홍색(紅色)으로 도(韜, 둘러씌우는 집)를 씌운다. 그리고 다시 독을 닫는다.

<사진 6> 고위(考位)와 비위(妣位)를 한 독에 같이 모신 상태. 평소에는 독의 뚜껑을 닫는다.

ㄷ) 높이가 1자 2치인 것은 1년 열두 달을 상징한 것이다.

ㄹ) 너비가 3치인 것은 한 달이 30일이라는 것을 상징한다.

ㅁ) 두께가 1치 2푼인 것은 하루가 12시간(옛날에는 하루를 12시간으로 표시했다.)이라는 것을 상징한 것이다.

◎ 여기서 자[尺]는 예(禮)의 표준으로 삼는 주(周)나라의 자인 주척(周尺)으로 계산한 것이다. 그리고 신주의 재료는 밤나무로 한다. 닭소리, 개소리가 들리지 않은 곳에서 자란, 그리고 동쪽으로 뻗어난 가지이어야 한다. 이것을 베어 물에 몇 년간 담가서 결이 삭은 뒤에 만든다. 그렇게 해야 신주를 만들어 놓았을 때 틀어지지 않는다.

◎ 신주(神主)를 고위(考位)나 비위(妣位) 중 단위(單位)로 모시기도 하지만, 대체로 고위와 비위를 함께 모시고 평소에는 독(櫝)을 닫아 둔다.[<사진 6>, <사진 7> 참조]

제2장

상(喪)·장(葬)에 쓰이는 글들

앞장에서 고사(告辭)와 축문(祝文)에 대해서 보았다. 하지만 이 글들은 모두 신(神)과 관계되는 글들이었다. 사람이 죽어서 장사할 때까지 산 사람과 관계되는 글도 많이 있다. 이것이 상(喪)과 장(葬)에 쓰이는 의식문(儀式文)이다. 이것은 오늘날에도 일부 응용되고 있다. 구체적으로 조목을 들어보면 다음과 같다.

1. 부고(訃告)의 내용과 형식
2. 전통 위장(慰狀)과 자작(自作) 위장
3. 전통 위장 답소(答疏)
4. 전통 부의(賻儀) 서식(書式)과 답서식
5. 전통에 근거를 둔 인사장
6. 전통에서 벗어난 인사장
7. 파격적인 새로운 인사장

이상 일곱 가지의 내용을 살펴보기로 한다.

1. 부고(訃告)의 내용과 형식

6	5	4	3	2	1
生員 座前 생원 좌전	丁卯十一月十九日 護喪 權玉鉉上 정묘십일월십구일 호상 권옥현상	先塋下 申坐原 前一日啓殯 發靷巳時 下棺未時 玆幷訃告 선영하 신좌원 전일계빈 발인사시 하관미시 자병부계고	襄禮 將以十二月十二日甲申 定行于陜川郡 草溪面 元堂里後山 양례 장이십이월십이일갑신 정행우합천군 초계면 원당리후산	族姪淳道大人 秋淵翁 以老患 不幸於今月十九日巳時棄世 족질순도대인 추연옹 이노환 불행어금월십구일사시기세	訃告 부고

※. 부고는 흉사이므로 음수인 6폭을 하고, 왼쪽으로 봉한다고 좌봉서(左封書)라 한다.

[<사진 8> 참조]

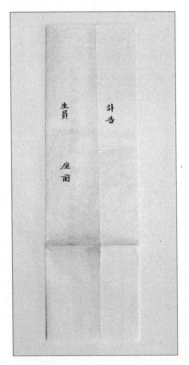

<사진 8> 부고의 겉모양 (추연 권
용현선생 별세 때의 부고)

① 추연(秋淵) 권용현(權龍鉉)선생 별세 때 부계서(訃啓書)

訃 告
부 고

族姪淳道大人 秋淵翁 以老患 不幸於今月十九日巳時棄世
족질순도대인 추연옹 이노환 불행어금월십구일사시기세
襄禮 將以十二月十二日甲申 定行于陜川郡 草溪面 元堂里後山先塋下
양례 장이십이월십이일갑신 정행우합천군 초계면 당리후산선영하

申坐原 前一日啓殯 發靷巳時 下棺未時 玆幷訃啓告
신좌원 전일일계빈 발인사시 하관미시 자병부계고

丁卯十一月十九日　　　　　護喪 權玉鉉上
정묘십일월십구일　　　　　호상 권옥현상

生員　　座前
생 원　　좌 전

[<사진 9> 참조]

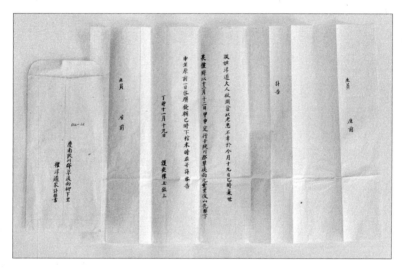

<사진 9> 앞의 부고를 폈을 때의 모습.
왼편에 따로 있는 것은 부고에 딸린 봉투이다.

<번역>

부고(訃告)

족질(族姪)* 순도(淳道)* 대인(大人)* 추연옹(秋淵翁)*께서 노환(老患)으로 이 달* 19일 사시(巳時)에 별세하였습니다.

양례(襄禮)는 장차 12월 12일 갑신(甲申) 일에 합천군 초계면 원당리 뒷산 선영(先塋) 아래로 정하여 행할 예정입니다. 계빈(啓殯)*은 하루 전 날 하고, 발인(發靷)은 (당일) 사시(巳時)에 하며, 하관(下棺)은 미시(未時)입니다. 이에 아울러 부고(訃告)와 계고(啓告)를 함께 알립니다.

정묘(丁卯, 1988) 11월 19일　　호상 권옥현 올림

생원　좌전

<원문의 이해를 돕는 말>

● 족질(族姪) : 부고(訃告)는 호상(護喪)의 이름으로 나가기 때문에 여기서 족질은 호상의 족질이다. "호상(護喪)"이란 "호상차지(護喪次知)"의 준말로, 초상(初喪) 일을 주장하여 맡은 사람을 말한다. 따라서 호상을 누가 하느냐에 따라 이 부분은 달라진다.

● 순도(淳道) : 여기서는 상주(喪主)의 이름을 쓴다.

● 추연옹(秋淵翁) : 장사하기 전에 임시로 이렇게 썼지만, 장례 때에는 유림(儒林) 회의에서 "추연선생 권공지구(秋淵先生 權公之柩)"라 쓰기로 결정을 보아 "추연선생 권공지구"라고 썼다.

● 이 달 : 호상(護喪)이 부고를 발송한 달.

● 계빈(啓殯) : "빈소(殯所)를 열어제친다"는 뜻이다. 본래 빈(殯)은 "초빈할 빈"자로 시체를 입관(入棺)한 후 장사 지낼 때까지 안치(安置)하는 곳을 말한다. 따라서 빈소(殯所)는 발인(發靷)할 때까지 관을 놓아두는 곳이다. 옛날 천자(天子)는 칠월장(七月葬), 제후는 오월장(五月葬), 대부(大夫)는 삼월장(三月葬), 사(士)는 유월장(踰月葬), 즉 한 달을 넘겨서 장사를 한다. 교통이 발달되지 못한 상태에서는 장례 준비에 이 정도 시일을 요한다. 그러므로 시체를 장기간 방안에 둘 수가 없어 집 안이나 집 밖에 적당한 장소를 골라 가묘(假墓)처럼 흙을 덮고 잔디도 심어 잘 관리를 하는데, 이를 집안에 하면 내빈(內殯)이라 하고 집밖에 하면 외빈(外殯)이라 한다. 장례 하루 전날에 흙을 파고 덮은 것을 걷어치우고 관을 꺼내어 두었다가 장례 당일 발인(發靷) 때 운구(運柩) 해 가는데, 계빈

(啓殯)이란 이처럼 관을 덮어두었던 것을 열어제치고 관을 들어내어 놓는다는 뜻이다.

● 명정(銘旌) : 망자(亡者)를 입관(入棺)한 후에 붉은 비단에 흰 글씨로 누구의 관(棺)이란 것을 밝혀 써서 빈소(殯所) 앞에 내걸거나 관(棺) 위에 덮어두는 것이다. 초상(初喪) 때의 명정(銘旌)은 유림회의(儒林會議)를 거치지 않은 사적(私的)인 성격을 띠는 것이므로 마음대로 높여 쓸 수가 없어서 "학생김해김공지구(學生金海金公之柩)"처럼 낮추어 쓴다. 하지만 명망(名望)이 높은 분은 장사를 하기 위하여 장사 하루 전날 계빈(啓殯)을 한 후에 유림회의(儒林會議)를 거쳐 그 회의에서 결정된 공적(公的)인 성격을 띤 새 명정(銘旌)을 내걸어야 한다. 예를 들면 "백운 이선생지구(白雲 李先生之柩)"처럼 말이다. 이렇게 하는 것을 일컬어 "초상(初喪) 때의 명정은 두고 새 명정으로 바꾼다."고 하여 "개명정(改銘旌)"이라고 한다.

유림회의는 언제 여는가? 장사(葬事)하기 하루 전날 연다. 내일 장사를 하기 위해 오늘 오후에 계빈(啓殯)을 하면, 계빈 후에 곧 개좌(開座)라 하여 회의를 거쳐 개명정(改銘旌)을 한다. 잠시라도 관(棺) 앞에 명정이 없으면 주인 없는 관이 되기 때문이다. 부고(訃告)에 "계빈(啓殯)은 언제 한다"고 쓰는 것은 개명정을 할 유림회의의 시간을 알리는 것과 같은 의미이다. 유림회의는 대개 장사(葬事)하기 하루 전날 오후에 하는 것이 관례다. 따라서 부고(訃告)에 계빈(啓殯) 시간까지 잘 쓰지 않고 장사하기 하루 전날 한다고 "전일일 계빈(前一日 啓殯)"이라고만 쓴다. 하지만 사람에 따라 "계빈은 전일일 오시(前一日 午時)"처럼 시간까지 분명히 알리는 경우도 있다. 유림장(儒林葬)을 하지 못하는 사람은 부고에 아예 계빈(啓殯)이란 말을 쓸 필요가 없다.

먼저 위의 부고 ①의 발송 봉투에 "권순도가부계고서(權淳道家訃啓告書)"라 쓰여 있기 때문에 이 항의 제목을 그대로 정했다. 그러면 부고의 구성에 대해 구체적으로 보기로 하자.

우리가 일반적으로 죽음을 알리는 글을 부고(訃告)라고 한다. 이를 달리는 부음(訃音), 난보(蘭報), 경난(耿蘭), 실음(實音), 교서(郊書), 난음(蘭音), 좌봉서(左封書) 등 여러 가지 명칭으로 부르기도 한다. 하지만 대표적인 말은 부고(訃告)이다. 이 부고의 구성은 크게 두 부분, 즉 "부고(訃告)"와 "계고(啓告)"로 되어 있다. 먼저 부고부터 보기로 하자. 부고(訃告)의 "부(訃)"자는 "부고 부"자로, 사람의 죽음을 알리는 통지문(通知文)이다. 여기에 해당하는 글은 '누가 무슨 병으로 언제 별세했다'는 사실을 알리는 것이다.

다음 계고(啓告)는 장사날을 고(告)해 알리는 것이다. 즉 '양례(襄禮, 장사날)는 언제 어디에서 한다'고 알리는 것이다. 그 다음에 자(子), 손(孫), 사위[婿]들을 쓰는데, 이것은 옛 예법(禮法)이 아니다. 요즘 유행하는 서식이다. 이와 같이 부고와 계고는 분명히 구분된다. 그런데 여기에 예시한 것처럼 말미에 "자병부계고(玆並訃啓告)"라 하면 부고와 계고를 함께 올린다는 뜻이다.

그러면 부고와 계고의 뜻을 더 선명하게 이해하기 위해 부고와 계고를 아예 나누어서 쓴 예문을 ②에서 보기로 하자.

② 춘산(春山) 이상학(李相學)선생 별세 때 부계고서(訃啓告書)

訃 告
부 고

李泰煥大人 春山公(相學) 以老症不幸於今月 二十三日辰時 別世
이태환대인 춘산공(상학) 이노증불행어금월 이십삼일진시 별세

啓 告
계 고

襄禮 將以十一月 初二日(陽十二月十七日) 丙申 定行于陜川郡
양례 장이십일월 초이일(양십이월십칠일) 병신 정행우합천군
陜川邑 仁谷里 長水谷 長嶝乾坐之原 發靷隨時 下棺巳時 玆幷啓告
합천읍 인곡리 장수곡 장등건좌지원 발인수시 하관사시 자병계고

乙丑十月 日
을 축 십 월 일

子 泰 煥
자 태 환

孫 鴻 基
손 홍 기

榮 基
영 기

婿 姜 鉉 錫
서 강 현 석

護喪 金 英 洙 上
호상 김 영 수 상

生員 座前
생 원 좌 전

<본래는 세로로 쓴 것임>

※ 손자와 사위는 아들과 호상보다 한 자 오른편으로 썼다.

<번역>
부고(訃告)

이태환의 대인(大人) 춘산공(春山公) (상학 相學)께서 노증(老症)으로 불행히 이 달 23일 진시(辰時)에 별세하셨습니다.

계고(啓告)

양례(襄禮)는 장차 11월 초2일(양력 12월 17일) 병신(丙申) 일에 합천군 합천읍 인곡리 장수골 긴등 건좌의 언덕으로 정하여 행할 예정입니다. 발인은 수시로 하며, 하관(下棺)은 사시(巳時)입니다. 이에 아울러 계고(啓告)를 아룁니다.

자(子)　　태환

손(孫)　　홍기

영기

사위　　강현석

호상　　김영수 올림

　　생원 좌전

<원문의 이해를 돕는 말>

앞의 부고(訃告) 참조

그러면 부고의 짜임 또는 자병계고(玆並啓告)의 뜻도 명확해지리라 본다. 옛날 사람들은 이런 글에 너무나 익숙해 있었기 때문에 부고와 계고를 나누지 않고 "자병부계고(玆並訃啓告)"라고 많이 써왔다.

③ 중재(重齋) 김황(金榥)선생 별세 때 부고기문(訃告期文)

중재 김황(1896~1978)선생은 별세 당시 언론에 상당히 주목을 받았다. 그러므로 그의 부고를 어떻게 썼던가를 한번 볼 만하다.

計　告
부　고

金昌鎬 大人重齋先生 以老患 不幸於今月十五日申時棄世 謹專訃告
김창호 대인중재선생 이노환 불행어금월십오일신시기세　근전부고
襄禮 將以十二月 初九日(陽一月七日)行于本里 佳馬谷 亥坐之原
양례 장이십이월 초구일(양일월칠일)　행우본리 가마곡 해좌지원
發引隨時 下棺午時 前日午時啓殯玆幷告期
발인수시　하관오시 전일오시계빈자병고기

戊午十一月十六日　護喪許泂上
무오십일월십육일　호상 허 형상

座　前
좌　전

<본래는 세로로 쓴 것임>

<번역>

부고(訃告)

　김창호(金昌鎬)* 대인(大人) 중재(重齋) 선생께서 노환(老患)으로 불행히 금월(今月) 십오일 신시(申時)에 세상을 버렸으므로 삼가 오로지 부고(訃告)를 알립니다.

　양례(襄禮)는 장차 십 이월 초 구일(양력 1월 7일)에 본 마을 가마곡(佳馬谷) 해좌(亥坐)의 언덕에 행할 예정입니다. 발인(發靷)은 수시(隨時), 하관(下棺)은 오시(午時), 전날 오시에 계빈(啓殯), 이에 아울러 고기(告期)도 함께 합니다.

무오(戊午) 11월 16일

호상 허형(許泂) 올림

좌　전

<원문의 이해를 돕는 말>

● 김창호(金昌鎬) : 상주의 성명을 다 쓴 것은 호상이 친척이 아니라 남이기 때문이다. 즉 호상(護喪)과 상주(喪主)가 성(姓)이 다르므로 밝혀 쓴 것이다.

● 이 부고가 다른 부고와 다른 점은 부고(訃告)와 계고(啓告)라는 제목을 쓰지 않은 대신에 양례(襄禮)라는 글을 한 자 낮추어 썼다.

이 글은 사람의 죽음을 알리는 통지문인 부고(訃告)와 장례 기일(期日)을 알리는 고기(告期)의 두 단락으로 되어 있다. 그러므로 이 항의 제목을 부고기문(訃告期文)이라고 정했다. 그것도 두 가지를 알기 쉽게 시각적으로 구분할 수 있게끔 부고(訃告)에 해당하는 분을 한 글자 올려 쓰고, 고기(告期)는 한 글자 낮추어 썼다. 전체적으로 보아 다른 부고와 큰 차이가 없다.

④ 김재열(金在烈) 대부인 부계고(訃啓告)

위에서 잠깐 언급했지만 옛날 부고는 부고와 계기만 알리는 것이었다. 그러나 신문화를 받아들이면서 부고에 아들, 손자, 며느리, 사위까지 다 쓰면서 이를 다 쓰고 호상 이름을 쓰느냐, 호상 이름 다음에 자손들의 이름을 쓰느냐에 대해 논란이 있은 지 오래 되었다. 이 문제에 대해서는 실제 부고를 통해서 살펴보기로 하자.

< 바르게 쓴 부고(訃告)와 계고(啓告) >

訃　告
부　　고

友人金在烈 大夫人*濟州梁氏 以老患 不幸於今月十九日戌時 棄世
우인김재열 대부인 *제주양씨 이노환　불행어금월십구일술시　기세
襄禮 今月二十二日(陽六月二八日)定行于全南 和順 道巖面 鳳鶴洞
양례 금월이십이일(양육월이팔일)　정행우전남　화순　도암면　봉학동

```
村左庚坐原
촌좌경좌원
發靷(서울三星醫療院永安室)寅時 下棺午時 玆幷訃啓告
발인(서울삼성의료원영안실)인시    하관오시 자병부계고


                              嗣子 在烈
                              사자 재열
                                   庄烈
                                   장열
                    乙酉五月二十日  護喪 許鎬九 上
                    을유오월이십일   호상 허호구 상
           生員    座前
           생 원    좌 전

                                      <본래는 세로로 쓴 것임>
```

<번역>

부고(訃告)

우인(友人) 김재열(金在烈) 대부인(大夫人) 제주 양씨(濟州梁氏)께서 노환(老患)으로 불행히 금월 19일 술시(戌時)에 기세(棄世) 하셨습니다.

양례(襄禮)는 금월 22일(양력 6월 28일)에 전라남도 화순 도암면 봉학동 마을 왼쪽 경좌의 언덕에 정해서 행합니다.

발인(發靷)은 (서울 삼성의료원 영안실) 인시(寅時)에, 하관은 오시(午時)에 하므로 이에 부고와 계고를 아울러 아뢰옵니다.

사자(嗣子)   재 열

장 열

을유(乙酉) 5월 20일   호상 허호구 상

생원   좌전

<원문의 이해를 돕는 말>

● 대부인(大夫人) : 남의 어머니를 높여 이르는 말이다. 남의 할머니는 왕대부인(王大夫人), 남의 아내는 합부인(閤夫人) 또는 영부인(令夫人)이라 한다.

● 기세(棄世) : 별세(別世)와 같은 말이다. 다만 습관으로 남자의 죽음은 별세, 여자의 죽음은 기세(棄世)라고 구분해 쓰기도 한다.

● 양례(襄禮) : 장례(葬禮)

이 글은 호상(護喪)과 상주(喪主)가 친구 사이므로 "우인(友人) 김재열"이라 썼다. 내용은 앞에서 본 부고를 이해하면 이 글 정도는 저절로 이해될 것이다.

다만 사자(嗣子) 재열(在烈), 장열(庄烈)이라 쓰고, 호상(護喪) 허호구(許鎬九) 올림이라고 쓴 데 유의해 볼 필요가 있다. 부고는 급작스럽게 상을 당한 상주가 직접 낼 수 없어서 호상이 상주 대신 내는 것이다. 그러므로 쓸 것을 다 쓰고 마지막에 "호상은 이렇게 올립니다."로 해야 논리상으로 맞다. 그리고 한문의 문리(文理)에도 맞는 것이다. 만약 그렇게 하지 않고 연월일을 다 쓰고 호상 성명까지 다 쓴 다음에 "사자(嗣子) 누구누구"라고 쓰면 그 이상은 호상이 올린 글이 되지만, 그 이하, 즉 "사자(嗣子)" 이하는 호상이 올리는 글이 되지 않아 사자는 주인의 사자(嗣子)가 아니라 마치 호상의 사자(嗣子)처럼 보이게 된다. "사자(嗣子)"란 대(代)를 이을 아들을 말한다.

일반 대중은 이렇게 쓰나 저렇게 쓰나 알아보면 되는 것 아니냐 할지 모르지만 지식층에 속하는 사람들은 그렇게 해서는 안 된다. 이 문제에 대해서 상당히 논란이 있기 때문에 여기서 예문으로 든 것이다. 위에서 지적한 것처럼 논리상으로 보나 한문의 문리를 보나 당연히 이 부고처럼 써야 한다.

⑤ 잘못 쓴 부고(訃告)의 예

여기서 잘못 쓴 부고의 예는 실명(實名)을 밝히기가 미안한 점도 있고 해서 부고의 원 틀은 그대로 두고 성명과 지명은 모두 바꾸었으며, 자손의 이름도 상당히 줄이고 가명을 썼다는 점을 밝혀둔다.

訃 告
부 고

族孫 一根大夫人＊孺人金海金氏 以宿患 今月二十三日 (陽十一月二十八日)
족손 일근대부인 ＊유인김해김씨　이숙환 금월이십삼일 (양십일월이십팔일)
寅時 別世 玆以訃告
인시 별세　자이부고

　　　　　己巳 十月 二十三日
　　　　　기 사 십 월 이 십 삼 일
　　　　　　　護喪　　金相基　　上
　　　　　　　호 상　　김상기　　　상
　　　　　　　　子 一根
　　　　　　　　자 일 근
　　　　　　　　子 二根
　　　　　　　　자 이 근
　　　　　　　　　孫 文明
　　　　　　　　　손 문 명

　　　　　啓 告
　　　　　계 고

葬禮：己巳十月二十五日(陽十二月二日)九時發靷於大韓病院 永安室
장례 : 기사십월이십오일 (양십이월이일) 구시발인어대한병원　　영안 실
葬地：釜山市 永樂公園墓地
장지 : 부산시 영락공원묘지

<번역>

부고(訃告)

족손(族孫) 일근(一根)의 대부인(大夫人) 유인(孺人) 김해 김씨(金海金
氏)께서 오래 묵은 병으로 금월 23일(양력 11월 28일) 인시(寅時)에 별세
하였으므로 이에 부고를 아뢰옵니다.

기사(己巳) 10월 23일

호상 김상기 상
자   일근
이근
손   문명

계고(啓告)

장례(葬禮) : 기사(己巳) 10월 25일(양력 12월 2일) 대한병원 영안실
에서 때에 따라 발인함
장지(葬地) : 부산시 영락공원묘지

<원문의 이해를 돕는 말>

● 족손(族孫) : 상주(喪主)가 호상(護喪)의 먼 일족의 손자 항렬에 해당하는 사
람임을 의미한다. 호상과 상주와의 관계를 말한다.

● 유인(孺人) : 벼슬하지 못한 사람의 아내에게 쓰는 존칭이다.(본래는 종구품
從九品의 부인을 칭하는 존칭이었다.)

누구나 상(喪)을 당하면 당황하고 분망하여 어찌할 바를 모른다. 그러
므로 가까운 친족이나 친한 벗 중에서 일을 총괄할 만한 사람을 호상(護
喪)으로 선정하여 주인 대신 일을 총괄하여 보게 한다. 상가(喪家)에서는
부고(訃告)도 발송할 마음의 여유가 없기 때문에 호상(護喪)의 이름으로

---

* 남의 아내를 공대(恭待)하여 합부인(閤夫人), 남의 어머니를 경칭(敬稱)하여 대부인
(大夫人), 남의 할머니를 존칭해서 왕대부인(王大夫人)이라 한다.

발송하는 것이다. 그렇다고 부고(訃告)가 호상의 부고는 아니다. 예를 들면 혼서(婚書) 같은 데는 혼주(婚主)의 성(姓)이 이씨이면 "이생(李生) 예간(禮柬)"이라 하는데, 부고(訃告)에서는 상주(喪主)가 이씨이면 "이생가(李生家) 부계서(訃啓書)"라 한다. 이생(李生)이라 하면 편지를 쓰는 사람 한 사람을 말하지만, 이생가(李生家)라고 하면 이생(李生)의 집안에서 하는 부고가 된다. 즉 이생(李生)이라 하면 주어가 단수이지만, 이생가(李生家)라고 하면 주어가 복수가 된다. 이처럼 호상이 상가(喪家)인 이씨(李氏) 집안을 대신해서 보내는 부고라는 뜻이다.

부고의 내용은 위에서 보았듯이 고인(故人)이 된 사람은 언제 죽었는가 하는 것과 거기에 덧붙여 계고(啓告)로 양례(襄禮), 즉 장사(葬事)는 언제 어디에 하는가 하는 두 가지로 되어 있다. 그 다음은 발송 연월일을 쓰고 끝에 호상(護喪) 누구 올림으로 끝맺는다.

그런데 신문명(新文明)이 유입(流入)된 이후 망자(亡者)의 자손 이름을 쓰는데, 이들의 이름까지 다 쓰고 연월일과 호상의 이름을 쓰느냐, 연월일과 호상의 이름까지 다 쓰고 난 뒤에 자손들의 이름을 쓰느냐 하는 것이 상당히 혼란을 겪고 있는 것도 위에서 단편적으로 지적했다.

첫째, 부고는 상주를 대신해서 호상이 하는 것이기 때문에 망자가 언제 별세하고, 장례는 언제하며 자손은 어떤 사람이 있는가를 모두 쓰고 "호상은 이렇게 올립니다."라고 해야 옳다. 만약 그러하지 않고 부고의 내용을 다 쓰고 연월일까지 쓰며 호상 이름까지 쓰면 부고는 끝난 것인데, 그 뒤에 자손들의 이름을 쓰게 되면 자손들은 호상의 자손인지 망자의 자손인지 알 수가 없다. 망자의 자손이라면 논리가 맞지 않고 문리(文理)가 통하지 아니한다. 발신자가 없기 때문이다.

둘째, 부고는 호상의 이름으로 나가는 것으로, 끝에 가서 연월일을 다 쓰고 호상의 이름까지 썼으면 부고는 끝난 것인데, 이어서 망자의 자손 이름과 계고(啓告)까지 첨부하듯이 붙였으니 이 부분은 발신자(發信者)가

없다. 일반대중들은 이러나저러나 넘어가겠지만 지식층에 있는 사람은
이런 오류를 범해서는 안 된다.

2. 전통 위장(慰狀)과 자작(自作) 위장

위장(慰狀)이란 위로하고 문안하는 편지이다. 과거에는 부고를 받고
아무 반응이 없으면 다음부터 절교이다. 요즘처럼 부의금을 인편으로
조금 부쳐놓고 끝내는 것이 아니었다. 부고를 받은 사람이 직접 가서
조문(弔問)을 하는 것이 예의였다. 하지만 부득이한 사정으로 가지 못
할 경우가 있다. 이럴 때에는 편지로 위문하는 경우가 있다. 이것을 조
문(弔問)하는 편지라고 하여 "위장(慰狀)"이라 한다.

이 위장도 쓰기가 쉽지 않으므로 정형화 된 위장을 예서(禮書)같은
데서 본보기로 실어놓은 것이 있다. 대개 위장은 이 문형을 그대로 사
용하는 사람이 많다. 하지만 이 글은 너무 형식적이고 상투적인 결점이
있다. 따라서 능력 있는 사람은 자신이 직접 창작한 편지를 보낸다.

본 항에서 전통 위장이란 과거로부터 써 오던 위장을 말하고, 자작
위장이란 자신이 직접 지은 위장을 말한다.

① 첫 번째 예서(禮書)대로의 위장(慰狀)의 예

< 부고(訃告)를 받고 하는 위장(慰狀) >

載浩頓首 不意凶變
재호돈수 불의흉변
先府君惺庵公 奄棄色養 承訃驚怛 不能已己 緬惟 孝心純至 思慕號
선부군성암공 엄기색양 승부경달 불능이이 면유 효심순지 사모호

絶 何可堪居 日月流邁 遽經襄禮 哀痛奈何 罔極奈何 不審自罹荼毒

절 하가감거 일월유매 거경양례 애통내하 망극내하 불심자리도독

氣力何似 惟冀强加疏食 俯從禮制 載 遠地寄留 末由奔慰 悲繫增深

기력하사 유기강가소사 부종예제 재 원지기류 말유분위 비계증심

謹奉狀 不宣謹狀

근봉장 불선근장

戊辰 十一月二十八日 李載浩疏上

무진 십일월이십팔일 이재호소상

李 炳銑　大孝　　　哀前

이 병선　대효　　　애 전

　炳赫

　병혁

　炳榮

　병영

<본래는 세로로 쓴 것임>

[<사진 10> 참조]

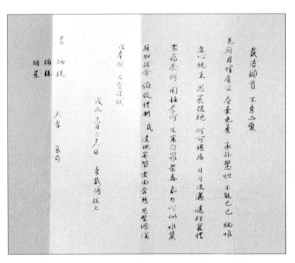

<사진 10> 저자가 친상(親喪)을 당했을 때, 이재호교수가
보낸 전통 위장이다.

<번역>

재호(載浩)는 머리를 굽혀 인사드립니다. 뜻하지 않은 흉한 변고로 선부군(先府君)* 성암공(惺菴公)께서 갑자기 별세*하셨다는 부고(訃告)를 받들고 놀라움을 그칠 수 없었습니다. 생각건대, 효심(孝心)이 순수하고 지극하여 사모(思慕)하고 부르짖어 절규(絶叫)하면서 어찌 견디어 지내십니까? 광음(光陰)이 물 흐르듯 달려 갑자기 장례(葬禮)를 지났으니 애통(哀痛)함이 어떠하며 망극(罔極)함이 어떠합니까? 도독(荼毒)에 걸림으로부터 기력(氣力)은 어떠합니까. 다만 억지로라도 소사(疏食)*를 더하고 굽어 예제(禮制)를 따르기 바랍니다. 재호(載浩)는 먼 곳에 살고 있어 달려가 위로할 수 없으니 슬픔만 깊어집니다. 삼가 글월 받듭니다. 다 말하지 못하고 글월 올립니다.

무진(戊辰. 1989) 11월 28일 이재호 글월 올림

이병선(李炳銑)	대효(大孝)	애전(哀前)
병혁(炳赫)		
병영(炳榮)		

<원문의 이해를 돕는 말>

● 선부군(先府君) : 선고(先考)의 존칭.

● 별세 : 원문 색양(色養)은 부모의 안색을 살펴 마음에 거슬리지 않도록 효양함. 일설에는 기쁜 안색으로 부모를 섬김. 이 섬김을 버렸다는 것은 별세를 의미함.

● 도독(荼毒) : 도(荼)는 "씀바귀 도"자이므로 "도독"은 씀바귀의 독으로 해독(害毒)을 비유하는데, 여기서는 상사(喪事)를 의미함.

● 소사(疏食) : 육미(肉味)의 종류가 없는 변변치 못한 음식.

이 위장은 『상례비요(喪禮備要)』에 나오는 서식을 그대로 사용한 것이다. 위장은 대부분 이 형식을 사용한다. 창주(滄洲)선생은 필자가 대학에서 배운 선생님이다. 상제가 삼형제이므로 수신자를 세 사람 다 썼지만 실은 필자에게 보낸 위장이다. 하지만 위장을 맏상주 이름으로 보냈고, 창주

선생과 맏상주와는 평소에도 상경(相敬)했기 때문에 경어로 번역했다.

② 첫 번째 예서(禮書)에 의거한 자작(自作) 위장(慰狀)의 예

李炳赫先生
이병혁 선생
歲暮寒山 懷思倍切耳 未審近日
세모한산 회사배절이 미심근일
哀體何似 載劣狀依舊 而但勤務處 去年十二月十四日 勞組爭起 昨日
애체하사 재열장의구 이단근무처 거년십이월십사일 노조쟁기 작일
　始得平常耳 以故外部書信 今纔得見矣 略少賻儀付送耳
　시득평상이 이고외부서신 금재득견의 약소부의부송이

　　　一九八九年 一月五日
　　　일구팔구년 일월오일

　　　　　　　　李載浩 頓首
　　　　　　　　이재호 돈수
　　　　　　　　<본래는 세로로 쓴 것임>

[<사진 11> 참조]

　　　<번역>
　　　이병혁선생
　　　세모(歲暮)의 쓸쓸한 산에 그리운 생각이 배나 더 간절하네. 요사이
　　상중(喪中)의 몸 어떠한지 알 수 없군. 재호(載浩)의 열등한 모습은 종
　전과 다름이 없네. 다만 근무처가 지난해 12월 14일에 노조(勞組)가 다투
　어 일어났다가 어제야 비로소 평상으로 돌아왔네. 때문에 외부의 서신(書
　信)을 오늘 겨우 받아볼 수 있었네. 약소한 부의(賻儀)를 부쳐 보내네.
　　　　　　　　1989. 1. 5.
　　　　　　　　이재호 머리를 굽혀 절함

<사진 11> 이재호교수가 전통적인 위장으로
는 할 말을 다할 수 없으므로, 따로 자신이 글
을 만들어서 보낸 위장이다.

앞의 위장은 과거에 누구나 써오던 형식이기 때문에 다른 말을 끼워 넣
을 수가 없다. 그러므로 자신이 하고 싶은 말을 넣어서 자작 위장(慰狀)을
썼다. 창주선생은 제자를 아끼는 마음에서 이처럼 위장을 두 편이나 보낸
것이다.

친소(親疎)관계에 따라 이처럼 위장(慰狀)을 두 가지로 보내기도 한다.

③ 두 번째 예서(禮書)에 의거한 자작 위장(慰狀)의 예

家源省禮言 德門不幸
가원생례언 덕문불행
尊先考惺菴公 奄棄斯世承
존선고성암공 엄기사세승
赴驚怛 其何可言 緬惟
부경달 기하가언 면유
大孝昆季 孝思根天 卒當罔極 間
대효곤계 효사근천 졸당망극 간
又襄樹已經 廓然若虛 哀苦奈何
우양수이경 곽연약허 애고내하
家源揆諸情誼 卽當匍匐於郡至之
가원규저정의 즉당포복어군지지
日 而時往東萊 再宿而返 則蘭音
일 이시왕동래 재숙이반즉 난음
已在矣 百爾思惟 不能躬晋 只此
이재의 백이사유 불능궁진 지차
草草一唁 仰陳悲愧之意 幷乞
초초일지 앙진비괴지의 병걸
僉哀 遵禮節哀 勿至以孝傷孝
첨애 준예절애 물지이효상효
之地 是所懇蘄懇蘄
지지 시소간기간기

　　戊辰陽十二月卄六日
　　무진양십이월공육일

　　　李家源 頓首頓首
　　　이가원 돈수돈수

　　　　<본래는 세로로 쓴 것임>

固城郡　李
　　　炳
九萬面　銑

新溪洞　教授

　　　孝廬

[<사진 12> 참조]

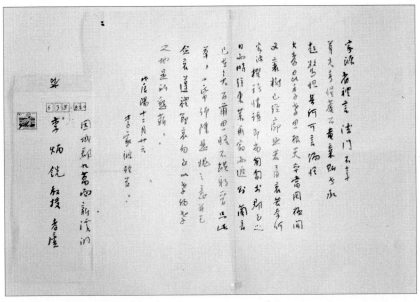

<사진 12> 저자의 친상(親喪) 때 이가원교수가 자신이 문장을 만들어서 보낸 위장이다. 왼쪽은 발송 봉투이다. 본래 위장은 맏상주에게 하는 것이므로 나의 백형(伯兄) 앞으로 보냈다.

<번역>
　　가원(家源)은 예(禮)를 줄이옵고 말씀드립니다.* 덕문(德門)*이 불행하여
존선고(尊先考)* 성암공(惺菴公)께서 갑자기 세상을 떠나셨다는
　　부고(訃告)를 받들고* 놀라움을 그 어찌 다 말할 수 있었겠습니까?
생각건대,
　　대효(大孝)*의 곤계(昆季)*가 천성(天性)으로 효성(孝誠)을 타고 나서 갑자기 망극(罔極)*한 슬픔을 당하고, 그간 장례(葬禮)*도 이미 지났으니 휑하게 텅 빈 것 같을 것인데 슬픔과 괴로움이 어떠합니까? 가원(家源)은 정의(情誼)를 헤아려보면 당연히 곧장 장사(葬事)*날에 급히 달려가야 할 것이나 그 때 마침 동래(東萊)에 가서 이틀밤을 자고 돌아오니 부고(訃告)*가 이미 와 있었습니다. 백 번을 생각해도 직접 갈 수가 없어 다만 허둥지둥 편지 한 장으로 우러러 슬픔과 부끄러움을 펴고* 아울러

여러 상제(喪制)들 예도(禮度)에 따라 슬픔을 절제(節制)하여 효(孝)로써 효(孝)를 상하게* 하는데 이르지 말기를 바랍니다. 이것이 간절히 바라고 또 간절히 바라는 바입니다.

무진(戊辰, 1988), 양력 12월 26일
이가원(李家源) 머리를 조아리고 또 조아립니다.

이병선(李炳銑) 교수 효려(孝廬)

<원문의 이해를 돕는 말>

● 예(禮)를 줄이옵고 말씀드립니다. : 원문 생례언(省禮言)은 상사(喪事)에 흔히 쓰는 말이다. 일반 편지의 형식은 전문, 본문, 말미의 형식을 갖추어서 전문에서는 계절의 기후에 잘 순응하여 몸 편안하느냐고 묻는 것인데 상사를 당해서는 황망하기 때문에 이 형식적인 말을 빼고 바로 말한다는 뜻이다.

● 덕문(德門) : 덕행(德行)을 쌓은 가문.

● 존선고(尊先考) : 선고(先考)는 돌아가신 아버지를 말하고, 존(尊)은 경의(敬意)를 표하는 관칭(冠稱)으로 쓰인 것이다.

● 부고(訃告)를 받들고 : 원문 승부(承赴)에서 승(承)은 "받들다"는 뜻이고, 부(赴)는 "부고 부(訃)"자와 통용한다.

● 대효(大孝) : 지극한 효성. 지효(至孝)

● 곤계(昆季) : 형제.

● 망극(罔極) : 망극지통(罔極之痛), 한없이 슬픔. 주로 어버이의 상사(喪事)에 쓰는 말.

● 장례(葬禮) : 원문 양수(襄樹)에서 양(襄)은 "장례한다"는 뜻이다.

● 장사(葬事) 날에 : 원문 군지지일(郡至之日)은 장사날에 상문(喪問)하러 오는 것을 말한다. 옛날 용백고(龍伯高)란 사람이 호협(豪俠)하고 친구를 잘 사귀었는데, 그가 상(喪)을 당했을 때 "몇 군(郡)의 사람들이 다 왔다.[數郡畢至]"라는 고사에서 나온 것임.

- 부고(訃告) : 원문 난음(蘭音)은 부고라는 뜻이다. 한유(韓愈)의 제십이랑문(祭十二郞文)에서 나온 고사.

- 슬픔과 부끄러움을 펴고 : 원문 진비괴(陳悲愧)는 죽은 이에 대한 슬픔과 자신이 장례식에 참석하지 못해 미안한 부끄러움을 편다는 뜻.

- 효(孝)로써 효를 상하게… : 원문 이효상효(以孝傷孝)는 지나치게 효를 지키려고 슬퍼하거나 굶거나 하다가 건강을 해치게 되면 이것은 효성을 하려다가 효를 상하게 한다는 뜻이다.

이 위장은 옛날 예서(禮書)의 형식을 벗어난 것이다. 연민(淵民)선생은 본래 명문장가이다. 따라서 옛 투의 위장을 쓰지 않고 참신한 자작 위장을 쓴 것이다. 애도와 인정이 저절로 흘러나오는 것을 느낄 수 있다. 나는 "전통 위장답소"로 답장을 보냈다.

④ 세 번째 예서(禮書)에 의거한 자작 위문(慰問)의 예

省式言
생식언
先大人 奄棄志養 已迫數月 仰惟歲暮
선대인 엄기지양 이박수월 앙유세모
孝棣體 何如 乞 强加疏食 節哀順變須以
효체체 하여 걸 강가소사 절애순변수이
傷孝爲戒 不宜過毀踰制 以副此區區之
상효위계 불의과훼유제 이부차구구지
望 謹將追挽一首 仰呈乞 斤正 而書置
망 근장추만일수 앙정걸 근정 이서치
于挽軸中 如何 臨紙悵仄 惟冀
우만축중 여하 임지창측 유기

哀照 不宣狀
애조 불선장

戊辰臘月卄二日　老友 李丙烈頓
무진납월공이일　노우 이병열돈

<본래는 세로로 쓴 것임>

[<사진 13> 참조]

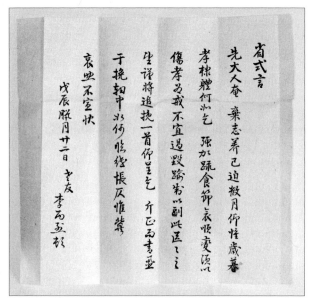

<사진 13> 저자의 친상(親喪) 때 한학자인 이병렬공이 자작하여
보낸 위장이다. 자신이 문장을 만들었다 하지만 그 골격은 옛날
위장 형식을 갖춘 것이다.

<번역>
예를 줄이옵고 말씀드림.
선대인(先大人)*께서 갑자기 별세*하신 지 이미 몇 달이 박두(迫頭)

되었군. 우러러 생각건대 세모(歲暮)에 효체체(孝棣體)* 어떠하신지? 바라건대 억지로 소사(疏食)라도 더하고, 슬픔을 절제하고 변화에 따라 모름지기 효성을 다하려다가 효를 상(傷)하지 말아야 한다는 경계를 따라야 할 것이요, 마땅히 지나치게 몸을 훼손시키거나 예제(禮制)를 뛰어넘지 말아서 작은 나의 소망에 부응해주기 바라네. 삼가 만장(挽章) 한 수(首)를 앙정(仰呈)하니 잘못된 곳을 바로 잡아서 만축(挽軸)* 안에 써 두는 것이 어떠하겠는가? 글을 쓰려고 종이를 대하니 슬퍼지기만 더하네. 다만 비추어 주기 바라며 다 펴지 못하고 글을 올림.

무진(戊辰, 1988) 섣달 22일
늙은 벗 이병렬(李丙列) 머리를 굽혀 절함

<원문의 이해를 돕는 말>

● 선대인(先大人) : 돌아가신 '남의' 아버지의 경칭(敬稱)

● 별세 : 원문(原文) 기지양(棄志養). 효도에는 두 가지 방법이 있다. 하나는 부모의 구체(口體)를 잘 봉양하는 것이고, 다른 하나는 부모님의 뜻을 잘 봉양하는 양지(養志)이다. 이 양지를 버렸다는 것은 죽음을 말한다.

● 효체체(孝棣體) : 효(孝)는 "효성스러운"이란 뜻이고, 체체(棣體)는 형제간의 몸이란 뜻이다. 『시경(詩經)』「소아(小雅) · 상체(常棣)」편에서 산앵두나무 꽃이 필 때 형제(兄弟)가 함께 술을 마시며 즐기고 있는 것을 노래한 것에서 뜻이 변하여 형제(兄弟)란 뜻으로 쓰임.

● 만축(挽軸) : 죽은 이를 애도(哀悼)하는 만사(挽詞)를 적은 두루마리.

농산(農山)은 전주이씨(全州李氏)로 진주(晉州) 지방에서 명망이 높은 어른이다. 장례 때에도 와서 유림장(儒林葬)의 「상례(相禮)」로 장례에 도움을 많이 주었는데, 또 위장과 추만(追輓: 장례 후 추가로 하는 만장)까지 했다. 필자는 그 고마움을 잊을 수 없어 자작 답서를 했다. 유교사회(儒敎

社會)에서는 '예는 왕래를 숭상한다[禮尙往來].'라고 하여, 남의 편지를 받으면 반드시 답장이 있어야 한다.

▶ 위의 위장(慰狀)에 대한 답소(答疏)

炳赫稽顙再拜言 炳赫罪逆深重 禍延先考 叩叫天地 無所逮及 伏蒙
병혁계상재배언 병혁죄역심중 화연선고 고규천지 무소체급 복몽
尊慈 時賜枉臨 教導禮制 感服無已 而況當日 寒事甚酷 老人冒行而歸
존자 시사왕림 교도예제 감복무이 이황당일 한사심혹 노인모행이귀
瞻望後塵 如負重罪 今復承書 辭意懇到 幷賜挽章 闡揚幽隱 兼論世誼
첨망후진 여부중죄 금복승서 사의간도 병사만장 천양유은 겸논세의
其爲哀感 何可形言 深切慕仰而已 餘伏祝春寒
기위애감 하가형언 심절모앙이이 여복축춘한
愼體候 迓新益康 不宣
신체후 아신익강불선
己巳 陽二月十六日 罪生李炳赫拜疏
기사 양이월십육일 죄생이병혁배소

<본래는 세로로 쓴 것임>

<번역>

농산(儂山) 이병렬(李丙烈) 어른의 위장(慰狀)에 답함

병혁(炳赫)은 머리를 조아려 재배하옵고 말씀드립니다. 병혁이 죄가 심중(深重)하여, 화(禍)가 선고(先考)께 미쳤으니 땅을 치고 하늘에 부르짖어도 미칠 수가 없었습니다. 삼가 존자(尊慈)께서 때마침 왕림(枉臨)하시어 예제(禮制)를 교도(教導) 해주심을 입었으니 감복(感服)함이 한이 없었습니다. 하물며 당일에 추위가 혹심한데 노인이 추위를 뚫고 돌아가시는데 일어나는 뒷먼지를 바라보니 마치 중죄(重罪)를 지은 것 같았습니다. 그런데 지금 다시 보내신 편지를 받으니, 내용이 간절하고 아울러 만장(挽章)을 주셨는데 그윽하고 은미(隱微)한 행적(行跡)을 천양

(闡揚)하고 겸하여 세의(世誼)를 논했으니 그 애감(哀感)을 어찌 가히 형
언(形言)하겠습니까? 매우 감모(感慕)하고 우러름만 간절할 뿐입니다.
나머지는 삼가 봄추위에 편찮으신 체후(體候) 새 해를 맞아 더욱 편안하
시기 빕니다. 다 펴지 못합니다.
　　　　　기사(己巳) 양력 2월 16일 죄생(罪生) 이병혁 배소(拜疏)

　이 답소(答疎)는 예서(禮書)에 나오는 것이 아니라 자작한 것이다. 서로
의 정의가 두터울 때 금전적인 것을 초월하여 글로 보답하는 것이다. 요
즘처럼 상(喪)을 당했을 때 부의금(賻儀金) 몇 푼을 인편에 부쳐놓고 예를
다했다고 할 것이 아니라, 따뜻한 마음을 담은 옛사람의 정신을 이어갔으
면 어떨까? 여기서 예문을 든 것도 우리의 전통적인 인정미를 느껴보았으
면 하는 마음에서다.

⑤ 두 번째 예서(禮書)대로의 위장(慰狀)의 예

雨燮 頓首再拜言 不意凶變
우섭 돈수재배언 불의흉변
先大人奄
선대인엄
違色養承
위색양 승
訃驚悼 不能已己 伏惟
부경달 불능이기 복유
孝心純至 思慕號絕 何可堪居 日月流邁
효심순지 사모호절 하가감거 일월유매
遽經卒哭 哀痛奈何 罔極奈何 不審自
거경졸곡 애통내하 망극내하 불심자
惟荼毒
이도독
氣力何如 伏乞
기력하여 복걸
强加蔬食 俯從禮制 雨燮 俗冗絆軀 末由
강가소사 부종예제 우섭 속용반구 말유
奔慰其於憂戀 無任下誠 謹奉疏 伏惟
분위기어우연 무임하성 근봉소 복유
鑑察 不備 謹疏
감찰 불비 근소

　　　　己巳年 三月一日 李雨燮 疏上
　　　　기사년 삼월일일 이우섭 소상

李斯文 哀座前
이사문 애좌전

　　　　　　　　　<본래는 세로로 쓴 것임>

[<사진 14 참조>]

内封皮

疏
上

李斯文 大孝 哀棣座前

李雨燮　謹封

[<사진 15 참조>]

<사진 14> 이우섭의 위장. 앞의 위장을 편 상태

<사진 15> 이우섭이 보낸 위장 속봉투

<번역>

우섭(雨燮)은 머리를 굽혀 절하고 말씀 드리네. 뜻하지 않은 흉한 변고로

선대인(先大人)께서 갑자기 별세하셨다는 부고(訃告)를 받들고 놀라움을 그칠 수 없었네. 삼가 생각건대 효심(孝心)이 순수하고 지극하여 사모(思慕)하고 부르짖어 절규(絶叫)하며 어찌 견디어 지내는가? 광음(光陰)이 물 흐르듯 달려 갑자기 졸곡(卒哭)을 지났으니 애통(哀痛)함이 어떠하며 망극(罔極)함이 어떠한가?

도독(荼毒)에 걸림으로부터

기력(氣力)은 어떠한지 알 수 없구나. 삼가 바라건대

억지로라도 소사(疏食)를 더하고 굽어 예제(禮制)를 따르기 바라네.

우섭(雨燮)은 세상(世上)의 온갖 번잡(繁雜)한 일들이 몸을 얽어매어 달

려가서 근심하고 그리워함을 위로할 수 없으니, 하성(下誠)에 견딜 수
없어 삼가 글을 받드네. 삼가 생각건대
　비추어 살피기 바라네. 다 갖추지 못하고 삼가 글월 올림

　　　　　　　　　　　　　기사(己巳, 1989) 3월 1일 이우섭 올림
　　　이사문(李斯文) 애좌전(哀座前)

　화재(華齋)는 필자보다 6세 위이다. 그러나 서로 허교(許交) 하자고 화
재가 먼저 제의하여 평소에 서로 말을 놓고 지냈다. 그러므로 이 글을 번
역하면서도 평교간(平交間)에 쓰는 말로 번역했다.

⑥ 네 번째 예서(禮書)에 의거한 자작 위장(慰狀)의 예

　于溪哀兄座下
　우계애형좌하

禮書之外 夫復何言 揆以厚誼 旣未能奔慰 尺楮代躬 亦在時晚 區區悵
예서지외 부부하언 규이후의 기미능분위 척저대궁　역재시만 구구창

愧曷裁 然耿耿一念 躬晋　盧下 以展區區茹誠計耳 千萬勿咎如何 寄
괴갈재 연경경일념 궁진　여하　이전구구여성계이　천만물구여하　기

呈輓詞 暫展 靈床之側 是望耳 餘乞萬加支重 以副遠忧 雨燮弟 別白
정만사 잠전 영상지측 시망이 여걸만가지중 이부원침 우섭제 별백

　　　　　　　　　　　　　　　　<본래는 세로로 쓴 것임>

[<사진 16> 참조]

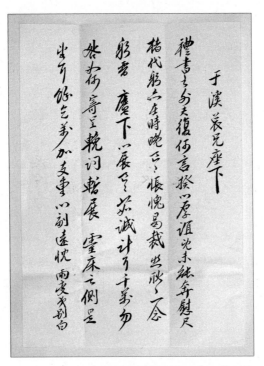

<사진 16> 이우섭의 형식을 벗어난 별도의 위장

<번역>

우계(于溪) 애형(哀兄)* 좌하

예(禮)로 올린 편지 밖에 그 무엇을 다시 말하겠는가? 후(厚)한 정의
(情誼)를 헤아려보면, 벌써 달려가서 위로하지도 못하고 직접 가는 대신
에 편지(便紙)*로 하는 것도 역시 때가 늦었으니 나의 작은 정성에 슬프
고 부끄러움을 어찌 헤아리겠는가? 그러나 경경(耿耿)하는 일념(一念)
은 몸소 효려(孝廬)* 아래로 나아가서 작은 나의 품었던 정성을 펼 계획
이네. 천만 번 허물하지 마는 것이 어떠하겠는가? 기정(寄呈)하는 만사
(挽詞)는 잠시 영상(靈床) 곁에 펼쳐두기 바라네. 나머지는 만 번이나 버
티며 보중(保重)하여 멀리 있는 나의 정성에 부응하기 바라네. 우섭(雨
燮) 아우 예서(禮書) 외에 따로 사림

<원문의 이해를 돕는 말>

● 애형(哀兄) : 애(哀)는 상중(喪中)이란 뜻이고, 형(兄)은 평교간(平交間)에 상대방을 경칭(敬稱)하는 말이다. 이 편지를 보낸 사람은 필자보다 6세 위이다. 참고로 나이가 어느 정도까지가 평교간인가? 옛 사람의 글을 보자.

존(尊) : 21세 이상 / 장(長) : 11세 이상 / 적(敵) : 10세 내외 / 소(少) : 11세 이하 / 유(幼) : 21세 이하라 하여(『예절교육』한국전례원, p.152) 10세 내외를 대등한 관계로 보았다. 그러나 이것보다도 "10년 이상이면 형으로 섬기고[十年以長則兄事之], 나이 배가 많으면 아버지로 섬기며[倍則父事之], 5년 이상이면 어깨를 나란히 할 수 있다.[五年以長則肩隨之]"라는 『소학』의 영향이 컸다. 남인(南人)들은 6세에서 7세까지 허교(許交, 서로 말을 놓음)를 하지만, 서인(西人)들은 9세까지 허교를 했다고 한다.

● 편지(便紙) : 원문 척저(尺楮). 척(尺)은 "편지 척"자이고, 저(楮)는 본래 "닥나무 저"자인데 "종이 저"자로 쓰인다. 따라서 척저는 편지라는 말이다.

● 효려(孝廬) : 효(孝)는 "거상(居喪)입을 효"자이고, 여(廬)는 "오두막집 려"자로 효려는 "상제(喪制)가 거처하는 곳"이다.

● 따로 사룀 : 위장(慰狀) 편지 외에 따로 이 편지를 하는 것을 말함.

전통적인 위장과 자작 위장만 보아도 정의를 느낄 수 있다. 더욱이 망령(亡靈)과 생전에 일면식도 없으면서 만장(輓章) 두 수를 지어 보냈는데, 그 둘째 수에서 "유교의 바른 풍모 들은 지 오래이나 / 덕스러운 모습 뵙지 못해 한이 남구나. / 후일 저승에서 만나게 되면 / 피어오르는 사모함이 어떠하겠는가!"라고 했다. 친구간의 우의를 볼 수 있다. 요즘처럼 각박한 세상에 인정이 훈훈한 이런 글을 접함으로써 삶에 크게 위안이 될 것이다.

▶ 위의 위장(慰狀)에 대한 답소(答疏)

省式言 先考几筵 移奉於釜山伯兄寓舍 罕到故居 不知尊兄之惠疏 來
생식언 선고궤연 이봉어부산백형우사 한도고거 부지존형지혜소 내
在空堂幾經月餘 而始得伏讀 深罪深罪 別問 尤荷感慰何喩 而况俯賜
재공당기경월여 이시득복독 심죄심죄 별문 우하감위하유 이황부사
挽章 詞意典重 闡發隱微 靈若有知 亦恨不能生前一面之雅 誠感誠感
만장 사의전중 천발은미 영약유지 역한불능생전일면지아 성감성감
餘俟異日面盡衷積 荒迷不備 謹疏
여사이일면진충적 황미불비 근소

<본래는 세로로 쓴 것임>

<번역>
● 화재(華齋) 이우섭(李雨燮) 별문(別問) 자작(自作) 위장(慰狀)에 답함

예(禮)를 생략하고 말씀드리네. 선고(先考)의 궤연(几筵)을 부산 백형
(伯兄) 우사(寓舍)에 옮겨 모시고 고향에 자주 가지 못해서 존형(尊兄)의
혜소(惠疏)가 빈 집에 와서 거의 한 달이 넘게 있다가 이제야 비로소 편
지를 받아 삼가 읽어보니 매우 죄스럽고 죄스럽네.
위장(慰狀) 외에 따로 안부를 묻는 편지는 더욱 고맙고 위로됨을 어
찌 다 말하겠는가. 하물며 만장(挽章)을 보내주셨는데 내용이 전중(典
重)하고, 은미(隱微)한 것을 천양(闡揚) 했으니 돌아가신 혼령(魂靈)께서
만약 이것을 아신다면 생전에 한 번 고상한 만남을 이루지 못한 것을 한
탄하셨겠네. 참으로 고맙고 감사하네. 나머지는 후일 만나서 쌓였던 충
정(衷情)을 털어놓고 이야기할 때를 기다리며, 정신이 황미(荒迷)하여
다 갖추지 못하고 삼가 올림.

화재의 경우처럼 예로만 인사한 것이 아니라, 예와 정을 겸하여 감명을
주는 위장을 받았을 때에는 답소(答疏)도 이를 감안해서 해야 한다.

⑦ 세 번째 예서(禮書)대로의 위장(慰狀)의 예

寫鎬頓首再拜言 不意凶變
준호돈수재배언 불의흉변

先府君奄
선부군 엄

違色養承
위색양 승

訃驚怛 不能己己 伏惟
부경달 불능이이 복유

孝心純至 思慕號絶 何可堪居 日月流邁 遽踰旬朔
효심순지 사모호절 하가감거 일월유매 거유순삭

哀痛奈何 罔極奈何 不審自
애통내하 망극내하 불심자

罹荼毒
리도독

氣力何如 伏乞
기력하여 복걸

强加蔬食 俯從禮制 寫鎬 相距稍遠 京嶺路左 末由奔
강가소사 부종예제 준호 상거초원 경영노좌 말유분

慰 一書替慰 猶後於時 其於憂戀悚恐 無任下誠
위 일서체위 유후어시 기어우연송공 무임하성

謹奉疏 伏惟
근봉소 복유

鑑察 不備謹疏
감찰 불비근소

　　　　　戊辰 十二月 二日 寫鎬謹疏上
　　　　　무진 십이월 이일 준호근소상

<사진 17> 참조

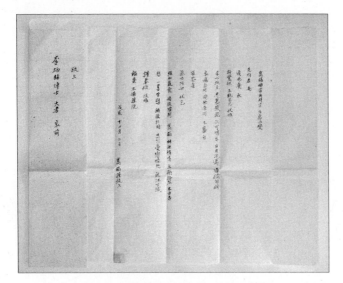

<사진 17> 송준호교수의 위장. 왼편은 봉투임.
글씨가 전통적인 학자 글씨다.

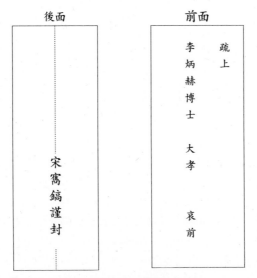

後面　　　　　　前面

疏
上

李
炳
赫
博
士

大
孝

哀
前

宋
寯
鎬
謹
封

<內封皮(안쪽 봉투에)>

▶ 참 고 - 그 밖의 봉투 쓰는 예

葬前, 장사전	父喪, 아버지상	母喪, 어머니상
釜山市南區 大淵洞 李炳赫教授　苫前	釜山市南區 大淵洞 李炳赫教授　大孝 哀前	釜山市南區 大淵洞 李炳赫教授 至孝 哀前

※ 苫 : 거적자리 점(부모상을 당했을 때 까는 자리)

<번역>

준호(寯鎬)는 머리를 굽혀 절하고 말씀드립니다. 뜻하지 않은 흉한 변고로

선부군(先父君)께서 갑자기 별세하셨다는 부고(訃告)를 받들고 놀라움을 금할 수 없었습니다. 삼가 생각건대 효심(孝心)이 순수하고 지극하여 사모(思慕)하고 부르짖어 절규(絶叫)하면서 어찌 견디어 지내십니까? 광음(光陰)이 흐르는 물과 같이 달려 갑자기 열흘간이나 지났으니 애통(哀痛)함이 어떠하며 망극(罔極)함이 어떠합니까? 도독(荼毒)에 걸림으로부터 기력(氣力)은 어떠한 지 알 수 없습니다. 삼가 바라건대

억지로라도 소사(疏食)를 더하고 굶어 예제(禮制)를 따르시기 바랍니
다. 준호(儁鎬)는 서로의 거리가 조금 멀고 서울과 영남(嶺南)의 길이 달
라 달려가서 위로할 수 없고 편지 한 장으로 대신 위로함도 오히려 때가
늦었으니 그 근심하고 그리워함에 송구함이 하성(下誠)에 견딜 수 없습
니다. 삼가 글월 받들어 올립니다. 삼가 생각건대 살펴 주십시오. 다 갖
추지 못하고 삼가 글월 올립니다.

무진(戊辰, 1988) 12. 2. 준호 삼가 글월 올림

송(宋)교수는 우암(尤菴) 송시열(宋時烈)선생의 후손이며, 저명한 한학
자이신 성지재(誠之齋) 송재직(宋在直)선생의 아들로 가정에서 학문에 깊
이 젖었고, 연세대학에서 교수로 있으면서 국학에 아주 조예(造詣)가 깊
은 분이다. 이 위장은 세필(細筆)로 써서 많은 것을 느끼게 한다.

글씨도 기호학파와 영남학파가 다르다. 영남학파는 퇴계선생의 글씨
를 모범으로 삼는 주로 "남짝글씨"이고, 기호학파는 뭐라 꼬집어 말할 수
는 없어도 영남학파의 글씨와 다르다.

⑧ 다섯 번째 예서(禮書)에 의거한 자작 위장(慰狀)의 예

```
歲首伏承哀書 不卽躬造 而致唁儀 以後將二閱月 而尚未修慰狀一㫷
세수복승애서  불즉궁조 이치언의 이후장이열월  이상미수위장일 지
以若疎懶不敏之人 敢在於後生之列耶 況於相距不甚遠之釜晋間哉
이약소나부민지인  감재어후생지열야  황어상거불심원지부진간재
先生平日 孝思純至 想必崩隕摧裂 柴毁劇矣 卽今當草芽新吐之節
선생평일  효사순지  상필붕운최열  시훼극의  즉금당초아신토지절
想拊踊之痛 更切矣 伏乞
상부용지통  갱절의  복걸
先生節哀寬懷 强加疏食 常佩古人勿以孝傷孝之戒 前者辱賜之偉著
선생절애관회  강가소사  상패고인물이효상효지계  전자욕사지위저
迄今未盡奉究 當敬弆敝閣 而時時跪玩 以效 先生治學之詮矣 後人
```

흘금미진봉구 당경거폐각 이시시궤완 이효 선생치학지전의　후 인
之幾字 想猶勝於己 故草草奉慰 敢望 原諒耶 伏惟
지기자 상유승어기 고초초봉위 감망 원양야 복유
哀照 己巳正念 侍生 許捲洙謹 疏上
애조 기사정념 시생 허권수근 소상
李炳赫先生苫次 以楮貨壹萬元 略備香燭代 俯收是懇
이병혁선생점차 이저화일만원 약비향촉대 부수시간

<번역>

　　세초(歲初)에 삼가 슬픈 소식을 받들고 즉시 몸소 나아가서 위문하지
못하고, 이후 장차 두 달이 되어 가는데도 아직 위장(慰狀) 한 장을 닦지
못했으니 이와 같이 둔한하고 게으르며 불민(不敏)한 사람으로서 감히
후생(後生)의 반열에 서겠습니까? 하물며 서로의 거리가 심히 멀지도
않은 부산과 진주 사이임에랴. 선생님께서 평소에 효성이 순수하고 지
극하여 생각건대 반드시 오장이 무너지는 듯 찢어지는 듯 너무 슬퍼하
여 몸의 여윔이 심할 것입니다. 지금 풀의 새싹이 돋아나는 계절을 당하
여 가슴을 치는 슬픔이 다시 간절한 것입니다. 삼가 바라건대 선생님께
서는 슬픔을 절제하고 생각을 누그러뜨려 억지로 소사(疏食)를 더하고
항상 옛 사람의 "효로써 효를 상하게 하지 말라"는 경계를 마음속에 가
지시기를 빕니다. 전에 주신 위대한 저서(著書)는 지금까지 아직 받들어
다 연구하지 못했습니다. 마땅히 공경이 저의 선반 위에 감추어 두었다
가 때때로 꿇어앉아 익혀 선생의 학문을 다스리는 진전(眞詮)을 본받으
려 합니다. 후인(後人)의 몇 자가 상상건대 오히려 자기보다 나을 수 있
을 것이므로 초초히 받들어 위로하니 감히 용서해 주시기를 바라도 되
겠습니까! 삼가 슬픈 마음으로 비추어 주시기 바랍니다. 기사(己巳) 정
월(正月) 20일 시생(侍生) 허권수(許捲洙)는

　　삼가 이병혁(李炳赫) 선생 점차(苫次)에 올립니다. 지폐(紙幣) 일만원
으로 소략하게 향촉대(香燭代)를 갖추니 굽어 수령해 주시기를 간절히
바랍니다.

허교수(許敎授)는 작문을 잘하는데다가 나와는 학연(學緣)도 있어 이와 같이 감명 깊은 위장(慰狀)을 보낸 것 같다. 문면에 옛 예서(禮書)의 골격을 깔고 아울러 정(情)을 말한 것이 인상적이다. 후진들에게 권하고 싶은 위장이다. 이에 대한 나의 답장은 아래에 있다.

▶ 위의 위장(慰狀)에 대한 답소(答疏)

炳赫 罪逆深重 禍延先考 五內痛迫 不自勝堪 際承惠疏 辭意懇到
병혁 죄역심중 화연선고 오내통박 부자승감 제승혜소 사의간도
兼賜賻儀 德誼隆厚 感荷無量 書後閱月 經體安康 學有日進否
겸사부의 덕의융후 감하무량 서후열월 경체안강 학유일진부
罪生 自當喪後 凡百了無頭緒 又因職務煩累 謝答稽緩甚愧 甚愧
죄생 자당상후 범백요무두서 우인직무번누 사답계완심괴 심괴
餘祝經體典學保重 荒迷不備疏
여축경체전학보중 황미불비소
己巳 陽五月 三日 罪生李炳赫 疏上
기사 양오월 삼일 죄생이병혁소상

<번역>
병혁(炳赫)이 죄(罪)가 심중(深重)하여 화(禍)가 선고(先考)에게 미쳤으니 오장(五臟)에 사무쳐 견디기 어려웠는데 때마침 이때 혜소(惠疏)를 받으니 내용이 간절하고 겸하여 부의(賻儀)를 보내어서, 덕의(德儀)가 융후(隆厚)함에 감사함을 헤아릴 수 없군요. 편지를 보낸 후 한 달이 지났으니 그 간 경체(經體) 안강(安康)하고 학문은 날로 진보하는지? 죄생(罪生)은 상(喪)을 당한 후 모든 것이 두서(頭緒)가 없고, 또 직무(職務)가 번잡하여 회답이 늦었으니 매우 부끄럽고 부끄럽네. 나머지는 경체(經體) 학문을 맡아 보중(保重)하기 비네. 정신이 황미(荒迷)하여 갖추지 못하고 올림. 기사(己巳 양력 5월 3일) 죄생(罪生) 이병혁(李炳赫) 소상(疏上)

앞에서 나와 허교수(許敎授)가 학연이 있다고 했는데, 이것은 허교수의 "지난 무신(戊申, 1968)년 초춘(初春)에 마산고등학교에서 높은 가르침을 들었습니다[去戊申載之初春 聆尊誨於馬山高等學校]."라는 것을 말한다. 지금으로부터 40년 전에 사생(師生)관계를 맺은 것이다. 이 글을 번역하면서 반말을 사용한 것도 이런 관계 때문이다.

위에서 보아 온 것과 같이 전통적인 위장(慰狀)은 내용이 거의 동일하다. 따라서 어떤 사람은 일일이 쓰기가 힘들다고 아예 프린트를 해두고 내용에 조금 다른 점만 기입해서 보내기도 한다. 하지만 그렇게 하면 너무 무성의해 보여서 좋은 인상을 받지 못한다.

대개 새해에 연하장(年賀狀)이 오면 모두 답은 못하더라도 부득이 한 곳에는 답을 한다. 그런데 이 해는 당상(當喪)을 했기 때문에 화답 대신에 다음의 글을 보냈다. 이것을 보고 상(喪) 당한 것을 알고 위장(慰狀)을 보낸 사람도 있었다. 그 글을 아래에 소개한다.

承新歲賀章 甚感甚感 而際當親喪 未能修謝 還罪還罪 幸恕諒否
승신세하장 심감심감 이제당친상 미능수사 환죄환죄 행서량부
祝迓新增吉
축아신증길

陽己巳之元
양기사지원

喪人 李炳赫 拜
상인 이병혁 배

<번역>

새해 연하장을 받으니 매우 감사하고 매우 감사합니다. 하지만 때마침 친상(親喪)을 당하여 회답을 하지 못하니 도리어 죄송하고 도리어 죄송합니다. 양해해 주시기 바랍니다. 다만 새해를 맞아 좋은 일이 더하기를 빕니다.

기사(己巳) 연초에

상인 이병혁 배

위에서 전통적인 상중(喪中) 위장(慰狀)과 이에 대한 답장을 정리해 보았다. 그런데 그 자료들은 주로 필자와 관계된 글들이었다. 여기에는 필자 나름의 이유가 있다.

첫째, 자료를 찾는 수고로움을 덜기 위해서였다. 이 글은 필자가 휴양 중에 쓰다 보니 초년에 듣고 본 것을 메모하여 두었다가 정리한 것이 많다. 자료를 찾을 형편이 못되기 때문에 부득이 필자가 보관하고 있던 것들을 활용한 것이다.

둘째, 이 글의 내용이 현대생활과는 거리가 먼 옛날이야기들이다. 그런데 여기에서는 현대 자료도 활용했다. 그 이유는 자료마저 옛것을 활용해 놓으면 더 현실감이 없을 것이다. 하지만 현실 생활 속에서 자료들을 찾아 이야기하면 훨씬 현장감과 생동감이 있을 것으로 여겨졌기 때문이었다.

셋째, 사회는 다양화하기 때문에 정보화 사회에서도 일면에서는 이런 문자생활을 하고 있는 계층이 있다는 것을 보여주기 위해서다. 그것도 재야인사가 아니라 현직 교수들의 글이라는 데 의미가 크다.

그 동안 우리의 전통문화는 서구문화에 밀려 거의 단절된 상태였다. 지식인이라면 으레 미래의 방향을 모색하기보다는 과거를 부정하고 선조들의 잘못을 파헤치는 것을 능사로 여긴 것도 부정할 수 없는 실정이다. 하지만 오늘이 있기까지 어떤 과정을 거쳐 이런 결과에 이르게 되었는가를 알아야 할 것이다. 그렇게 해야만 미래로 나아가는 방향을 잡는 데 있어 도움이 될 것이다. 구하기 어려운 이런 자료들을 한번쯤 음미해보면 어떨까.

3. 전통 위장(慰狀) 답소(答疎)

－ 위장(慰狀)에 대한 답은 졸곡 후에 한다. －

졸곡(卒哭)은 조석곡(朝夕哭)을 제외하고는 시도 때도 없이 하는 곡(哭), 즉 무시곡(無時哭)을 그친다는 뜻이다. 옛날에는 삼월장(三月葬)을 한 후에 진혼제(鎭魂祭) 격(格)인 삼우제(三虞祭)를 지내고, 삼우제 후 첫 강일(岡日, 甲, 丙, 戊, 庚, 壬)을 가려 졸곡제(卒哭祭)를 지냈다. 그러면 사람이 죽은 후 석 달 만에 졸곡이 된다. 그런데 요즘처럼 3~5일장(葬)을 하고 곧이어서 삼우제를 지내면 석 달을 기다려 졸곡(卒哭)이 된다. 하지만 3~5일장을 하고 진혼제(鎭魂祭) 격(格)인 삼우제(三虞祭)를 지낸 후 석 달을 기다리지 않고 연이어 졸곡제를 지내는 사람도 있다.

졸곡 전에는 상주(喪主)가 남의 위장(慰狀)에 답할 마음의 여유가 없다. 졸곡 후에 정신을 가다듬어 위장(慰狀)에 답한다.

1) 한문(漢文) 위장(慰狀) 답소(答疏)

炳銑 稽顙再拜言 炳銑 罪逆深重 不自死滅
병선 계상재배언 병선 죄역심중 부자사멸
禍延先考 攀號擗踊 五內分崩 叩地叫天
화연선고 반호벽용 오내분붕 고지규천
無所逮及 日月不居 奄踰三朔 酷罰罪苦
무소체급 일월부거 엄유삼삭 혹벌죄고
無望生全 卽日蒙
무망생전 즉일몽
恩 祗奉几筵 苟存視息 伏蒙
은 지봉궤연 구존시식 복몽
尊慈俯賜
존자부사
慰問 哀感之至 無任下誠 末由號訴 不勝
위문 애감지지 무임하성 말유호소 불승
隕絶 謹奉疏 荒迷不次 謹疏
운절 근봉소 황미부차 근소
己巳正月初五日 李炳銑 疏上
기사 정월 초오일 이병선 소상
李生員座前
이생원 좌전

※ 옛 법대로 하면 "李 生員 座前(이 생원 좌전)"은 "李 生員 座前謹空(이생원 좌전근공)"으로 써야 한다.
　[<사진 18> 참조]

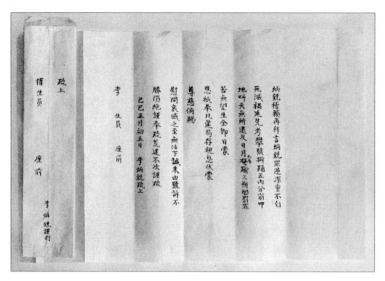

<사진 18> 위장에 대한 답소. 위장을 받았지만 슬픔에 잠겨 답할 마음의 여유가 없다.때문에 모아 두었다가 졸곡 후에 답을 하는 것이다.

<번역>

병선(炳銑)은 머리를 조아려* 두 번 절하고 말씀 드립니다. 병선의 허물이 깊고 중(重)하였으되 스스로 죽지 못해 화가 선고(先考)*에게 미쳤으니 더위잡고 부르짖어 울며 가슴을 치고 뛰며 슬퍼하여 오장(五臟)이 찢어지고, 땅을 치고 하늘에 부르짖어도 미칠 수가 없었는데, 광음(光陰)이 머물러 있지 않아 갑자기 석 달*이 지났습니다. 가혹(苛酷)한* 벌에 죄가 고되어 살아서 온전하기를 바라지 아니했는데, 곧 그날 은혜를 입어* 다만 궤연(几筵)을 받들고 구차스럽게 생존(生存) 했더니 삼가 존자(尊慈)께서 굽어 위문해 주심을 입으니* 슬픔을 느낌이 지극하여 하성(下誠)에 견딜 수 없습니다. 호소할 곳이 없어 쇠(衰)하여 끊어짐을 이길 수 없습니다. 삼가 글을 받드니* 황미(荒迷)하여 다 펴지 못합니다. 삼가 글월 올립니다. [근소(謹疎)]

기사(己巳, 1989) 1월 5일 이병선 올림.

이 생원 좌전(座前)

<원문의 이해를 돕는 말>

• 계상(稽顙) 재배(再拜) 언(言) : "계(稽)"자는 "조아릴 계"자이고, "상(顙)"은 "이마 상"자이니, 계상(稽顙)은 이마를 땅에 대어 절을 하는 것이다. 『상례비요(喪禮備要)』주해에 강등(降等)에는 '계상' 대신에 '고수(叩首)'라 하고, '언(言)'자를 없애라고 했다. 하지만 '고(叩)'자 역시 '조아릴 고'자이므로 우리말로 번역하면 '고수(叩首)', '고두(叩頭)' 모두 머리를 조아린다는 뜻이다. 다만 계상(稽顙)보다는 한 등급 낮은데 쓰는 것이다.

계상을 한 후에 절을 하는 것이다. 머리를 땅에 닿게 하는 것[촉지(觸地) − '觸'은 '닿을 촉']을 계상이라 하는데, 이는 3년상 중의 예(禮)이다. 비록 평교간(平交間) 강등(降等)한 자에게도 역시 이와 같이 한다. 다만 '언(言)'자를 없애라고 한 것은 무엇 때문인가. 옛날 예법에는 조상(弔喪)을 받을 때 반드시 절을 하는데, 어리거나 천한 자를 가리지 않기 때문이다.

• 선고(先考) : 어머니 상(喪)일 때에는 선비(先妣)라 한다. 승중상(承重喪)일 경우에는 조부(祖父)는 선조고(先祖考)라 하고, 조모(祖母)는 선조비(先祖妣)라 한다.

• 석 달 : 때에 따라 쓴다. 졸곡(卒哭)이면 졸곡, 소상(小祥)이면 소상이라고 쓴다.

• 가혹(苛酷) : 원문의 "혹벌죄고(酷罰罪苦)"는 "가혹한 벌을 주어 죄의 괴로움이"라는 뜻이다. "편벌(偏罰)"이란 말이 있는데, 이는 부모 중의 한쪽을 여읨을 말한다. 따라서 아버지가 살아계시고 어머니께서 별세를 했을 때 "편벌죄심(偏罰罪深)", 즉 "편벌의 죄가 깊어"라고 쓴다. 아버지께서 먼저 별세하면 어머니는 아버지와 같이 한다.

• 은혜(恩惠)를 입어 : 평교(平交) 이하는 "즉일몽은(卽日蒙恩)" 넉 자를 없앤다. 그런데 은혜를 입었다고 했는데, 이 은혜가 누구의 은혜냐 하는 것에 대해 견해를 달리하는 사람이 있다. 하나는 위장(慰狀)을 하는 사람의 은혜라는 것이고, 다른 하나는 임금의 은혜, 즉 군은(君恩)이라는 것이다. 이를 확대하여 하느님의 은혜라고 하는 사람도 있다.

임금의 은혜라고 주장하는 사람의 견해를 보자. 옛날에 관인(官人)이 상(喪)을 당하면 임금이 폐백(幣帛)을 보내는데, 여기서 은혜를 입었다는 말도 그것을 의미한다. 폐백은 관인(官人)에게만 국가에서 주는 것인데, 묘를 쓸 때 폐백을 땅에 묻는 것도 이 폐백이라고 한다. 그러므로 이 글은 관인(官人) 위주로 쓴 글이기 때문에 이때 은혜는 '임금의 은혜'라고 한다. 심지어 서민은 묘(墓)도 없고, 관인(官人)만 묘가 있었다고 하는 것도 음미해 볼 만하다.

만약 위장한 사람의 은혜라면 "살아서 온전하기를 바라지도 아니했는데, 곧 그날 은혜로 구차스럽게 생존했더니 … 지금 위문을 받고"라는 말과 연결이 안 된다. 따라서 문맥으로 보아 위장한 사람의 은혜가 아닌 것은 틀림없다.

● 위문(慰問)해 : 평교간(平交間)에는 "우러러 인은(仁恩)을 받들어 굽어 위문을 해주시니 그 애감(哀感)이[앙승인은 부수위문 기위애감(仰承仁恩 俯垂慰問 其爲哀感)] 다만 하회에 간절합니다[但切下懷]."라 쓰고, 강등(降等)에는 "특히 위문을 받드니 애감(哀感)이 참으로 깊습니다[特承慰問 哀感深]."라고 쓴다.

사마온공(司馬溫公)이 말하기를 "무릇 부모의 상(喪)을 당했을 때, 오랜 친구가 편지로써 보내 조문(弔問)을 하지 아니하면 이는 서로 친애하는 마음이 없는 것이니, 예(禮)에 먼저 글을 보내는 것이 부당하다. 부득이한 경우 먼저 글을 보내게 되면,「복몽존자 부사위문 애감지지 무임하성(伏蒙尊慈 俯賜慰問 哀感之至 無任下誠)」"이 네 구(句)는 바로 삭제해야 한다고 했다.

● 삼가 글을 받드니 : 강등(降等)에는 "근소(謹疏)"에서 "소(疏)"를 "장(狀)"으로 바꾼다.

● 고자(孤子) : 어머니 상(喪)에는 "애자(哀子)"라 하고, 부모가 함께 별세하면 "고애자(孤哀子)"라 한다. 승중상(承重喪)에는 "고손(孤孫)", "애손(哀孫)", "고애손(孤哀孫)"이라고 한다.

『한묵전서(翰墨全書)』를 살펴보면 심상(心喪)에 있을 때는 거듭 심제(心制)라 하고, 혹은 심상(心喪)이라 한다. 담복(禫服)에 있을 때에는 거담(居禫)이라 하고, 조부모 상(喪)에는 최복(縗服)이라 하며, 처상(妻喪)에는 기복(期服)이라 하고 그 아래에 성명을 함께 쓴다.

● "이생원 좌전 근봉(李生員 座前謹封)"은 평교 이하는 이 "근공(謹空)" 두 자를 없앤다.

● 근공(謹空) : 경의를 표하는 말. 또는 경공(敬空). 공백임. 배(拜)

한편 상가(喪家)에서 모든 일은 호상소(護喪所)에서 처리한다. 그러므로 부의(賻儀)의 봉투가 김씨 집에 갈 것이면,

金生員宅 護喪所 入納
金敎授宅 護喪所 入納

이라 쓰는 것이 무방하다. 다만 김교수 댁의 "댁"자가 있어야 "김교수 집의 호상소"가 된다. 만약 "댁"자가 없이 "김교수 호상소"라 하면 김교수가 죽은 것이 된다.

이 편에서 논의한 내용을 정리하면 다음과 같다. 본래 여기서는 상례(喪禮)와 장례(葬禮)에 쓰이는 글들을 이해해 보려는 것이었다.

첫째, 부고의 형식에 대해서 살펴보았다. 하지만 지금은 3일장을 하니 부고를 낼 시간이 없다. 휴대폰으로 문자 메시지를 주고받는 세상이 되었다.

둘째, 예전에는 부고를 받고 문상하러 가지 못하면 위장(慰狀)이란 글이 있었다. 하지만 요즘은 부의금(賻儀金)만 내면 문상이 되니까 계좌번호로 입금을 시키든지 인편으로 부의금만 내도 문상이 된다.

셋째, 지금은 위장에 대한 회답서가 따로 없고, 공통적으로 발송하는 인사장 한 장이면 다 해결이 된다.

넷째, 옛날에는 직접 문상을 못하면 부의금을 보낼 때에도 몇 자 적어서 보내고, 상가(喪家)에서 이것을 받으면 답장이 있어야 했다. 즉 부의금을 내는 서식과 이에 대한 답서식이 있었다.

그런데 여기서 논한 글들과 지금의 현실을 비교해 보면 격세지감(隔世之感)을 느낄 정도로 간편해졌다. 과거처럼 예(禮)가 번잡한 것도 문제지

만 요즘처럼 편리 위주로만 가는 것도 생각해 볼 여지가 있다. 옛날 예법(禮法)이 번잡하지만 그 근본정신은 인간존중인 만큼 우리가 한번쯤 되돌아볼 만하다. 편리한 세상에 살면서 과거 조상들이 걸어왔던 정신세계에 한번쯤 젖어보는 것도 의미 있는 일일 것이다.

『논어(論語)』에서 "초상(初喪)을 삼가서 치르고 먼 조상을 추모(追慕)하면 백성의 덕(德)이 후(厚)한 데로 돌아갈 것이다."라고 했다. 잊기 쉬운 먼 조상을 추모한다는 것은 자신의 뿌리를 잊지 말자는 뜻이다. 먼 조상은 고사하고 길러준 제 부모도 잊고 편리함만 추구하는 것 또한 생각해 볼 일이다. 과거에 얽매이는 것도 바람직한 것은 못 되지만, 편리함만 찾는 경박한 삶도 반성해 볼 일하다.

2) 국어로 쓴 인사장

위에서 지금까지 한문으로 된 인사장만을 살펴보았다. 과거 인사장의 기본정신과 전통적인 문형을 파악하기 위해서 지면(紙面)을 많이 할애(割愛)했다.

그러면 국문으로 사용하는 시대로 접어들면서 인사장의 형식은 어떻게 변해 갔는가. 문자생활(文字生活)이란 하루아침에 뿌리 채 바뀌기는 어렵다. 시간을 두고 차츰차츰 발전해 가는 것이다. 필자는 이를 3단계로 나누어 보았다. 첫째 단계에서는 전통에 근거를 둔 새로운 인사장이고, 둘째 단계는 전통에 벗어난 새로운 인사장이다. 전통에서 벗어났다고는 하지만, 내면에는 전통적인 것을 깔고 있으면서 표현 방법이 약간 전통적인 것에서 벗어난 형식을 말한다. 셋째 단계는 파격적인 새로운 인사장이다. 과거의 틀에 얽매이지 않고 자기 감정대로 표현하여 누구나 쉽게 쓰고 읽을 수 있는 글이다.

① 전통에 근거를 둔 새로운 인사장

㉮

삼가 머리를 조아리어 아뢰옵니다.

이번 先考(諱 纘九)[선고(휘 찬구)]의 喪事(상사) 때에 公私多忙(공사다망)하심에도 不拘(불구)하고 베풀어 주신 弔慰(조위)를 받자와 哀感(애감)의 情(정)을 가눌 길 없습니다. 物心兩面(물심양면)으로 도와주셔서 喪事諸節(상사제절)을 無事(무사)히 마쳤습니다. 아직 정신이 荒迷(황미)하여 頭緖(두서)없이 우선 紙面(지면)으로 感謝(감사)의 뜻을 올립니다.

1988년 12월   일

孤子(고자) 李 炳 銑(이병선)

炳 赫(병혁)

炳 榮 等 疏上(병영등소상)

座下(좌하)

<원문은 세로로 쓴 것임>

위의 글에서 한자의 음을 달았는데, 본래 원문에는 음을 달지 않았다. 여기서는 독자의 편의를 위하여 음을 달았다는 것을 밝혀둔다. 아래 ㉯, ㉰의 예문도 마찬가지다.

㉯

許○九(허○구)는 稽顙再拜(계상재배) 하노이다. ○九(○구)의 深重(심중)한 罪逆(죄역)으로 先妣(선비)께 그 禍(화)가 미치니 號哭擗踊(호곡벽용)하며 叩地叩天(고지고천)한들 어찌 미치겠습니까. 日月(일월)이 不留(불유)하여 어느덧 旬朔(순삭)을 지내니 酷罰(혹벌)한 罪苦(죄고)가 더욱 사무쳐 措躬無地(조궁무지)입니다. 卽日(즉일) 입은

厚德(후덕)으로 삼가 几筵(궤연)을 받들며 가까스로 息食(식식)을 保存(보존)하고 있습니다.

尊慈(존자)께서 베풀어 주신 極盡(극진)한 慰賻(위부)를 伏蒙(복몽)하오니 지극한 哀感(애감)을 견디지 못하겠습니다. 의당 匍匐晋謝(포복진사)함이 道理(도리)이오나 荒迷餘喘(황미여천)에 삼가 寸楮(촌저)로 謹疏(근소)하나이다.

　庚寅八月(경인팔월) 日(일) 孤哀子(고애자) 許○九(허○구) 謹疏上(근소상)

　　　　　　　　　　　　　　　　　<原文(원문)은 세로로 쓴 것임>

㉡

稽顙白(계상백) 하노이다.

昊天(호천)이 不弔(불조)하사 奄遭凶愍(엄조흉민)하오니 寔由罪逆(식유죄역)이 貫盈(관영)이라

罔知攸達(망지유달)이오며 特蒙慰賜(특몽위사)하니 尤切感泣(우절감읍)이오며 伏不審邇辰(복불심이신)에

氣體候萬旺(기체후만왕)하시온지 哀慕不任(애모불임)이외다. 孤哀子(고애자)는 頑浮木石(완부목석)하야 喘息(천식)이 苟延(구연)이며 荒迷以書代謝(황미이서대사)오며 不次謹疏上(불차근소상) 하옵나이다.

　　　　農曆(농역)壹九九九年 十壹月
　　　　　孤哀子(고애자)　康夏鎭(강하진)
　　　　　　　　　　　　寔鎭(식진)
　　　　　　　　　　　　壬鎭(임진)
　　　　　　婿(서)　　崔在德(최재덕)
　　　　　　　　　　崔鍾旻(최종민)
　　　　　　　　　　拜疏上(배소상)
　　　　　　　　　　　原文(원문)은 세로로 쓴 것임

위에서 예로 든 세 편의 글은 쓰여진 연대순으로 배열한 것이다. ㉮는 1988년에 필자가 상(喪)을 당했을 때 사용한 글이다. 당시 필자는 부산대 사범대학 국어교육과에 재직하고 있을 때여서 한문식과 현대식을 접맥시켜 좋은 문장을 만들어 보려고 고심은 했으나 혁기적인 본보기의 글을 만들지 못했다. 하지만 이 글의 영향을 받은 것인지 그 후에 이와 유사한 인사장들이 많이 보인다.

㉯는 단국대 동양학연구소에서 다년간 사전(辭典) 편찬에 종사한 한학자의 글이다. 한학자의 글답게 전아(典雅)하고 무게가 있어 호감이 가는 글이다. ㉰는 부산대 인문대학 중어중문학과 교수의 글이다. 우리가 중국문학과라고 하면 피상적으로 현대 백화문(白話文)으로 쓰는 글만 알고 있는데, 고문어(古文語)로 예의가 문면에 번뜩이는 글을 썼다. 조금 옛스러운 인사장을 쓰려면 위의 세 개 중에서 참고하여 본인이 직접 만들어 쓰면 될 것이다.

② 전통에서 벗어난 인사장(현재 사용할 수 있는 인사장 - 이하 동일)

㉮

님께

 삼가 절하오며,
이번 저의 시아버님 여읨에 따뜻한 마음으로 슬픈 마음을 다독거려 주시고 깊은 뜻 아울러 보내 주시어, 어렵게 여겼던 장례를 힘들이지 않고 치르게 되었음에 고마운 말씀 올립니다.
 아직은 마음자락이 어지럽고 일의 앞뒤를 제대로 가누지 못하는 어리석음으로 찾아뵙고 사람 도리를 차리지 못하니 너그러이 헤아려 주시기 바라오며, 베풀어 주신 마음과 뜻은 마음 속 깊이 새겨 오래 잊지 않겠습니다.
 고맙습니다.

일천 구백 구십 삼년 구월 초이레
인문대학 국어국문학과　박선자
삼가 머리 조아리며 올립니다.

㉯

삼가 인사드립니다.
이번 저희 아버님(이병영) 상사(喪事) 때 바쁘심에도 불구하고 베풀어주신 따뜻한 조위(弔慰)에 진심으로 감사드립니다.
물심양면으로 도와 주서서 초상 장사 모든 절차는 무사히 마쳤습니다. 저희들은 슬픔이 너무 커서 아직 인사도 드릴 정신이 없습니다.
우선 지면(紙面)으로 삼가 감사드리며 앞으로 용기를 내어 살아가면서 베풀어주신 후의(厚意) 잊지 않겠습니다.
2004년 3월　일
아들 이 항 도
딸　　지 영
민　하 함께 올립니다.

　　이 글만 놓고 보면 별로 변한 모습이 눈에 띄지 않을 것이다. 하지만 앞에서 예로 든 세 편의 인사장과 비교해 보면 현격한 차이가 있다. 먼저 한글 전용을 했다는 점과 쓰인 용어들이 과거의 전통적인 것을 벗어나서 현대의 생활용어들을 구사(驅使) 하고 있다. 지금 인사장을 쓰라고 하면 주저 없이 이런 글을 쓸 것이다.

③ 파격적인 새로운 인사장

㉮

감사의 말씀을 드립니다.

저의 어머님은 대한제국 말 격동기인 1905년에 태어나셨습니다. 어머님이 저의 아버님과 결혼하신 후 저의 가족은 식민지 농촌에서 일제의 수탈을 더 이상 견딜 수 없어 새로운 삶을 찾아 일본으로 이주를 하였습니다. 식민지 백성이 일본에선들 무슨 인간다운 삶을 영위할 수 있었겠습니까. 고생의 연속이었지요. 어머님은 저를 배시고도 공장에 나가 일을 하셨답니다.

그러나 이런 육체노동보다는 가장의 가부장적 권위와 시어머니의 시집살이가 어머님을 더 괴롭게 했을지도 모릅니다. 이런 괴로움을 당하신 것이 어디 저의 어머님뿐이었겠습니까. 당시 대부분의 조선 여성들이 모두 비슷한 처지에 있지 않았겠습니까. 해방이 되어 귀국한 고국에서도 저의 어머님은 저희들을 정말 고생하시며 키우셨습니다. 그렇기 때문에 그 분의 죽음은 저희들에게 더 많은 슬픔을 주었습니다.

갑자기 운명하신 어머님의 모습은 너무나 평화스러워 보였습니다. 마치 좋은 꿈을 꾸시면서 주무시는 것 같았습니다. 그 평화스러운 모습이 저의 가슴에 충격을 주었습니다. 저는 정말 펑펑 울었습니다. 어머님의 그 평화스러운 모습이 왜 그다지도 저를 슬프게 했는지 아직은 잘 모르겠습니다. 두고 두고 생각해 보겠습니다.

저의 어머님의 장례를 위해 물심양면으로 도움을 주신 선생님의 후의에 진심으로 감사를 드립니다. 언제까지나 잊지 않겠습니다.

1993년 4월 7일

김 천 혜 올림

어머니를 땅에 묻다.

하관
흙을 옷자락에 담아 뿌리면서
한 생애가 그림자처럼 스쳐가는 것을 보면서
묻노라
땅이여
인간의 숨결은 그 어디에서 오는 것인가
밀양 지동 뒷산
지아비와 함께 누워계신 어머니
눈 앞 저 멀리 용두산 용머리와 주변 연봉들
산허리에 깔린 안개
평화로움이 자욱하게 감돌았습니다.
오랜 세월
천식으로 힘든 숨을 이어 오시면서
어머니는 언제든 이런 날을 기다리셨습니다.
포도밭 가꾸던 굵은 손가락과 흙손으로
못난 아들 일으켜 세우시던 어머니
그 어머니를 떠나보낸 죄인에게
따뜻한 손길을 주시니
몸 둘 바 없습니다.
감사합니다.
       1998. 11. 14.
            엄국현 삼가 올립니다.

_____ 님께

삼가 감사의 말씀 아룁니다.

저희 어머님 喪事에 따뜻한 弔慰를 받자와 진심으로 감사드립니다.

저희 어머님(諱 李壽敬)은 碧珍 李氏이며, 다정하고 후덕한 집안에서 어린 나이에 출가하여 한평생 아버님과 해로하셨습니다. 위로는 엄격한 儒家의 시어른들 侍下에서, 오로지 학문에만 전념하시는 아버님을 도우고, 아래로 시동생, 시누이 3남매와 그 외 친척들의 공부를 뒷받침하는 등 長子의 아내로서 일생을 보내셨습니다.

그리고 저희 불효자 3형제의 長成을 위해 정성을 대해 오셨습니다. 돌이켜 생각하면 그런 어머님께 저희들은 일생동안 며칠이나 웃음 짓게 하였는지 눈물이 앞을 가립니다.

이제 집안과 자식들 걱정 없이 손자 손녀들의 잘 자라는 모습에 흐뭇해하실 때에 홀연히 세상을 떠나시니, 안타깝고 애통하기 그지없습니다.

2014년 12월 2일 새벽, 어머님 귀에 보청기를 꽂아드리며 몇 번이고 외쳤습니다.

"엄마, 고맙소. 미안하오.

그리고 고생 없는 좋은 세상 가소서."

장례절차는 무사히 마치고 魂魄은 혜원정사에 모셔 49齋를 지내기로 하였습니다. 일일이 찾아뵙고 인사 올리지 못함을 용서하시기 바랍니다.

우선 글월로 감사의 뜻을 전하오며, 베풀어 주신 후의는 결코 잊지 않겠습니다.

2014년 12월 일

喪人 이도형 · 윤정희
이주형 · 손정미
이치형 · 박제영 올립니다.

상중(喪中)에 위장(慰狀)과 이에 대한 답장을 한문으로 쓰는 방법과 쉬운 우리 국어로 쓰는 방법에 대해 알아보았다. 한문으로 쓰는 것은 되풀이해서 말할 것도 없고, 국어로 쓴 인사장에 대해서만 다시 정리해 보기로 한다. 위에서 국어로 쓴 인사장 6편을 보였다. 그 중에 ① 전통에 근거를 둔 새로운 인사장 3편을 들었다. 이것이 처음 쓰일 때에는 상당히 참신하게 보였던 글들이었다. 하지만 시간이 경과됨에 따라 옛 투의 문장이 되었다. 그리하여 조금 더 시대에 맞게 나타난 것이 다음의 글들이다.

② 전통에 벗어난 인사장이다. 여기에 해당하는 예문은 2편을 들었다. 하지만 농담에 쌍둥이도 세대차를 느낀다고 하듯이 이 글도 벌써 시대에 맞지 않아 부담감을 느끼는 것 같았다.

③ 그 결과 파격적인 인사장이 나왔다. 여기서 3편의 예문을 예시했는데, 거의 형식을 고려하지 않고 자신의 느낌대로 인사를 한 것이다. 즉 전통적인 인사장의 형식을 벗어난 파격적인 인사장이다.

이 항에서 첫 번째 글은 우리나라 문학평론가로 알려진 부산대 독어독문학과의 교수가 쓴 것이고 두 번째 글은 시인이면서도 평론가인 인제대학교 교수가 쓴 글이다. 보통사람들은 본보기가 어려운 글이다. 세 번째 글은 필자의 조카인 부경대 기계공학과 교수가 쓴 글이다. 이 글은 전문적으로 문필에 종사하는 사람의 글은 아니지만 퍽 감동적인 글이다. 이러한 것을 볼 때 글은 잘 쓰고 못 쓰고를 떠나서 진실한 자기감정을 잘 표현하면 좋은 글이 될 수 있는 것이다. 남의 좋은 글을 본받으려고 하지 말고 이처럼 독창적으로 자신이 하고 싶은 인사말을 쓰는 것이 더 좋을 것이다.

위에서 상중(喪中)에 쓰이던 글들의 변천과정을 살펴보았다. 그 결과 가시적으로 눈에 띄는 것은 과거에는 복잡하게 쓰이던 것들이 시대가 내려갈수록 생활에 편하게 발전해 가는 것이다. 이것이 좋은 일이기는 하나, 달리 생각해 보면 복잡하다는 것은 그만큼 죽음을 중요시한 것이고, 죽음을 중요시한다는 것은 결국 인간 존중에 원인이 있는 것이다. 간편함만 추구한다면 그만큼 인간을 경시하는 풍조에 흐르기 쉽다. 하지만 우리들의 예법은 대부분 농경문화 생활에서 형성되었기 때문에 복잡한 도시 문화 생활에는 부합되기가 어렵다. 따라서 과거 예의 정신을 승화시켜 현시대에 맞게 창조해 갈 수밖에 없다. 여기서 과거의 것을 모르면 새 예법을 창조해 가는 데에 방향감각을 상실할 수가 있다. 박연암(朴燕巖)과 같은 대실학자도 세상을 갈아엎어버리고 싶었겠지만 결국 법고창신(法古創新), 즉 옛것을 본받아 새것을 창조하자고 했다. 우리의 예절도 옛것을 알고 새것을 알면 어떨까?

과거에는 대상(大祥)까지 만 2년간 부모의 복(服)을 입던 것을 지금은 화장터에 가서 하루 만에 탈상(脫喪)을 하고 마는데, 그렇다고 그 남은 시간을 활용하여 가치 있게 삶을 살았던 것은 무엇이 있는가? 동물적인 욕구는 어느 정도 충족되겠지만 사람의 가치는 그 만큼 떨어지고 있을 것이다.

4. 전통 부의서식(賻儀書式)과 답서식(答書式)

1) 조문(弔問)과 부의(賻儀)

농경사회의 문화에서 산업사회의 문화로 넘어가면서 문화적인 충격은 말로 지적하기 어려울 정도다. 그 중에 장례문화는 더욱 그러하다. 과거에는 부모님을 위해 3년상을 입었으나, 지금은 3일상으로 단축하여 끝내는 것을 보아도 알 수 있다. 이 정도면 그 밖의 사소한 것은 일일이 지적할 것이 없다.

조문(弔問)의 풍경은 더하다. 옛날에는 상가(喪家)에 문상하러 온 사람의 이름을 적는 「조문록(弔問錄)」과 부의(賻儀)를 적는 「부의록(賻儀錄)」이 따로 있었다. 「조문록(弔問錄)」은 공개적으로 내어놓지만, 「부의록(賻

儀錄)」은 따로 둔다. 부의록(賻儀錄)을 손님들 앞에 내어놓으면 돈 내라는 인상을 받기 쉽기 때문이다. 그래서 조문록에 문상객의 이름을 적고 나면 손님이 부의록을 내어놓으라고 요청할 때에만 주인은 부의록을 내어놓는다. 조문록도 아버지 상(喪)에는 「애감록(哀感錄)」이라 하고, 아버지가 살아계시고 어머니께서 별세했을 때는 아버지가 상주이므로 「위문록(慰問錄)」이라 한다. 그리고 아버지와 어머니 상(喪)에 두루 쓰이는 「조문록(弔問錄)」이 있어 누구의 상(喪)이냐에 따라 명칭이 다르다.

요즘은 조문하러 갔더라도 부의금을 내지 않으면 문상을 안 한 것으로 되고, 조문하러 가지 않았더라도 부의금만 내면 문상한 것으로 되지만, 옛날에는 조문만 하고 부의를 안 한 사람이 상당히 있었다. 부의를 하더라도 많이 한 것이 아니다. 형편에 따라 소박하게 내었다. 필자의 고조(高祖) 이우신(李芋新, 1830~1906)공께서 별세했을 때의 「부의록(賻儀錄)」이 남아 있는데, 여기에 보면 이런 것이 있다.

치전(致奠)이 몇 위(位)가 들어왔다. 한 곳에 "전의(奠儀) 일위(一位), 백미(白米) 이두(二斗)"라 적힌 것이 있다. 백미(白米) 두 말 대금으로 치전(致奠)을 올린 것이다. 그리고 "백지-두 묶음, 팥죽-한 동이, 문어-한 마리, 밤-한 되, 황촉(黃燭)-두 자루(대금 1냥), 조기-두 마리, 청동(靑銅)-석 냥" 등등이 있다. 이것만으로도 1906년 향촌(鄕村)의 사회 풍속상을 어느 정도 짐작할 수 있다.

그런데 부유한 사람들은 이 부의(賻儀)를 주고받는 데도 서식(書式)이 있었던 것 같다. 내가 이 서식을 밝히는 것은 현생활에서 활용하자는 뜻이 아니다. 다만 이것을 통해 우리 고문서(古文書)를 해독하는 데에 힘을 기르고자 함이다.

2) 전통 부의서식―부의장(賻儀狀)

<弔者致奠賻狀>
조 자 치 전 부 장
具位姓某
구위 성모
　　　　某物 若干
　　　　모물 약간
　　右謹專送上
　　우근전송상
　某人靈筵 聊備賻儀 伏惟
　모인 영연 료비부의 복유
　歆納 謹狀
　흠납 근장
年號 月日 具位 姓某 狀
녕호 월일 구위 성모 장

<봉투>

封皮 狀上
某官某公 靈筵 具位 姓某 謹封

　위의 인용문은 『상례비요(喪禮備要)』에 나오는 예문을 그대로 인용한 것이다. 첫 줄은 이 글의 제목이고, 둘째 줄의 "구위성모(具位姓某)"는 본관(本貫)과 성명(姓名)을 다 쓴다는 뜻이다. 그리고 셋째 줄은 "무슨 물건 약간(얼마)[모물약간(某物若干)]"이라 하면서 한 글자 낮추어 썼다. 자신이 보내는 물건을 높여 쓸 수가 없어 겸손으로 한 글자 낮추어 쓴 것이다.

넷째 줄에서는 "오른쪽 물건[우(右)]을 삼가 모인(某人 - 여기서 모인某人은 모관모공某官某公이라 쓰고, 여상女喪일 경우에는 모봉모씨某封某氏라고 쓴다.)의 영연(靈筵)에 부의(賻儀)를 갖추니"로 쓰였다. 따라서 모(某)는 상주(喪主)의 아버지나 어머니가 되는 동시에 신(神)을 말하므로 당연히 한 글자 높여서 써야 한다. 그런데 모인(某人)은 모관모공(某官某公)이라 하고, 부인의 상(喪)에는 모봉모씨(某封某氏)라 써야 한다고 했다. 따라서 죽은 사람이 이씨(李氏)이고 호(號)가 성헌(惺軒)이면 "처사성헌이공(處士惺軒李公)"이라 쓰고, 여상(女喪)일 경우 어머니가 전주 최씨(全州崔氏)이면 "유인 전주 최씨(儒人全州崔氏)"라고 쓰면 된다.

복유(伏惟)는 부의를 보내는 사람이 "삼가 생각건대"라고 했으니 다음 문장에 이어진다.

마지막 끝에 "흠납(歆納)"이라는 "흠(歆)"자는 "받을 흠"자로 '상대방이 받아주기를 바란다'는 뜻이므로 한 글자 올려 썼다. 그리고 마지막으로 끝에 "근장(謹狀)"이라 쓴 것은 '삼가 글월을 올립니다.'라는 뜻으로 이 글의 끝이다.

또 한 가지 눈여겨 볼 것은 마지막 연월일을 최고 올려 썼는데, 예전에는 연월일을 쓸 때 임금의 연호를 썼다. 임금의 연호가 광무(光武)이면 광무(光武) 몇 년이라고 극존칭으로 올려놓았다. 하지만 지금은 왕조시대가 아니므로 보통의 글줄과 같이하면 된다.

끝으로 봉투는 오른편에 "장상(狀上)"이라 쓴다. "상장(上狀)"이라 하면 '글월 올립니다.'로 되지만, 장상(狀上)이라 하면 특정한 글을 지칭하는 '이 문서를 올립니다.'로 된다. 따라서 상가(喪家)의 글에서는 장상(狀上)이라는 말을 즐겨 쓴다.

봉투 전면에 쓰인 모관(某官)은 수신자(受信者)이므로 글을 올리는 영연(靈筵)에 해당한다. 그러므로 글의 내용과 일치하게 "전주 이공 영연(全州李公靈筵)"이라 쓰고, "구위성모(具位姓某)"는 발신자이므로 "여주 이병일 근봉(驪州 李炳一謹封)"이라 쓰면 된다. 지금은 봉투의 외면(外面)에 글을 받는 사람과 글을 보내는 사람, 즉 수신자와 발신자를 같이 쓰지만, 옛 사람들은 수신자와 발신자를 내면(內面)에 썼다. 이것은 외면보다 내면을 그만큼 중요시한 것이다.

　지금까지 설명한 것으로도 감이 잡히지 않을 것이다. 이것을 한 단계 더 쉽게 실용적인 한문 문장으로 바꾸어 놓고, 바꾼 문장을 번역하기로 한다.

〈봉투〉

封皮 狀上
某官某公 靈筵 具位 姓某 謹封 (번역은 위의 봉투 참조)

<번역>
여주 이병일(驪州李炳一)
　금화 십만원(金貨拾萬元)
위의 금액을 삼가 오로지 보내어
처사 성헌(惺軒) 이공(李公) [유인 전주최씨(孺人全州崔氏) ─어머니 상
에는] 영연(靈筵)에 올려
애오라지 부의를 갖추니
받아 주시기를 삼가 바랍니다. 삼가 올림.
병신(丙申) 5월 3일 여주 이병일 삼가 올림.

3) 전통 부의답서식(賻儀答書式)

謝狀
　具位 姓某
　　某物 若干
　右伏蒙
尊慈以某某親 違世
特賜賻儀 下誠不任哀感之至 謹具狀上謝 謹狀
年號月日 具位 姓某狀

狀
上
李生員座前　全州李炳一謹封

<봉투>

封皮 狀上
某官座前 具位 姓某 謹封 (번역은 위의 봉투 참조)

위에서 위장(慰狀)에 대한 답장은 졸곡(卒哭) 후에 보낸다고 했다. 졸곡 전에는 상주가 정신이 황망(荒亡)하여 그런 것까지 답할 처지가 못 되기 때문이다. 부의에 대한 답서도 마찬가지이다. 하지만 3년상안에 아직 졸곡(卒哭)이 되지 않았으면, 다만 자질(子姪)을 시켜서 그의 이름으로 답서를 발송시키고, 자질(子姪)이 없으면 족인(族人)을 대신하면 된다고 했다.

그런데 부의(賻儀) 답서의 요점은 보내어 준 부의(賻儀)를 고맙게 잘 받았다는 것이다. 따라서 발신자와 수신자가 반대로 된다는 것이다. 부의장(賻儀狀)에서 구위성모(具位姓某)는 발신자(發信者)가 "여주 이병일(驪州 李炳一)"이지만, 부의 답장(賻儀答狀)의 구위성모(具位姓某)는 반대로 수신자(受信者)인 "전주 이일규(全州 李一圭)"가 되어 부의 답장을 하는 것이다. 수신자가 발신자가 되어 처음으로 신분을 밝히는 것이다. 따라서 이 대목은 이 글의 제목과 같은 성격을 갖는다. 글의 전체 구도는 부의를 보내면서 하는 글이나, 이에 대한 답서는 큰 차이가 없다. 다만 존자(尊慈)는 부의(賻儀)를 보낸 사람을 지칭하고, 특사(特賜) 역시 부의를 보낸 사람이 주체이므로 상대방에게 경의를 표하여 한 글자씩 올려 썼다. 그리고 봉투에 역시 "장상(狀上)"이라 쓰고, 수신자는 한 복판에 쓰면서 수신자에게는 "이생원 좌전(李生員座前)"이라 쓰며, 연이어 "전주 이일규 근봉(全州 李一圭謹封)"이라고 쓴다.

이 답서도 실용(實用)으로 쓸 수 있는 한문(漢文) 문장으로 바꾸고 이것을 번역하기로 한다.

<봉투>

∧ 謝狀(答狀) ∨

全州李一圭

金貨 十萬元

右伏蒙

尊慈以一圭先考(母亡云先妣) 達世

特賜賻儀 下誠不任哀感之至謹具狀上謝 謹狀

丙申五月十日 全州李一圭狀

狀上

李生員座前　全州李一圭謹封

<번역>

전주 이병일(全州李炳一)

　금화 십만원(金貨拾萬元)

　위의 금화(金貨)를

존자(尊座)께서 일규(一圭)의 선고(先考, 또는 先妣)가 세상을 떠나시자

특별히 부의(賻儀)를 주심을 삼가 받으니 하성(下誠)에 애감(哀感)의

지극함을 견딜 수 없으므로 삼가 글을 갖추어 감사드립니다. 삼가 올림.
갑자(甲子) 3월 5일 여주 이병일 올림.

위에서 부의(賻儀)를 보낼 때의 서식과 이것을 받고 답하는 답서식(答書式)을 보았다. 지금은 모두 없어진 예(禮)이다. 하지만 옛날 사람들은 부의를 주고받는 데에도 이런 전중(典重)한 예를 지켰다는 것에 대해 한번쯤 돌아볼 만한 가치가 있다. 요즘처럼 황금만능 의식이 팽배해진 시대에 인간의 가치를 돈으로만 환산할 것이 아니라, 돈으로 계산할 수 없는 것도 있다는 것을 알 수 있기 때문이다. 이런 서식의 글을 주고받을 때 참으로 인정미를 느낄 수 있다.

제3장

사라져가는 유림장(儒林葬)

1. 유림장(儒林葬)의 의미

유림(儒林)이란 어떤 것인가? 우리가 흔히 쓰는 말이지만 머리에 선뜻 잘 떠오르지 않는다. 먼저 "유(儒)"자는 유학(儒學)을 신봉하거나 배우는 사람, 또는 학문이 뛰어나 남을 가르치는 사람이나 그런 학자를 의미한다고 한다. 그리고 "림(林)"자는 "수풀 림"자인데, 그 뜻이 전이(轉移)되어 사물이 많이 모이는 곳을 가리킨다. 이 두 글자를 합하여 "유림(儒林)"이라고 할 때에는 유도(儒道)를 닦는 학자 또는 선비들이 많이 모인 단체를 지칭(指稱)한다. 우리나라에서는 유교(儒教)라 하지만, 중국에서는 유학(儒學)이라는 말을 쓴다. 또 이와 달리 유(儒)가 가리키는 길이란 뜻으로 유도(儒道)라고도 한다.

그러면 유림장(儒林葬)이란 어떤 장사(葬事)인가? 훌륭한 사람이 별세했을 때 사회장(社會葬)을 하듯이 유교(儒教)의 단체에서 행하는 장례(葬禮)가 유림장(儒林葬)이다. 유림장을 할 때는 유교의 장례 절차를 밟아야 한다. 유교의 장례 절차를 밟으려면 모임의 성격 자체가 유교적이어야 한다. 요즘은 돈만 있고 손님 대접만 잘하면 사람들이 모여들어 유림장이란 미명(美名)을 걸머지고 으스대지만, 옛날에는 망령(亡靈)이 사회적으로 존경받을 만한 인물이 아니면 사람들이 모여주지 않았다. 그렇다고 몇 사람을 모아놓고 하는 장사(葬事)는 유림장이 아니다. 유림 단체에서 하는 장사가 아니기 때문이다. 그리고 유림장은 유월장(踰月葬) 정도가 되어야 한다. 그래서 유림장과 유월장을 거의 동일하게 본다. 유월장(踰月葬)이 란 사람이 죽은 후 달을 넘겨서 장사(葬事)한다는 뜻이다. 달을 넘긴다는 것은 이달 말일에 죽었는데 다음 달 초순에 장사하는 것이 아니라, 한 달 정도의 기간이 경과함을 의미한다. 따라서 적어도 25일 간 정도는 되어야 한다. 유월장의 근거가 되는 글을 들어보자.

> "천자(天子)는 사후(死後) 7일 만에 설빈(設殯)하여 7개월 만에 장사 하고, 제후(諸侯)는 사후 5일 만에 설빈하여 5개월 만에 장사하며, 대부 (大夫) · 사(士) · 서인(庶人)은 사후 3일 만에 설빈하여 3개월 만에 장사 한다. 3년의 상(喪)을 지키는 것은 천자로부터 서인에 이르기까지 통용 된다. 서인(庶人)은 줄을 달아가지고 하관(下棺) 하며, 비가 온다고 장사 를 중지하지 않고, 봉분을 만들지 않으며, 묘역(墓域)에 나무도 심지 않 고, 상중(喪中)에는 거상(居喪)하는 일 이외의 다른 일을 하지 않는다."
> [天子 七日而殯七月而葬. 諸侯五日而殯 五月而葬. 大夫 · 士 · 庶人 三日 而殯 三月而葬. 三年之喪 自天子達 庶人縣封 葬不爲雨止 不封不樹 喪不 貳事. -『禮記 · 王制』]

위의 예문에서 천자는 "칠월장(七月葬)", 제후는 "오월장(五月葬)", 대 부는 "삼월장(三月葬)"이라고 하는 것에는 이의(異議)가 없지만, 대부(大 夫) · 사(士) · 서인(庶人)을 총괄해서 "삼월장(三月葬)"을 한다는 데는 문 제가 있다. 즉 제후는 천자의 칠월장에서 강등하여 오월장이고, 대부는 제후의 오월장에서 강등하여 삼월장이다. 그런데 대부 · 사 · 서인을 동 등하게 삼월장을 할 수 있느냐는 것이다. 따라서 사(士)는 대부의 삼월장 에서 강등하여 유월장(踰月葬)을 했다.

그러면 천자는 7개월, 제후는 5개월, 대부는 3개월, 사는 1개월로 두 달 씩 차이가 나게 된다. 오늘날 상식으로 보면 기간이 너무 길다고 느끼겠지만 모든 것을 수작업으로 하고, 교통이 불편하여 사람이 직접 다니면서 연락해야 하는 당시로서는 당연한 기간이다. 옛날 유림장을 할 때는 몇 도(道)의 사람들이 모여서 회의를 하기 때문에, 이 모임을 다른 이름으로 "도회(道會)"라고 했다. 이 회의에서 구성된 인원과 명칭은 어떤 것이 있었는가? 다음에서 구체적으로 보기로 하자.

2. 유림장(儒林葬)의 임원(任員)

큰 행사를 치르려면 먼저 책임을 분담할 임원부터 선정해야 한다. 이 임원은 규정으로 정해진 것이 있는지 필자 자신도 아직 보지 못했다. 다만 관례(慣例)로 우리들 주변에서 쓰고 있는 것 같다. 필자가 몇몇 유림장에 참석하여 임원 선정의 과정을 지켜보니 임원들의 명칭은 큰 차이가 없었다. 다만 임원의 수에 대해서는 넘나들이가 상당히 있었다. 그리고 그 구성 자체는 정부의 행정기구를 상당히 모방한 것 같았다. 먼저 그 중요한 부분을 들어보면 다음과 같다.

• 즉일(卽日) : 곧 그날의 일을 진행하는 사람이다. 오늘날의 사회자(司會者)에 해당한다. 사회자가 없으면 그 모임을 진행할 수 없다. 따라서 제일 먼저 사회자부터 선정해야 한다. 사회자의 선출은 오늘의 방법과 같다. 주최 측에서 가능한 사람을 미리 내정한다.

• 삼반수(三班首) : 반수(班首)는 수석(首席)의 자리에 있는 사람이다. 왜 하필 세 사람인가? 이는 영의정(領議政), 좌의정(左議政), 우의정(右議政) 등 삼정승(三政丞)을 상징한 것이라고 한다. 삼정승보다 더 올라갈 수는 없다. 이 삼반수는 최고 의결기구(議決機構)이다. 그리고 의결을 할 때 동수이면 결정할 수 없다. 따라서 홀수로 정한다.

● 조사(曹司) : 조사(曹司)의 사전적인 뜻은 ① 벼슬아치의 집무하는 방 ② 낮은 벼슬아치를 뜻하는 말 등이다. 이것도 어원을 더 찾아보면, "조(曹)"는 "마을 조(관청)", "사(司)"자 역시 "마을 사(관아)"자로 모두 관청을 의미한다. 장례식에서 "조사(曹司)"라고 하는 말은 관리(官吏)를 의미한다. 유림장 때에는 이 말을 빌어 쓴 것이다.

『후한서(後漢書)』에 "세조가 무릇 육조(六曹)로 나누었다[世祖凡分六曹]."라는 말이 있고, 우리나라 관제(官制)에서도 육조판서(六曹判書)가 있는 것을 보면 여기서도 육조판서를 상정한 것 같다. 하지만 어떤 학자는 "8조사(八曹司)"라 하여 조사는 8명을 선출한다고 하는데, 이것은 근거가 없을 뿐만 아니라 조사를 반드시 8명으로 선출하지도 않는다. 그러나 앞으로 더 두고 보아야 할 일이다. 이들의 선출 방법은 서로 추천하는 호선(互選)으로 한다.

● 공사원(公司員) : "공(公)"은 "마을 공(관청)"자로 관청이란 뜻이고, "사(司)" 역시 "마을 사(관아)"자로 관청이라는 뜻이다. 결국 공사(公司)는 관청을 의미한다. 그런데 여기서 "공사원(公司員)"이라 하여 "원(員)"자를 붙인 것은 공사의 인원이라는 뜻이다. 이것도 어떤 한학자는 육판서(六判書)를 상정하여 "육공사원(六公司員)"이라 하며 공사원 6명을 선출한다고 한다. 하지만 인적 자원에 따라 가감(加減)을 하니 육공사원(六公司員)은 믿을 수 없는 말이다. 이 공사원의 선출 방법도 서로 추천하는 호선(互選)으로 한다.

위에서 임원 선출에 대해 단편적으로 언급했지만 조금 더 구체적으로 보면 조사(曹司)와 공사원(公司員)을 호선(互選) 하고, 또 여기서 삼반수(三班首)를 결정하며, 삼반수는 호상(護喪), 상례(相禮) … 등 모든 소임을 결의한다. 이런 소임을 결정하고 나면 장례(葬禮)는 이들 소임이 집행하고, 이 일이 끝나고 나면 위의 모임은 자동적으로 해산된다. 더 이상 할 일이 없기 때문이다.

그러면 앞에서 결정한 임원은 어떤 것이 있는가? 아래에서 그 구체적인 예를 들어보자. 근래에 행해졌던 대표적인 유림장(儒林葬)은 추연(秋淵) 권용현(權龍鉉)선생의 장례식일 것이다. 당시에 필자가 이 일에 직접 관계했기 때문에 많은 것을 메모해 두고 언론과의 인터뷰도 거의 필자가 했다. 그러나 필자의 불찰로 그 메모 일부를 분실해서 죄송하고 애석하다. 그래도 중재(重齋) 김황(金榥)선생의 장례식 때 메모해 둔 것이 일부 남아 있고, 필자의 선백부(先伯父) 현암부군(弦菴府君)과 선고(先考) 성암부군(惺菴府君)의 유림장 때 행하던 장례 절차는 온전히 남아 있다. 다만 필자의 가정에서 행했던 장례는 유림장이기는 하나 앞의 두 선생의 장례에 비하여 규모가 그렇게 크지 못한 것이 흠이다.

그러면 유림장의 대표적인 추연(秋淵)선생 장례식 때의 장례위원 명단을 아래에서 보기로 한다. 이 명단은 당시에 필자가 사진을 찍어두었으나, 사진기가 불량하고 사진이 오래 되어서 일부 퇴색한 것은 판독하기 어려운 것이 있었다. 혹시 잘못 판독된 부분이 있을 지도 모르는 일이라 미안함이 앞선다.

조사(曹司)는 지역에 따라 친족(親族)에서 1명, 향내(鄕內)의 사람 1명, 국내(國內)에서 알려진 사람 1명, 즉 3명을 선출한다. 이 세 사람이면 인적인 관계를 다 알 수 있기 때문이다.

이 조사(曹司)가 덕망이 있는 사람을 공사원(公司員)으로 7~9명을 선출한다. 조사 1명이 3명씩을 추천하면 9명이 된다.

그리하여 조사(曹司)와 공사(公司)가 반수(班首) 3명을 선출한다. 옛날 의결을 하는 단체는 반드시 홀수로 선출했다. 짝수로 하여 표결을 하면 결판이 나지 않을 수 있기 때문이다.

중재(重齋)의 양례(襄禮) 때 집사(執事)는 조사(曹司) 7명, 공사원(公司

員) 7명, 도집례(都執禮) 1명을 선정한 것이 특색이었다.

이와 전혀 다른 예도 있다.

<추연(秋淵) 권선생(權先生) 양례(襄禮) 집사(執事) 분정(分定)>

조사(曹司)	김시연(金時演)	
	김응규(金應圭)	
	정직교(鄭直教)	
	김형호(金衡浩)	
	이윤기(李潤基) ························· <5명>	
공사원(公司員)	정홍두(鄭弘斗)	
	이규상(李圭祥)	
	전흥진(田興鎭)	
	정하용(鄭夏溶), 박창규(朴昌圭)	
	권재영(權在永)	
	이언호(李彦浩) ······················ <7명>	
반수(班首)	배재용(裵在溶)	
	하재기(河在琪)	
	조상종(曺祥鍾)	
	배문준(裵文準)	
	이필권(李弼權)	
	허정순(許正純)	
	안종성(安鍾聲)	
	노재학(盧在鶴)	
	석우정(石宇楨)	
	이응수(李應洙), 이호용(李鎬龍)··· <11명>	
호상(護喪)	전맹환(全孟煥) ······················ <1명>	
상례(相禮)	윤종율(尹鍾律) ······················ <1명>	
축(祝)	윤두식(尹抖植) ······················ <1명>	

사명정(寫銘旌)	이근섭(李根燮)	……………………… <1명>
제주(題主)	이진락(李晋洛)	……………………… <1명>
독제문(讀祭文)	이상학(李相學)	
	허종구(許鍾九)	
	김영규(金永奎)	
	하동근(河東根)	
	이우섭(李雨燮)	……………………… <5명>
수만(收挽)	이호수(李鎬壽), 박성학(朴性學)	
	이오상(李五相), 하병열(河炳列)	
	이경석(李慶錫), 구종회(具鍾會)	
	김영주(金永柱)	
	이운태(李韻兌)	
	남ㅇ림(南ㅇ林)	……………………… <9명>
사서(司書)	진학우(秦學愚)	
	이갑규(李甲圭)	
	박완식(朴浣植)	
	권도진(權道鎭)	
	정태수(鄭泰守)	……………………… <5명>
사화(司貨)	허호구(許鎬九)	
	안덕민(安德旻)	
	노순권(盧順權)	……………………… <3명>
동역(董役)	권순현(權順鉉)	……………………… <1명>
	원(原)	
	정묘 십이월 십이일(丁卯十二月十二日)	

[<사진 19> 참조]

<사진 19> 추연선생 장례 때의 집사 분정. 사진에 장례위원 명단이 다 나오지 않았다.

위의 명단은 앞에서 미리 말한 바와 같이 사진이 희미해서 잘 식별하지 못할 글자가 있고, 명단에서 누락된 사람이 있는지도 알 수 없다. 당장 눈에 띄는 것이 "즉일(卽日)"이 보이지 않는다. 즉일은 다른 곳에 따로 써 붙이는 것이 관례이기 때문에 사진에 찍히지 않은 듯하다. 유림장(儒林葬)의 임원 수는 일정한 규정이 없는 것과 정부기관의 구성을 많이 모방했다는 것을 알 수 있다.

다음 임원의 명칭과 임원 구성을 보면 어느 정도 이해가 갈 것이다. 소임의 명칭은 통일되지만 인원수는 인적 자원에 따라 차이가 있다. 이것은 법(法)이 아니라 관례(慣例)이기 때문에 어느 정도 융통성이 있는 것 같다. 필자 선고(先考)의 장례 때 일이다. 초상(初喪)에는 "집사기(執事記)"가 없는 것인데, 당시에 "성암처사 여주이공 초종집사(性菴處士驪州李公初終執事)"라 하고 다음과 같이 소임(所任)을 파정(派定)한 일이 있었다. 물론 주가(主家)에서 그것을 요청한 일도 없었다.

<성암처사 여주이공 초종집사(惺菴處士驪州李公初終執事)>

> 호상(護喪)
> 유학(幼學) 이필권(李弼權)
> 상례(相禮)
> 유학(幼學) 권옥현(權玉鉉)
> 축(祝)
> 유학(幼學) 이진옥(李鎭玉)
> 원(原)
> 무진 십일월 초사일(戊辰十一月初四日)

이 부분은 일반관례에도 없는 것이다. 다만 장례를 질서 있게 치르기 위하여 정한 것이라고 한다. 사명정(寫銘旌)에 이근섭(李根燮)이 있는데 그것도 쓰지 않았다. 초상(初喪)에는 아직 조문하러 오는 사람이 그렇게 많지 않기 때문에 실제로 꼭 필요한 임원만 정한 것이다.

3. 임원(任員)들이 하는 일

위에서는 주로 임원의 명칭, 구성, 인원수에 대해서만 알아보았다. 여기서는 이 임원들을 어떻게 선출하며, 그들이 무슨 일을 하는지에 대해 알아보기로 한다.

앞에서도 보았듯이 유림장(儒林葬)을 하려면 먼저 유림회의를 개최해야 하고, 회의를 개최하려면 오늘날의 사회자(司會者) 격인 "즉일(卽日)"부터 먼저 선정해야 한다. 즉일 선정은 선거로 할 수도 없고 해서 대개 주최측에서 적임자를 지명한다. 그리하여 회의를 열게 되면 즉일(卽日)이 많은 손님 앞에 나가서 이 사실을 사람들에게 알려야 한다. 즉 개회식(開會式)을 선언해야 하는데, 옛날에는 개회식이라 하지 않고 "개좌(開座)"라

했다. 좌석을 개최한다는 뜻이다. 즉일(卽日)이 많은 조문객이 모인 좌석 앞에 나와 서서 모인 사람이 다 들을 수 있을 정도의 큰 소리로 "개좌(開座) 아뢰오! 개좌(開座) 아뢰오! 개좌(開座) 아뢰오!" 하고 세 번을 외치면 좌석이 정돈 된다. 왜 하필 세 번을 외치느냐 하는 것은 유교에서 "예(禮)는 세 번에 이루어진다[예성어삼(禮成於三)]."라는 관례를 따른 것이다.

이렇게 하여 회의가 성립되면 조사(曹司)부터 먼저 호선(互選)하여 선정하고, 이어서 공사원(公司員)을 호선하며, 여기서 다시 삼반수(三班首)를 선정한다. 조사와 공사원은 결국 삼반수를 추대하기 위한 기구이다. 삼반수는 최고 의결기구로 호상(護喪), 상례(相禮) 등의 모든 소임을 다 결정하고 나면 위의 기구는 자동적으로 해산된다. 더 이상 할 일이 없기 때문이다. 임원 선정이 끝나면 상제들이 임원을 향해 재배(再拜)한다. 실제 실무적인 장례 위원은 다음 사람이다. 그러면 이 사람들이 해야 할 일을 아래에서 보기로 하자.

① 호상(護喪)

초상(初喪)이 나면 곧 호상(護喪)을 선정한다. 그러나 유림장을 하게 되면 초상 때의 호상은 연속하는 것이 아니다. 삼반수(三班首)들이 새 호상 1명을 선출해 준다.

갑자기 상(喪)을 당하면 상주(喪主)는 당황하고 슬픔에 젖어 어찌해야 할 바를 모른다. 그래서 주인이 할 일을 호상소(護喪所)에서 대신하게 된다. 호상은 바로 이 호상소의 장(長)으로 상사(喪事)에 관한 모든 일을 총괄하는 사람이다. 쉽게 말하자면 오늘날 장례위원장과 같은 성격이다.

② 상례(相禮)

상례(相禮)는 조선조 통례원(通禮院)의 종삼품(從三品), 장례원(掌禮院)의 주임(奏任), 예식원(禮式院)의 주임(奏任) 등의 벼슬 이름이었다. 하지만 장례식에서는 일반적으로 예(禮)를 돕는 사람이라는 뜻이다. 집례(執禮)라고도 하는데, 그러면 너무 크므로 그 자리를 비우고 상례(相禮)라고 한 것이다. 이것도 삼반수(三班首)가 결정한 1명을 둔다.

③ 축(祝)

제사 때 축(祝)이라 하면 축관(祝官)이란 관원(官員)을 의미했다. 하지만 후일에는 축문을 읽는 사람을 지칭하게 되었다. 여기서 "축(祝)"이라는 말도 "축문을 읽는 사람"이란 뜻이다. 상가(喪家)에 축문을 읽을 일이 많지 않기 때문에 축(祝)은 1명만 선출한다.

④ 사명정(寫銘旌)

명정(銘旌)에 대해서는 「초종(初終)」 항에서 상세히 설명했다. 여기서 요점만 말하면 명정은 붉은 바탕에 흰 글씨로, 죽은 사람의 품계(品階), 관직(官職), 성씨(姓氏) 등을 써서 누구의 관(棺)이라고 알리는 것을 말한다.

이 명정은 처음에는 가족장(家族葬)처럼 가정에서 쓰는 대로 쓰지만, 유림장(儒林葬)을 하게 되면 위상(位相)이 달라지기 때문에 명정을 고쳐 쓰는 소위 "개명정(改銘旌)"을 해야 한다. 이 명정을 쓰는 사람을 "사명정(寫銘旌)"이라 하는데, 1명을 선출한다.

⑤ 제주(題主) 또는 제패(題牌)

본래 신주(神主)를 모시는 집안에서는 신주를 쓴다고 "제주(題主)"라 하고, 신주가 없을 때에는 나무조각인 패(牌), 즉 패자(牌子)에 쓰므로 "제패(題牌)"라고 하는데, 1명을 선출한다. 이는 장지(葬地)에서 하관(下棺)을 하고 영혼을 모시고 집으로 돌아갈 무렵에 쓴다. 신주는 글씨도 잘 써야 하거니와 신주의 함중(函中)에는 세필(細筆)로 써야 한다. 신주는 많은 사람들이 둘러서서 지켜보는 가운데서 써야 하기 때문에 성격이 졸(拙)한 선비는 쓰지 못한다. 그러므로 몇 살 때 첫 신주를 썼느냐 하는 것은 자랑거리이기도 하다.

김중재(金重齋)선생의 제주(題主) 때 유명인사(有名人士)에게 쓰인다고 경북 어느 집안의 종손에게 신주를 쓰게 했다가 막상 쓰려고 하자 손이 떨려 못 쓰므로 다른 사람으로 대필(代筆)하는 것을 필자가 직접 본 일이 있다. 그런데 신주(神主)를 쓸 때에는 두 곳에 써야 한다. 하나는 신주 전면(前面)이고, 다른 하나는 신주의 함중(函中)이다.

중재(重齋)선생 신주의 함중에 쓸 때, ① 고대한(故大韓) ② 대한민국(大韓民國) ③ 유한(有韓) 등 어느 것을 쓸 것인가에 대해 논란이 많았다. 특히 ③번 유한(有韓)처럼 국명(國名) 위에 "유(有)"자를 쓰는 것은 주로 통일제국(統一帝國) 위에 붙인다. 예를 들면 "유명조선(有明朝鮮)"처럼 말이다. 따라서 우리도 독립된 나라인 만큼 "유한(有韓)"이라 쓰자는 의견도 나왔다. 하지만 유림장(儒林葬) 임원들이 결론을 내려 "대한고처사 의성 김공 휘황 자이회 신주(大韓故處士義城金公諱梡字而晦神主)"라 쓰고, 신주 전면에는 개인적인 사가(私家)로 돌아가서 "현고처사부군신주(顯考處士府君神主)"라고 썼다. 개인적이고 사적(私的)인 것과 공적(公的)인 것을 구분하여 공사(公私)가 이렇게 달라진다.

⑥ 독제문(讀祭文)

제문을 읽는 사람을 "독제문(讀祭文)"이라고 한다. 장례 때 제문(祭文) 몇 장이 들어왔느냐에 따라 독제문할 사람의 수를 결정해야 한다. 추연(秋淵)선생께서 별세했을 때에는 제문이 많이 들어왔다. 이런 경우 독제문을 한두 사람으로 할 수 없어 5명을 선출했다. 하지만 경우에 따라 세(勢)를 과시하기 위하여 제문은 몇 장 되지 않더라도 독제문의 수를 여러 명으로 발표하는 수도 있다.

⑦ 수만(收挽)

"수만(收挽)"은 만장을 거두어 모으는 사람인데 인원에는 제한이 없다. 예를 들어 필자의 조부[이의재부군(李毅齋府君)]께서 별세했을 때 만장의 작자가 149명이었는데, 어떤 사람은 한 사람이 6~7 수씩 지은 이가 있으니, 만장이 총 2백 수가 넘을 것이다. 이럴 때에는 수만(收挽)이 한두 명으로 불가능할 것이다. 추연(秋淵)선생 장례 때는 만장이 많이 들어왔기 때문에 수만을 9명이나 선정했다.

⑧ 사서(司書)

조문객(弔問客)의 이름을 기록하는 사람을 "사서(司書)"라고 한다. 이를 달리 말할 때에는 손님의 이름을 기록한다고 "녹명(錄名)"이라고도 한다. 손님이 많을 경우 제1녹명소, 제2녹명소 … 등 몇 곳에서 녹명을 한다. 추연(秋淵)선생의 장례 때에는 장례 전에도 많이 다녀갔지마는 장례 당일에 1,300여명의 조문객이 찾아왔다. 한두 명의 사서(司書)로서는 녹명이 불가능하다. 그래서 사서가 5명이었다. 이를 보더라도 사서의 인원은 제한이 없는 것을 알 수 있다.

⑨ 사화(司貨)

"사화(司貨)"는 글자 그대로 화폐(貨幣)를 맡는 것이다. 쉽게 말해서 당일 부의(賻儀)를 받는 사람이다. 돈을 책임지는 사람이기 때문에 문인(門人) 중에서 믿을 만한 사람을 선정한다. 손님이 많고 적음에 따라 사화(司貨)도 여러 사람을 선정할 수도 있고, 그 수를 줄일 수도 있다.

⑩ 동역(董役)

"동(董)"자는 "바로잡을 동"자로 감독하여 바로잡는 것이고, "역(役)"은 토목건축의 일, 즉 "역사(役事) 역"자이다. 그러므로 동역은 공사를 감독하는 것인데, 여기서는 묘(墓)를 쓰는 일, 즉 묘의 역사(役事)를 감독하는 사람이다. 지역에 따라 "동역(董役)"이라는 말 대신에 "동공(董工)"이라고도 한다.

원(原)

모든 글을 다 쓰고 끝에 "원(原)"자를 쓰는 것은 문서(文書) 끝에 쓰는 말로, "이상 끝"이라는 뜻이다. 마지막으로 연월일을 쓴다. 이 밖에 삼반수(三班首), 조사(曹司), 공사원(公司員) 등은 위에서 설명한 바와 같이 의결기구이기 때문에 더 이상 중복 설명을 피한다.

4. 유림장(儒林葬)의 실태

우리나라는 지역은 좁지만 문화면에서 크게 두 산맥을 이루고 있으니, 기호학파(畿湖學派)와 영남학파(嶺南學派)가 그것이다. 기호학파는 서울과 가깝기 때문에 현실적인 사고가 지배적인데, 이에 비해 영남학파는 정적(情的)이고 비현실적인 데가 많다.

옛날부터 서울사람들은 삼대(三代)만 벼슬을 하지 못하면 상놈 대접을 받는다는 말이 있다. 그것도 그럴 것이 아버지가 벼슬을 하고 아들이 벼슬을 하지 못하더라도 그 아들은 그래도 아버지의 음덕으로 양반 대접을 받고 살아갈 수 있다. 하지만 삼대(三代)인 손자까지도 벼슬하지 못하면 살아갈 방법이 없다. 부득이 남의 집에 청이나 닦아주고 사는 청지기나 천한 직업을 택하게 되는데, 그렇게 되면 그때부터 그 사람은 상놈 대접을 받을 수밖에 없다. 그만큼 현실적이다.

하지만 영남학파는 어떠한가? 십대(十代) 할아버지가 벼슬 했더라도 나는 아무 할아버지의 십세손(十世孫)이라고 해도 양반노릇을 할 수 있다. 그러므로 기호지역에서는 선조들의 재실(齋室)에 관심이 적다. 제 살기에도 바쁘기 때문이다. 하지만 영남학파는 제가 벼슬하지 못하면 조상을 높여서 아무 조상의 후손이라고 하며 조상을 업고 살아가는 경향이 있다. 그러므로 재실을 잘 짓고 조상을 팔아먹는 일을 많이 한다.

여기서 말하려는 유림장(儒林葬)도 마찬가지이다. 기호지방처럼 서울에 가까이 사는 사람들은 지방에 비해 벼슬한 사람이 많다. 이들은 죽어서 명정(銘旌)을 쓸 때, 객관적인 벼슬을 쓰면 초상(初喪) 때 쓴 명정을 장례(葬禮) 때에 다시 고쳐 쓰는 개명정(改銘旌)을 할 필요가 없다. 다만 죽은 이에게 장전(葬前)에 나라에서 시호(諡號)가 내려오면 부득이 개명정을 해야겠지만, 이런 특수사정을 제외하고는 개명정을 할 이유가 없다. 필자가 살고 있는 서부 경남의 예를 보면, 노론(老論)계열에서는 개명정(改銘旌)을 잘 하지 않는 반면, 남인(南人)계열에서는 개명정을 하는 경향이 많다고 한다. 노론계열은 기호학파이기 때문에 알게 모르게 기호지역의 영향을 많이 받은 듯하다.

지역적으로 서울과 멀리 떨어져 있어 벼슬한 사람이 적고, 시대적으로 후대로 내려가면서 자기 조상을 높이기 위하여 유림장(儒林葬)이라는 미명(美名) 아래 개명정을 하는 경향이 많아졌다고 할 수 있다. 무엇이라도 처음에는 특수계층에서 향유하던 것이 시대가 내려가면서 일반화, 대중화되어 가는 것은 얼마든지 볼 수 있다. 이와 유사한 예로 시호(諡號)는 본래 국가에서 주는 것인데, 구한말(舊韓末)에는 사회단체를 구성하여 사시(私諡)를 준 적이 있었다. 이 사시(私諡)가 과거에도 없었던 것은 아니지만 구한말처럼 타락한 적은 없었다.

이 개명정(改銘旌)이란 것도 유림(儒林)이라는 배경을 업고 신분상승을 꾀한 데서 출발했을 것이라 생각된다. 그렇다면 개명정은 권장할 것이 못 된다. 요즘 와서는 지방에서 유림장이 하나의 폐단이 되기도 한다. 초상

(初喪)의 명정(銘旌)을 고쳐 써봐야 "처사(處士)"라 쓰느냐, "선생(先生)"이라 쓰느냐 하는 것과 "호(號)"를 쓰느냐 안 쓰느냐 하는 정도이다. 이 정도를 써서 상여(喪輿) 앞에 하루 들고 나가는 것에 시간 낭비, 경제적 손실까지 감내해 가면서 할 필요가 없을 것이라 생각된다. 요즘은 명정을 들고 장지(葬地)에 나갈 수 없기 때문에 장례식장에서 명정을 아예 관(棺)과 함께 묶어버린다. 옆에서 보는 사람들은 명정이 있는지 없는지조차 모른다. 다만 매장(埋葬)할 때 명정을 관 위에 얹는다는 것 외에는 아무 의미가 없는 실정이다.

필자의 선고(先考) 장례 때에는 필자의 반대로 유림장을 하지 않기로 했다. 하지만 일가친척과 주위 지인들의 권유로 결국은 유림장을 하기로 결정했다. 주변 분위기를 너무 무시할 수 없었기 때문이다. 주위에서 다 유림장을 하는데, 아들이 몇이나 사회활동을 하면서 아버지 장례에 유림장을 하지 못한다고 욕을 들을 것 같아서 결국 승낙했던 것이다.

유림장을 하면 그 회의를 "도회(道會)"라고 한다. 군(郡) 단위의 모임에서 벗어나 도(道) 단위의 모임이란 뜻이다. 그리고 기일(期日)은 유월장(踰月葬 – 사람이 죽은 후 달을 넘겨서 장사(葬事)한다는 뜻. 달을 넘긴다는 것은 한 달 정도의 기간이 경과함을 의미하므로 적어도 25일 간 정도는 되어야 함.) 정도는 되어야 한다. 그리고 일단 유림장을 하기로 결정이 되고 나면 가장 먼저 해야 할 일은 초상(初喪) 때 쓴 명정(銘旌)을 다시 쓰는 개명정(改銘旌)부터 해야 한다. 초상 때 쓴 명정은 일가와 친지들이 논의하여 쓴 가족장(家族葬)과 같은 성격을 띠지만 유림회의인 도회(道會)를 거쳐서 쓴 명정은 사회신분(社會身分)을 격상시키는 중요한 의미를 지닌다. 예를 들면 중재(重齋)선생의 경우, 초상(初喪) 때의 명정(銘旌)은 「처사의성김공지구(處士義城金公之柩)」라 하여 일반인들과 크게 다르지 않았다. 하지만 개명정(改銘旌) 때에는 「중재김선생지구(重齋金先生之柩)」라고 썼다. 사회적 위상이 달라진 셈이다. 이와 같이 유명한 선생이 이렇게 하니 너도 나도 유림장을 하여 혼탁한 양상을 보여주고 있는 것이다.

이상에서 유림장의 의미, 유림장의 임원(任員), 임원들이 하는 일, 유림장의 긍정적인 면과 부정적인 면 등에 대해서 어느 정도 정리한 셈이다. 이를 결론지으면서 조금 덧붙이기로 한다.

필자가 유림장에 대해서 나름대로 정리한 것은 유림장을 권장한다거나 폄하하려는 의도는 조금도 없다. 다만 우리나라에서 유림장에 대한 문헌을 찾을 수 없어 일반 사람들이 궁금하게 여기는 경우가 더러 있었다. 그래서 필자가 아는 대로라도 어느 정도 정리하여 이들의 궁금증을 조금이라도 풀어주고 싶은 생각에서 출발한 것이다. 현재에도 유림장을 행하고 있으니 그것을 해설한 글이라도 있어야 할 것이다.

유림장(儒林葬)의 긍정적인 측면을 보면, 죽은 이를 보내면서 이처럼 정중히 한다는 것은 결국 인간존중의 정신에서 나온 것이다. 『논어(論語)』에 "초상(初喪)을 삼가서 치르고 먼 조상을 추모(追慕) 하면 백성의 덕(德)이 후(厚)한 데로 돌아갈 것이다."라고 했다. 잊기 쉬운 먼 조상을 추모한다는 것은 자신의 뿌리를 잊지 말자는 뜻이다. 하물며 제 친부모의 마지막 가는 장례(葬禮)를 소홀히 할 수 있겠는가?

그렇지만 유림장에는 부정적인 부분도 많은 것 또한 사실이다. 간단히 말해서 함량 미달의 인물을 유림장으로 하려는 것이다. 그래서 유림장 임원을 억지로 선발하고, 그들에게 금품 세례까지 하고 있다고 하니 이런 일은 지양(止揚) 되어야 할 문제이다. 이러니저러니 하지 않더라도 이렇게 가면 유림장은 곧 사라지게 될 것이다.

제4장

놓치고 있는 전통 예절 상식

– 중요(重要) 예절(禮節)과 그 용어(用語)들 –

이 편은 옛 예설에 대해서 아직 체계를 세우지 못하고 그때그때 들은 대로, 그리고 본대로 기록한 것이다. 현재도 계속해서 모으고 있는 중이기 때문에 내용별로 분류도 할 수 없었다. 그렇다고 버리기에는 아까운 것이 많다. 과거의 예(禮)를 접해 보니 마치 우리 과거의 삶을 되돌아보는 것 같아 반성의 계기를 제공해 준다. 또한 어떤 것은 현재 우리의 생활에서 참고가 될 만한 것도 많다. 처음부터 제목도 없이 산만하고 자잘한 부스러기 같은 말들을 모았기 때문에 쇄설(瑣說)이라고 이름을 붙였다가 다시 지금의 제목으로 비주였다.

앞으로 우리 예학(禮學)뿐만 아니라 민속학, 사회학에 관심을 가지는 분들에게도 참고가 될 것으로 믿는다. 특히 국학을 연구하는 사람들은 연구의 뒤안길에 묻혀 빛을 보지 못하고 있는 이런 것들을 밝혀내고, 독자들도 이러한 과거의 원시림 속을 거닐어 봄으로써 우리 조상들의 정신세계에 한번 젖어보는 것도 큰 의의가 있을 것이다.

㉠-1. **가주(假主)** : 임시로 종이를 접어서 신주를 대신한 것. ① 서상(西上) ② 직치(直置)

㉠-2. **공포(功布)**

관(棺)을 묻을 때, 그것으로 관을 닦는 삼베 헝겊. 발인할 때 명정(銘旌)과 함께 앞에 세우고 간다.

① 신(神)을 접하게 하여 흉사(凶邪)의 기(氣)를 불식(拂拭)하는 헝겊

② 관(棺)을 묻을 때에 관을 닦는데 쓰는 삼베 헝겊

③ 장사(葬事) 때 명정(銘旌)과 함께 관의 앞에 서서 길을 인도하는 데 쓰는 기(旗)

④ 발인할 때 상여 앞에 세우고 가는 기(旗). 기폭(旗幅)은 길이 석 자 되는 흰 삼베로 만들었으며, 매장(埋葬)할 때에 이것으로 관을 닦음

㉠-3. 관(冠)과 건(巾)의 구분

관(冠)과 건(巾)은 끈의 유무(有無)로 구분된다. 끈이 있으면 관(冠)이고, 끈이 없으면 건(巾)이다. 관은 의관(衣冠)이라 하여 예복(禮服)에 딸리고, 건(巾)은 예복이 될 수 없다. 그러므로 제사 때에는 건(巾)에 끈을 달아서 쓰기도 한다.

㉠-4. **관(棺)은 널 관[掩尸關]. 구(柩)는 널 구[棺也]. 곽(槨)은 덧널 곽** 在牀曰尸 在棺曰柩<釋名>

㉠-5. 관(棺)은 옛날에 두께 여섯 치로 했다.

㉠-6. 관(棺)은 어느 방향으로 두는가?

관은 모두 남수(南首)로 하다가 광상(壙上)에 가서 비로소 북수(北首)로 한다. 죽은 이에 대해서 이렇게 배려하는 것은 산 사람에 대한 인간존중이다.

㉠-7. 입관(入棺) 전에는 동수(東首)로 하고, 입관 후에는 서수(西首)로

한다.[入棺前東首 入棺後西首] 동쪽은 봄의 생기(生氣)를 받아 살아나라는 뜻이고, 서쪽은 가을에 해당하므로 조락(凋落)을 의미한다.

㉠-8. 冠而不爲殤(관이불위상)

20세가 아닌 15세라도 관례(冠禮) 후에는 상(殤)이 아님

㉠-9. 구행(柩行) : 수선행(首先行) 남행지의(南行之義)

㉠-10. 굴건(屈巾)은 어떻게 만들며 어떻게 쓰는가?

상주(喪主)가 두건(頭巾) 위에 덧쓰는 건(巾). 손가락 셋의 넓이 만한 정도의 베 오라기를 세 솔기가 지게 한다. 뒤에 종이로 배접하여 빳빳하게 만들어 두 끝을 휘어 꿰어서 쓰고, 그 위에 수질(首絰)을 눌러 쓴다.

삼겹을 겹쳐서 그 방향이 향우(向右)가 되게 한다. 그래서 이를 삼벽적향우(三辟積向右), 즉 세 번 접어서 오른쪽을 향하게 한다는 말이다. 단 소공(小功) 이하는 향좌(向左)하게 한다. 그리고 길관(吉冠)은 향좌(向左) 하게 하고, 흉관(凶冠)은 향우(向右) 하게 한다.

또 주의할 점은 굴건(屈巾)은 밑에 갓끈[纓]이 없다. 건(巾)과 관(冠)을 구별할 때는 끈이 있고 없는 것을 근거로 하여 판단한다. 끈이 없으면 건(巾)이고, 끈이 있으면 관(冠)이란 말이다.

㉠-11. 朞大功後如初(기대공후여초) : 기년상과 대공상 후에는 처음과 같이 함

● 장전(葬前) : 무축단헌(無祝單獻)
● 장후(葬後) : 3헌(三獻)
➡ 『상례비요(喪禮備要)』 : 장전(葬前)에는 제사를 못 지내게 함

㉠-12. 기제사(忌祭祀) 지내는 시간

● 기제사(忌祭祀)는 첫닭이 울기 전에 지내야 합니까? 첫닭이 울고 난 후에 지내야 합니까?

● 답(答) : 예(禮)에 의거하면 비록 기제(忌祭)라도 질명(質明, 날이 밝으려고 할 때, 여명)에 지내는 것으로써 법도를 삼는다. 그러나 신도(神道)는 유정(幽靜)함을 숭상한다. 그러므로 이른 새벽에 제사를 지낸다. 주자(朱子)는 질명(質明)에 제사지내는 일을 마쳤고, 또 말하기를 "그 늦은데 실수하는 것보다는 차라리 이른데 실수하겠다."라고 하였으니, 그렇다면 닭 울기 전이냐, 후이냐는 역시 구애될 것이 없고, 신주(神主)가 있느냐, 없느냐도 역시 차별되는 것이 없다.[据禮則雖忌祭 亦以質明爲度 然神道尙幽靜 故用早晨行之 朱子質明行事畢 又曰 與其失於晏 寧失於早 然則鷄鳴前後 亦 不必拘也 神主有無 亦無所差別] ―『중재선생문집 · 후집(重齋先生文集 · 後集)』 권4

㉠-13. 고비(考妣)로 쓴 경우와 비고(妣考)로 쓴 경우

<table>
<tr><td>配孺人安東權氏祔左</td><td>處士驪州李公炳文之墓</td></tr>
</table>

- 쌍봉(雙封)일 경우 산(山) 위에서 보아 비위(妣位)는 으레 부좌(祔左)하기 때문에 "左"자를 쓰지 않아도 된다. 합장 (合葬)일 경우도 마찬가지이다. 부좌(祔左)니, 부우(祔右) 니 하는 기준은 산 사람 기준이 아니라 묻혀 있는 사람을 기준으로 왼쪽과 오른쪽을 구분하는 것이다.
- 만약 선후장(先後葬)이 있어서 잘못하여 비고(妣考)를 썼을 경우에는 "配……祔右"라고 밝혀 써야 한다. 이것은 합장(合 葬)일 경우도 마찬가지로 "부우(祔右)"라 밝혀 써야 한다.
- "…李公…"의 공(公)자 다음에 속(俗)으로 "휘(諱)"자를 쓰 지만 쓰지 않아도 된다.
- 백사(白沙) 이항복(李恒福)의 묘(墓)에는 비(妣)가 먼저 쓰 이고 고(考)가 서(西)에 쓰였음.
- 지방(紙榜)을 쓸 때에는 고위(考位)가 서쪽이고, 비위(妣 位)가 동쪽인데, 비석(碑石)을 쓸 때에는 오른쪽에서 왼쪽 으로 써 간다. 고위(考位)를 동쪽에 써야 먼저 고위부터 읽 어 들어갈 수 있다. 왼쪽에 쓴 것은 오른쪽의 주(註)에 불과 하다.

㉡-1. 노례합장(魯禮合葬) 위례쌍봉(衛禮雙封)

㉢-1. 동관(桐棺)은 적소(謫所)에서 죽으면 빨리 썩으라고 한 것이다.

㉢-2. 두건(頭巾)

남자 상제(喪制)나 어른이 된 복인(服人)이 상중에 삼베로 만든 건(巾) 을 쓴다.

㉣-1. 만가(輓歌)

① 상여를 메고 갈 때 부르는 노래

② 죽은 사람을 애도하는 노래

③ 사자(死者)를 슬퍼하는 시가(詩歌), 만시(輓詩)

④ 장례(葬禮) 때 영구거(靈柩車)를 끄는 사람이 부르는 노래

➡ 만가(輓歌)는 『진서(晉書)』에 한나라 무제(武帝)에게서 나왔다[出乎漢武帝]고 함.

● 만가(輓歌)란 상가(喪家)의 음악이니 집불(執紼)한 자가 서로 화답하는 소리다.

옛날사람이 장사(葬事)할 때는 모두 집불을 하고 상여를 당기면서 앞으로 간다. 그러므로 그것을 일러 만(挽)이라 하고, 혹은 만(輓)이라고도 한다.[輓歌者 喪家之樂 執紼者相和之聲也 古人送葬者執紼 以挽喪車前行 故謂之挽 或作輓]

㉣-2. 만사(輓詞)

죽은 사람을 추도하기 위하여 지은 글

㉣-3. 만시(輓詩)

죽은 사람을 애도하는 마음으로 지은 시

㉣-4. 만장(輓章, 挽章)

죽은 사람을 슬퍼하여 지은 글. 장례 때 비단이나 종이에 써서 깃발을 만들어 상여 앞에 들고 간다. 애기사술기행(哀其死而述其行), 즉 그 죽음을 애도하면서 그 행적을 서술한 글이다.

㉣-5. 묘갈명(墓碣銘)

묘갈명은 신도비보다 한 단계 아래인 정2품(正二品) 이하인 사람의 묘 앞에 세우는 비석이다. 자연히 신도비보다 작고, 귀부이수(龜趺螭首)도 할 수 없다. 대신 받침대는 네 모가 나고, 머리 부분은 둥글게 하는 방부원수(方趺圓首)로 하였다. 천원지방(天圓地方)을 상징한 것이다. 후대에 와서 머리에 정자관(程子冠) 모양을 조각해서 장식을 했다.

옛날에는 이 비문을 대개 벼슬아치들이 지었는데, 남들에게 알리기 위해서 세운 비석이기 때문에 내용에 주관적 유양(揄揚)을 하는 경향이 많다. 요약해서 주어유양(主於揄揚)이며, 묘의 왼쪽에 세운다.

ㄱ. 비석의 앞면에 계(階. 官)+사(司, 官署, 부서)+직(職, 직책)을 먼저 쓴다.

ㄴ. 통훈대부 행직제학 우당 김해김공지묘(通訓大夫 行直提學 于堂 金海金之墓)가 그것이다. (벼슬한 사람은 대개호(號)와 본관을 잘 쓰지 않고 존칭으로 公 또는 先生이라 쓰고 之墓라고 쓰다.

ㄷ. 文學博士釜山大敎授滄洲李先生之墓와 같이 쓰는 경칭이 많다.

ㄹ-6. 묘사(墓祀)에 산신제(山神祭) 먼저?

● 묘사(墓祀) 때에 산신제(山神祭)를 먼저 지냅니까? 자기 조상의 묘제(墓祭)를 먼저 지냅니까? [墓祭山神祭先後]

● 답(答) : 『가례(家禮)』에 결국 후토(后土, 山神)에 제사지내는 것이 묘제를 마친 뒤에 있으니, 예(禮)가 본래 이와 같은 것이다. 그런데 간혹 산신(山神)에 먼저 제사지내는 자가 있다. 우리 집에서도 이와 같이 해왔다. 다만 그대로 해왔기에 감히 고치지 않은 것이지, 당연히 옳다고 그리하는 것이 아니다. [答 家禮遂祭后土 在墓祭畢後 禮本如此 而或有先祭山神者 鄙家亦自來如此 只得仍之而不敢改 非以爲當然也]

ㄹ-7. 모상(母喪) 때 짚는 지팡이

버드나무, 또는 오동나무 지팡이를 짚는다. 이처럼 아버지 상(喪)과 어머니 상(喪)에 지팡이가 다른 것은 남강여유(男剛女柔)를 상징한 것이다.

버드나무와 오동나무 지팡이는 네 모가 나게 만든다. 천원지방(天圓地方)으로 볼 때 어머니는 지(地)에 해당하기 때문이다. 그리고 뿌리가 위로 가고, 가지가 아래로 가게 한다.

※ 대나무 지팡이는 높이가 심장과 가지런하게 하고, 뿌리가 아래로 가게 한다[竹杖高齊心 本(根)在下]. 산 사람 지팡이는 뿌리가 위로 가게 한다. 상주도 대개 이를 많이 따른다. 그래서 앞 항에서처럼 뿌리가 위로 간다고 말한 것이다. 하지만 생(生)과 사(死)가 반대이므로 뿌리가 아래로 가게 하는 것이다.

그리고 오동나무 지팡이도 이와 같이 뿌리가 아래로 간다고 말한다[竹杖高齊心 本(根)在下 桐杖亦如之 削之上圓下方 杖大如経]. 여기서 보이는 바와 같이 남강여유(男剛女柔), 천원지방(天圓地方), 1악 2지(一握二指, 즉 杖大如経), 즉 1년 12달을 상징하였다.

이와 같이 옛사람들의 예(禮)는 작은 일에도 그들의 세계관과 연계되어 있음을 볼 수 있다.

㉣-8. 묘지명(墓誌銘)

묘갈명이나 묘지명은 다 같이 자기 조상을 빛내기 위해 지은 것이지만, 그 의도와 시각의 차이가 크다. 묘갈명이 남들에게 드러내어 보이기 위해 세운 것이라면, 묘지명은 자신들이 보기 위해 지은 글이다. 또 묘갈명은 지상에 드러내어 보이려는 것이 목적이지만, 묘지명은 자기 조상의 묘를 잃어버리지 않으려고 무덤 안에 묻는 것이기에 묘갈(墓碣)보다 사실 기록이 상실(詳悉)하다. 따라서 묘갈명은 글이 길고, 묘지명은 짧을 수 있다.

그리고 묘지명은 자기 자손들만이 볼 것이기 때문에 객관적 사실만을 간단히 기록하는 것을 위주로 하는 기록 중심의 글이라 할 수 있다. 즉 기실(記實)이 위주이다. 묘지명에서 명(銘) 부분을 빼면 묘지(墓誌)가 된다.

ㄹ-9. 묘지(墓地)에 가서 조문(弔問)받을 때 서는 위치

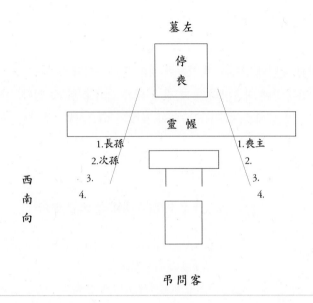

- 묘(墓)는 "무기(戊己)" 좌(坐)에 쓰지 않는다.
- 한편 어떤 사람은 이십사방(二十四方) 중에 무기(戊己)의 좌가 없다고 함

ㄹ-10. 묘제(墓祭)에는 첨작(添酌)하지 않는다.

묘제(墓祭)는 제주(除酒)는 있으나 첨작(添酌)하지 않는다. 숙사(肅竢, 묵념)만 하고 첨작은 않는다. 유식(侑食)이 없다.

㉣-11. 망묘단(望墓壇)

주자(朱子)는 여러 곳에 산재해 있는 선조의 묘를 성묘(省墓)하고, 망묘단에서 함께 제사지냈다. 후대에 이를 모방하는 사람들이 많았다고 한다.

㉣-12. 묘표(墓表)

묘 앞에 세우는 것이다. 묘표는 달리 비음기(碑陰記) 또는 음기(陰記)라고도 한다. 비석 뒷면에 간단하게 기록한 것이기 때문이다.

산 사람의 가정집에 비유한다면 그 집 문패와 같다고 할 수 있다. 누구의 무덤이라는 것을 약술(略述)하는 묘의 표이기 때문이다. 주어의론(主於議論)이면서 명(銘)이 없다.

墓
碣
銘
幷
序

進
士
驪
州
李
炳
文
撰

朴　金
〇　〇
〇　〇
篆　書

■ **묘갈명(墓碣銘)을 쓰는 풍속**

● 충청도 지방에서는 묘표(墓表)의 비후면(碑後面)에 글이 없음
● 묘갈명(墓碣銘)은 두전(頭篆)으로 씀

　예) 處士驪州李公之墓(처사여주이공지묘)
　　　配(배)………

● 비(碑)의 전면(前面)은 좌(左)의 예(例)와 같이 쓰고, 비문 내용은 후면부터 시작한다.
● 노례합장(魯禮合葬), 위례쌍봉(衛禮雙封)
● 묘갈명이라는 제목을 쓸 면이 모자라면 쓰지 않아도 된다.
● 비문 내용은 후면에서 시작하여 왼쪽에까지 다 쓰고, 쓸 곳이 모자라면 다시 오른쪽에서 한 글자 낮추지 않고 다시 되돌아와서 쓴다.

㉤-1. 반혼제(返魂祭) 때 절의 유무

반혼 때 상주가 묘 앞에서 절을 하느냐, 하지 않느냐의 두 가지 설(說)이 있으나, 절을 하고 돌아가는 것이 도리상 좋을 것이다. 절을 하지 말라는 사람은 혼백을 모시고 가니 묘에 절할 필요가 없다는 논리인 듯하다. 그러나 평소에 성묘할 때 혼백이 없어도 묘에 절을 하고 있다.

㉤-2. 발인제(發靷祭) 때 절의 유무

발인제(發靷祭) 때에는 구수(柩首)가 병풍 쪽으로 가게 한다. 그리고 모두 재배(再拜)하여 영결(永訣)을 한다. 가문에 따라 절을 하지 않기도 한다.

하관(下棺) 후에 흙으로 관을 덮고, 상주가 재배(再拜)하고 엎드려 곡(哭)하는 것은 산신(山神)께서 잘 보살펴 달라고 하는 뜻이 담겨있다. 따라서 상주 외의 다른 사람들은 절을 하지 않아도 된다. 하지만 절을 해야 할 친지들은 절을 하는 것이 좋을 것이다.

㉤-3. 발인제(發靷祭) 때의 위치

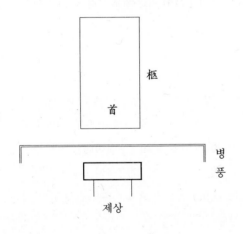

- 발인 축문 – 대개 서서 많이 읽는다. 하지만 꿇어앉아 읽는 것이 예(禮)이다.
- 발인제가 끝나면 관의 머리를 돌려 출상함[首先行]

㉑-4. 발인(發靷) 전날 저녁 상여를 어르는 일

발인전석(發靷前夕)에 상여 메는 연습을 하는데, 이를 습례(習禮)라고 했다.

㉑-5. 방상씨(方相氏)

방상(方相)은 구나(驅儺) 때 나자(儺者)의 하나로 악귀를 쫓는다고 한다. 옛날에는 임금의 행차, 사신의 영접, 궁중의 행사에 사용했으나, 지금은 장례(葬禮)에 써서 광중(壙中)의 악귀를 쫓는데 사용하고 있다.

이 방상(方相)은 주례(周禮) 하관(夏官)에 속하는데, 주로 질병을 몰아내는 것이다. 미친 남자로 눈이 네 개인 사람이 곰의 껍질을 쓰고 있다. 황금사목(四目)으로, 붉은 윗옷에 검은 치마를 입고 창을 들고 방패를 휘두른다.[周禮夏官之屬 主毆疾者也 狂夫四目人 蒙熊皮 黃金四目 朱衣玄裳 執戈揚盾]

• **방상**(方相)은 옛날 **신**(神)을 **상징**한다. 역질(疫疾)을 쫓는 자로 눈이 네 개가 방상(方相)이고, 눈이 두 개가 방상시(方相俱)이다. 장사(葬事)할 때 같이 묻는다. 『주례(周禮)』에 나온다.[方相 古之像神 以逐疫者 四目爲方相 兩目爲俱 葬亦同之 見周禮]

㉑-6. 부군(府君)

한(漢)나라 때 태수(太守)가 거처하는 곳을 부(府)라 칭했는데, 이로 인해 태수(太守)를 부군(府君)이라 했다. 태수부(太守府)에서 우두머리인 군(君)이라는 것이다. 이것을 빌어서 죽은 이를 높여 쓴 것이다. "처사부군(處士府君)"이라하면 부군은 접미사로 "처사님"에 해당한다.[府君 漢世太守所居稱府 因號太守曰府君 此借以尊其亡人一台湾 - 『응용문(應用文)』]

ㅁ-7. 아버지가 별세하고 어머니가 살았을 때의 제사에 주부는?

● 아버지가 별세하고 어머니가 살았을 때, 제사에 어머니가 주부입니까? 아내가 주부입니까?[父亡母在 凡祭母爲主婦乎. 妻爲主婦乎?]

● 주부(主婦)라는 명칭은 본래 주인의 부인을 말하는 것이다, 제사지낼 때 부부가 함께 일을 하는 것인데 어찌 자식이 초헌(初獻)을 하고 어머니가 아헌(亞獻)을 하는 이치가 있겠는가?[主婦之名 本爲主人之婦而立 祭必夫婦共事 豈有子爲初獻 而母爲亞獻之理 — 『중재선생문집(重齋先生文集)·후집(後集)』권4]

ㅁ-8. 부상(父喪) 중의 모상(母喪)

부상(父喪) 중에 모상(母喪)을 당하면 지방(紙榜)에, ① 망실유인(亡室孺人)이라 쓸 것이냐, ② 현비유인(顯妣孺人)이라 쓸 것이냐에 대해 논란이 많다. 하지만 상중에 개제주(改題主)를 하지 않았기 때문에 ①을 따라야 한다.

무축단헌(無祝單獻) 하고, 상주가 폐량자 쓰고(집에 있을 때 씀) 제사에 심의 입고 직령 입음.

ㅁ-9. 부상(父喪) 때 짚는 지팡이

저장(苴杖). 저(苴)는 "대지팡이 저"자이다. 그러므로 "저장"은 대나무 지팡이다.

ㅁ-10. 부상(父喪)·모상(母喪)에 아들의 속칭(屬稱)은?

부상(父喪)에는 고자(孤子), 모상(母喪)에는 애자(哀子)

→ 고애자(孤哀子)는 쓰지 않음 — 추연선생(秋淵先生)

● 옛날에는 부모 모두 별세하면[父母俱亡] "고애자(孤哀子)"라 썼으나, 지금은 부(父)와 모(母)에 단독으로 쓴다. 즉 위장답(慰狀答)에도 고자(孤

子), 애자(哀子) 단독으로 쓴다는 말이다. 속칭(屬稱)은 친속(親屬)과 호칭(呼稱)이다. 속(屬)은 고(考) · 조(祖) · 증조(曾祖) 등 친속관계이고, 칭(稱)은 항렬(行列) · 호(號) · 관직(官職) 등 호칭(呼稱)을 말한다.

ㅁ-11. 부어부지전후모지형제(婦於夫之前後母之兄弟)

− 부인이 남편의 전모(前母)와 후모(後母)의 형제와 인사를 하고 볼 수 있는가. 여기에 대한 전간자(田艮子)의 학설은?

부어부지전후모지형제(婦於夫之前後母之兄弟)를 무득상견 간옹설 여하(毋得相見艮翁說 如何) : 부인이 남편의 전모(前母)와 후모(後母)의 형제를 서로 볼 수 없다는 데 대한 전간자(田艮子)의 학설은 어떠하던가?

위에서 인용한 말은 시외가(媤外家)의 형제는 서로 보지 않는다는 것에 대한 논란이다. 그런데 『주자대전(朱子大全)』에 등구(鄧舅)라고 칭(稱)한 데가 있다. 이는 주자(朱子)가 석자중(石子重)의 묘표(墓表)를 지으면서 계모(繼母)의 외삼촌을 "등구(鄧舅, '등'이 외삼촌)"라고 했다. 이것을 보아 전후처의 외삼촌은 서로 보는 것이 가하다.

ㅁ-12. 불분축(不焚祝)

상중(喪中)에 축문(祝文)을 불사르지 않는데, 이는 아마도 바쁘기 때문인 듯하다.

ㅁ-13. 비석(碑石)과 상석(床石)

비석을 세우면 상석에 글을 쓰지 않아도 된다. 상석과 비석에 중복해서 쓸 필요가 없기 때문이다.

ㅁ-14. 비석(碑石)

비석의 기원에 대해서는 크게 두 가지 설이 있다. 하나는 종묘(宗廟)의 제사에 쓰일 희생(犧牲)을 잡기 위해 매어두는 돌에서 기원했다는 설이다. 그리고 다른 하나는 돌에 구멍을 내어 줄을 걸어서 하관(下棺)할 때 널을 매달아 운반하는 데 사용하는 돌에서 기원했다는 설이다. 그러다가 한대(漢代)에 접어들면서 그 돌에 사적(事蹟)을 기록하여 오늘날의 비석으로 발전했다고 한다.

비갈(碑碣)의 경우, 비(碑)는 외비(外碑)로 큰 것이며 사적비(事績碑)의 종류이고, 갈(碣)은 묘갈(墓碣)의 유이다.

㉤-15. 상석(床石)

상석은 본래 글자 없이 맨돌만 놓는 것인데, 후세로 가면서 글자를 써넣었다.

㉤-16. 부인 묘에 남편 묘의 소재지 표시

孺人金海金氏之墓	夫墓某下坐 公在山某

㉥-1. 상거(喪車)를 무덤의 왼쪽에 머무름[停喪車於墓左]

㉥-2. 상가(喪家)의 식사

사람이 죽은 후 장사(葬事)까지는 죽만 먹는다. 너무 슬프기 때문에 밥이 목에 넘어가지 않는다. 고기는 물론 입에 대지 않는다. 따라서 조문객도 고기는 입에 대지 않았다.

㉥-3. 상복(殤服)의 종류

삼상강복도(三殤降服圖) -『상례비요(喪禮備要)』에

장상(長殤) : 19세 ~ 16세

중상(中殤) : 15세 ~ 12세

하상(下殤) : 11세 ~ 8세

➡ 8세 이하는 복(服)이 없음

ⓑ-4. 상복(喪服)을 입는 법

상복은 모두 미성포(未成布)로 만들어 뒤집어 입는다. 단 치마[裳]만은 바로 입는다.

ⓑ-5. <상석(牀石)>

- 孺人金海金氏之墓(유인김해김씨지묘) → 비(妣)
- 處士驪州李公炳文之墓(처사여주이공병문지묘) → 고(考)
- 處士驪州李公諱炳文之墓(처사여주이공휘병문지묘)

↳ 공(公) 다음에 휘(諱)자는 속(俗)으로 쓴다.

配孺人金海金氏之墓(배유인김해김씨지묘) → 비(妣)

- 處士靜軒玄風郭公之墓(처사정헌현풍곽공지묘)

↳ 호(號)를 쓸 때에는 공(公)자 다음에 이름은 쓰지 않는다.

ⓑ-6. 산신제(山神祭)와 일반 제사와의 다른 점.

분향(焚香)이 없다. 구어음(求於陰)이기 때문이다. 강신(降神)이 없다.

ⓑ-7. 산신제(山神祭)를 반드시 묘의 왼쪽에서 지내는 것은 무슨 의미인가?

본 묘의 아래에 낮추어 지내는 뜻을 취한 것이다. 대저 산신은 높임으로써 주로 삼지만, 역시 묘로 인하여 산신이 있는 것이니 자연히 낮추는 것을 의심할 것이 없다.

산신제단은 고례(古禮)에 정해 놓은 곳이 없고, 다만 왼쪽이든 오른쪽이든 진설(陳設) 하기에 편리한 곳을 택하여 설단(設壇) 하면 된다. - <권송산선생이 하영계(潁溪)공의 물음에 답한 글>

㉂-8. **삼벽적**(三辟積) : **세 번 접음**

㉂-9. **상여소리**

상여소리인 "이악도여(以樂導輿)", 즉 악기로 상여 앞소리를 하는 것을 유교에서는 못하게 한다.

㉂-10. **수질**(首絰)**은 언제 어떻게 두르는가?**

상복을 입을 때에 머리에 두르는 것으로, 짚에 삼을 섞어서 만든다. 그런데 참최복을 입을 때와 재최복을 입을 때에 따라 사용상의 차이가 있다.

참(斬)은 "도련하지 않은 상복 참"자로, 아랫도리를 꿰매지 않은 중복(重服)이다. 이 경우 수질(首絰)은 마본재좌(麻本在左)이며 재하(在下)이다.

반면 재최(齊衰)라 할 때에는 재(齊)는 "상복의 아랫단을 혼 것 자"이다. 그런데 우리는 속음으로 "재"로 읽고, 쇠(衰)는 "상옷이름 최(縗)"자와 같은 글자이다. 그리하여 "재최"라 하면 아버지보다 한 단계 아래에 해당하는 복(服)이다.

이 복(服)을 입을 때에 수질(首絰)은 마본재우(麻本在右) 재상(在上)이 되게 한다.

㉥-11. 성빈(成殯)과 성복(成服) 전에는 가급적 조문을 하지 않는 것이 좋다.

성빈과 성복을 하기 전에는 조문을 받기 어렵다. 이때는 성복(成服)을 하지 않았기 때문에 문상하러 오더라도 곡(哭)만 해야 한다. 입관(入棺)하지 않은 시신(尸身)을 보고 절할 수도 없고, 성복을 하지 않은 상주를 보고 절할 수도 없다. 하지만 영(靈)이나 혼백에는 절할 수 있다. 따라서 성복을 하고 설위(設位)를 한 후에 조문을 해야 한다.

㉥-12. 시마(緦麻)의 상복(喪服)

● 시마복(緦麻服)은 재최복(齊衰服)을 입으면서 베[布]의 승수(升數)만 다르다.

시마(緦麻)의 상복은 칠승(七升)으로 가장 가는 베이다. 장인·장모상에 입는데, 굴건(屈巾)과 의(衣)와 상(裳)이 다 있어야 한다.

㉥-13. 면우(俛宇) 곽종석(郭鍾錫)의 외삼촌 복(服)과 외조부 복(服)

면우(俛宇) 곽종석(郭鍾錫)은 "비록 열 명의 어머니가 있더라도 나의 어머니이다.[雖十母라도 吾母라]"라고 하면서 전후 외삼촌의 복(服)을 다섯 달 입었다. 그리고 또 외조부(外祖父) 복(服)도 다섯 달[소공(小功)]을 입었다.

㉥-14. 신도비(神道碑)

신도비는 신(神)이 다니는 길목에 세우는 비(碑)라는 뜻이다. 그 내용은 공덕포양(功德襃揚)을 위주로 한다. 신도비는 당(唐)나라 때부터 장식에 관심을 두어 비신(碑身)을 거북받침에 용의 머리로 장식했는데, 이를 "귀부이수(龜趺螭首)"라고 한다. 당제(唐制)에는 5품(五品) 이상에 세웠다.

우리나라에서 신도비는 정2품(正二品) 이상으로 벼슬은 판서, 관계(官階)는 자헌대부(資憲大夫) 이상인 사람만이 세울 수가 있었다. 그리고 비문(碑文)의 작자는 3품(三品) 이상이어야 지을 수 있었다.

모양은 구름 속에 용을 새긴 운룡(雲龍) 두겁에다가 거북좌대를 하였다. 좌대가 있으므로 풍비(豐碑)라고 한다. 그리고 무덤 멀리 동남쪽 신(神)이 다니는 묘도(墓道)의 길가에 세웠기 때문에 신도비(神道碑)라고 한 것이다. 신도비는 옛스러운 멋을 내기 위하여 두전(頭篆)을 쓴다. 두전이란 비석 몸체의 머리 부분에 돌려가며 쓴 전자(篆字)를 말한다.

⋋-1. 여막(廬幕) · 상차(喪次)

차(次)는 "장막 차"자이다. 여막은 궤연(几筵) 옆에 있다. 여기서 조문을 받는다. 그런데 여막은 제릅(삼대) · 대나무 등으로 꾸미는데, 이것은 상가의 소박함을 상징한다.

⋋-2. 운상(運喪)할 때는 수선행(首先行) 한다.

장례 때 상여(喪轝)는 수선행(首先行)을 한다.

⋋-3. 연상자(年上者)가 연하자(年下者)의 문상(問喪) 때

연상자가 연하자(年下者)의 문상을 갔을 때, 절은 하지 않고 좌곡(坐哭)만 한다.

⋋-4. 영여(靈轝)

영여(靈轝)는 요여(腰轝)와 같은 말로, 시체를 묻은 뒤 신주와 혼백을 모시고 돌아오는 작은 가마이다.

⋋-5 유거(柳車)

상여(喪轝). 한퇴지(韓退之)의 「송궁문(送窮文)」에서 나온 말이다.

㈧-6. 외숙(外叔)의 복(服)

『가례(家禮)』에는 외숙의 복(服)이 없으나, 우리나라 국전(國典)에는 석달 복(服)을 인정했다. 이 문제에 대해 잘못된 것이라고 논란이 있다.

㈧-7. 요질(腰絰)은 어떻게 만드는가?

상복(喪服)을 입을 때에 허리에 띠는 띠이다. 수질과 요질은 모두 짚에 삼을 섞어서 만드는데, 그렇게 하면 험하고 성글다고 하여 짚 위에 종이로 감기도 한다. 요질은 부피 0을 1악(握) 2지(指)로 하는데, 이는 1년이 12개월임을 상징한 것이다.

㈧-8. 운구(運柩)

운구는 장례 때 시체가 들어있는 관을 운반하는 것이고, 운상(運喪)은 상여를 메고 운반하는 것이다.

㈧-9. 운불삽(雲黻翣)

운삽(雲翣)과 불삽(黻翣), 운선(雲扇)과 삽선(翣扇). 이것은 관을 보이지 않게 하기 위함이라고 한다.[宋尤菴時烈曰 古人設翣之意 欲使人惡喪柩也]

- **운삽**(雲翣) : 발인할 때 영구(靈柩)의 앞뒤에 세우고 가는 구름무늬, 부채 모양을 그린 널판

- **불삽**(黻翣) : 옛날 발인할 때 상여 앞뒤에 들고 가던 제구(諸具). 아(亞)자 형상을 그린 널판조각에 긴 손잡이를 달았음
  ➡ 조선조에는 대개 사(士)와 대부(大夫)의 예(禮)가 동일하였다. 사(士)에 운삽(雲翣) 1개, 불삽(黻翣) 1개씩만 사용한다.

(人)-10. 육양관(六陽冠)

간재(艮齋) 전우(田愚)선생이 육양관(六陽冠)을 썼기 때문에 전간재의
호(號)를 육양(六陽)이라고 한다. 육양은 다음과 같다.

　　ㄱ. 추양(秋陽) : 공자(孔子)
　　ㄴ. 자양(紫陽) : 주자(朱子)
　　ㄷ. 화양(華陽) : 우암(尤庵)
　　ㄹ. 한양(漢陽) : 서울
　　ㅁ. 담양(潭陽) : 전간재(田艮齋)의 본관(本貫)
　　ㅂ. 희양(希陽) : 전간재의 스승인 임고산(任鼓山)의 호(號)

　　※ 관(冠) 앞쪽에 세 개가, 뒤쪽에 세 개가 솟은 것으로 정자관(程子
冠)과 비슷함[육양관(六陽冠)]

(人)-11. 음복(飮福)

신(神)이 내려주는 복(福)을 마신다는 뜻으로, 기제사(忌祭祀)에는 음복
이 없고 시제(時祭)에만 음복한다[受胙].

(人)-12. 이모(姨母)의 복(服) : 5개월 소공(小功)

(人)-13. 움딸과 인사는?

홍매산(洪梅山), 전간재(田艮齋), 송연재(宋淵齋)는 전후처의 움딸(죽은
딸의 남편과 결혼한 여자), 움남매와 인사하지 않았다.

(◎)-1. 자녀(子女)와 제질(弟姪)의 제사

● 묻기를 자녀와 제질(弟姪)을 제사지낼 때 서야 합니까? 우암(尤庵)이
답하기를 상례(喪禮)에 이미 존장(尊長)은 앉아서 곡(哭)을 한다고 했으니,
제례(祭禮)라고 어찌 다르겠는가?[問祭子女弟姪 立耶 尤庵曰 喪禮旣曰 尊

長坐哭 祭禮亦豈異同耶]라는 답이 있고, 이어서 다음과 같은 글이 있다.

• 남계(南溪)가 말하기를 "퇴계(退溪)께서 말하기를 처(妻)에는 마땅히 절을 해야 하지만, 아우에게는 마땅히 절할 수 없다."고 했다.[南溪曰 妻 當拜 弟不當拜―趙萬善―『간례찬요(簡禮纂要)』권3]

◎-2. 장인·장모의 복(服)은 얼마인가?

장인·장모도 굴건(屈巾)·제복(祭服) 차림으로 3개월 복(服)

◎-3. 장전(葬前)에는 제사가 없다.

다만 양자(養子) 간 사람은 복경자(服輕者)로 제사 지냄

◎-4. 재최(齊衰)의 상복(喪服)은?

오복(五服) 중의 하나. 올이 조금 굵은 삼베로 지은 상복이다. 입는 기간 은 어머니상(喪)에 3년, 조부모상에 1년, 증조부모상에 다섯 달, 고조부모 상에 석 달, 처상(妻喪)에 1년이다. 오복지친(五服之親) 이외에도 입는다.

• **재최친**(齊衰親) : 재최 3년, 재최장기(齊衰杖朞), 재최부장기(齊衰不 杖朞), 재최 5월, 재최 3월로 나눈다.

◎-5. 제사 축문(祭祀祝文)에 효자(孝子)의 뜻은?

• 제사 축문에 "효자(孝子) ○○감소고우(敢昭告于)"라 할 때, 자칭(自 稱) 효자라 할 수 있습니까?[自稱孝子]

• 답(答) : 효(孝)는 자식이 아버지의 뜻을 이어간다는 뜻이다. 그러므로 축관(祝官)이 일컬어서 쓴 것이다. 실제로는 바로 축관의 말이요. 주인이 자칭 효자라고 한 것이 아니다.[問 自稱孝子? 答 孝是子承考之意 故祝號 用之 然其實乃祝者之辭 非自稱也]

◎-6. 전(奠)

일포시(日晡時, 해 돋을 때)와 해질 무렵에 조석(朝夕)으로 주(酒)·과(果)·포(脯)만 올리는데, 이것도 장후(葬後)에는 하지 않는다.

◎-7. 집불(執紼)

관(棺)의 줄을 잡음. 장송(葬送)하는 일 -『예기·곡례(禮記·曲禮)』

불(紼)은 "상엿줄 불"자이다. 『예기(禮記)』에 장례를 도울 때 반드시 상엿줄을 잡는다[助葬必執紼]라 했다. 따라서 불구(紼謳)라 하면 만가(輓歌)와 같은 뜻으로 쓰인다.

◎-8. 좌봉서(左封書)

부고(訃告). 이와 달리 한유(韓愈)의 「제십이랑문(祭十二郞文)」에서 이루어진 부고의 뜻을 가진 말은 경란(耿蘭)·난보(蘭報)·실음(實音)·교서(郊書)·난음(蘭音) 등이 있다.

◎-9. 집례(執禮)

집례는 예를 집행하는 사람이다. 유림장(儒林葬)의 분방기(分榜記)를 쓸 때, 집례라고 하면 너무 크므로 그 자리를 비우고 대신 상례(相禮)라고 쓴다.

◎-10. 승중상(承重喪)

승중상이란 맏상주가 죽고 없을 때 맏상주의 아들이 아버지를 이어 상주노릇을 하는 것을 말한다. 승중상(承重喪)일 때는 숙부(叔父)가 있어도 현조고(顯祖考)라고 씀

■ 남자 중수(男子重首) → 수질(首絰) 중시 / 여자 중요(女子重腰) → 요질(腰絰) 중시

㉜-1. 참최(斬衰)·재최(齊衰) 상복(喪服)

참최(斬衰)·재최(齊衰) 상복은 삼승(三升)으로 제일 굵은 베로 짓는다.

㉜-2. 참최(斬衰)의 상복(喪服)은?

오복(五服) 중의 하나. 외간상(外艱喪)에 입는데, 거친 베로 짓되 아랫도리를 접어서 꿰매지 않은 상복(喪服)을 일컫는다. 꾸밈이 없는 것은 그만큼 중복(重服)이란 뜻이다.

● 참최친(斬衰親) : 부(父)·부(夫)·적장자(嫡長子)·시부(媤父) 등

㉜-3. 처상(妻喪)

처상(妻喪)은 기년(朞年)이므로, 원칙으로 장사(葬事) 후에 조상(祖上) 제사(祭祀)는 삼헌(三獻)으로 해야 할 것이나, 다른 기년상과는 달리 보아 1년간 무축단헌(無祝單獻)으로 한다.

● 처상 중 조상 제사에 장례 후 3헌이냐, 1년 후에 3헌이냐 설이 많았다.

㉜-4. 천개(天蓋)

하관할 때에 관 위에 얹는 명정(銘旌)을 덮기 위해 판목으로 만든 덮개. 천개 대신에 석곽(石槨)으로 덮어도 된다.

㉜-5. 초상(初喪)과 제사(祭祀)의 주상(主喪)

초상(初喪)에는 망자(亡者)의 처(妻)가 주상(主喪)이고, 제사(祭祀)에는 상주(喪主)의 처(妻)인 주부(主婦)가 주상(主喪)이다.

㉜-6. 초상(初喪), 염(殮)하기 전

겹전금(두루마기 왼쪽자락을 대개 접어서 꽂는 것은 일하기 편리하기 위함이다.)

㉣-7. 초상(初喪) 성복전(成服前)

상주(喪主)가 좌곡(坐哭)만 하고, 문상객에게 절은 하지 않음

㉣-8. 취토(取土)

장사지낼 때 길방(吉方)에서 가져온 흙을 광중(壙中)의 네 모퉁이에 조금씩 놓는 것은 관(棺)의 굄 역할로 하관한 뒤에 바를 뽑기 쉽게 하느라고 넣는다. 이때 주인(主人)만 재배(再拜) 하고, 재위자(在位者)는 재배하지 않는다.

㉤-9. 친구의 죽음

"친구가 죽은 1년 후에는 울지 않아야 한다[朋友之死 草宿不哭 -『禮記』]"는 말은 1년이 되기 전에 문상하라는 뜻이다.

㉥-10. '행'자의 쓰임

ㄱ. 관계(官階)가 높고 관직이 낮을 때 씀.
ㄴ. 관계에 맞는 관직이라도 관직위에 씀.

㉦-1. <하관(下棺)>할 때 유의할 점

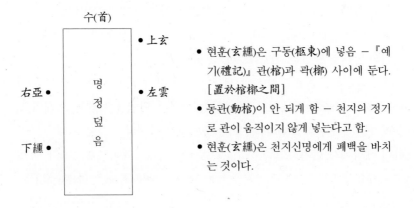

수(首)

上玄

右亞

명정덮음

左雲

下纁

- 현훈(玄纁)은 구동(柩東)에 넣음 -『예기(禮記)』관(棺)과 곽(槨) 사이에 둔다. [置於棺槨之間]
- 동관(動棺)이 안 되게 함 - 천지의 정기로 관이 움직이지 않게 넣는다고 함.
- 현훈(玄纁)은 천지신명에게 폐백을 바치는 것이다.

㉮-2. 금정(金井)틀

무덤을 팔 때에 굿(구덩이)의 길이와 넓이를 정하는 데에 쓰는 나무틀이다.

㉮-3. 해로가(薤露歌)

호리곡(蒿里曲)과 더불어 한대(漢代)의 만가(輓歌). 인생은 부추잎에 이슬처럼 덧없음을 노래한 것임. 귀인(貴人)의 장례식에서 불려졌다.

㉮-4. 혼백(魂帛)과 관(棺)은 반드시 바로 둠[直置]

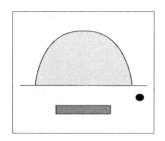

● 혼백 묻는 곳.
삼우제(三虞祭) 후에 혼백(魂帛)을 계하(階下)에 묻는다[埋魂帛於階下].

㉮-5. 호리(蒿里)

▶ 태산(泰山) 남쪽에 있는 산 이름. 사람이 죽으면 영혼이 여기에 와서 머문다고 한다. 그 뜻이 전용되어 묘지(墓地)라는 의미로 쓰인다.

▶ 장례식 때 부르는 노래. 귀인에게는 해로, 하급관리나 평민에게는 호리의 노래를 불렀음. 만가(輓歌), 만가(挽歌)

※『최표고금주(崔豹古今註)』에 해로·호리 두 장은 이연년(李廷年)이 나누어서 두 곡을 만들었다. 해로가는 왕공과 귀인을 보내는 노래이고, 호리가는 사대부를 보낼 때 관을 당기는 자로 하여금 그것을 노래 부르게 하니 세상에서 만가라고 한다.[崔豹古今註 薤露·蒿里二章 李廷年 分爲二曲 薤露送王公·貴人 蒿里送士大夫·庶人 使挽柩者 歌之 世謂挽歌]

Ⓔ-1. 새

<제1설> : '새'란 피륙의 날을 세는 단위로, 날실 마흔 올을 한 새로 친다. ─『국어중사전』(금성교과서 주)

피륙의 한 '새'가 40올이라는 것은 이처럼『국어중사전』과 필자의 어머니이신 경남 고성 거주 허씨(許氏: 1905~2003년)께 들은 것이고, '새' 수에 있어서 최고 몇 올, 최하 몇 올이라는 것 역시 필자의 어머니께 들은 것이다.

① 무명 ┌ 최고 : 12새
         └ 최하 : 7새

② 삼베 ┌ 최고 : 8새
         └ 최하 : 5새

③ 명주 : 최고 : 13새

<제2설> : '새'란 피륙의 날을 세는 단위로, 곧 날 80올이라는 것은『국어대사전』(이희승 편, 민중서관)과 경남 남해 거주 정씨(鄭氏: 1938~)가 말한 것이고, '새' 수에 있어서 최고 몇 올, 보통 몇 올, 최하 몇 올이라는 것 역시 정씨의 말이다.

         ┌ 최고 : 12새
① 무명 │ 보통 : 8~9새
         └ 최하 : 6새

         ┌ 최고 : 10새
② 삼베 │ 보통 : 7새
         └ 최하 : 5새

③ 명주 : 원칙은 13새지만, 일반적으로 10~12새

```
       ┌ 최고 : 12새
② 모시 │ 보통 : 8새
       └ 최하 : 7새
```

※ 위의 두 설에서 국어사전과 구술한 사람이 각각 피륙 한 새가 40올, 또는 80올이라 하여 배가 차이가 나니 여기에는 문제가 있는 것 같다. 하지만 무명, 삼베, 명주, 모시 등에서 최고와 최하에 올 수의 차이가 있는 것은 베 짜는 사람의 솜씨나 재료, 또는 지역에 따라 올 수의 차이가 있었던 것 같다.

Ⓔ-2. 쇄(殺)
3새 → 5새 → 연(練), 소상(小祥)
삼우(三虞)에 새 제복 → 대상[縞衣] 흰 날에 검은 실[織] → 길복(吉服)

제5장

친인척(親姻戚) 간에 쓰이는 이칭어(異稱語)

이 5편에서는 표면상 버려진 것 같지만 그 이면에서는 아직도 면면이 살아 숨쉬고 있는 우리의 호칭어에 대하여 살펴보기로 한다.

우리는 친인척간(親姻戚間)에 달리 일컫는 이칭어(異稱語)가 많다. 간단한 예로 일상적으로 쓰는 말에는 아버지, 어머니라 하면 되는데, 달리 칭(稱)하여 아버지를 '선대부(先大夫)', 어머니를 '천지(天只)'라 하며, 장인(丈人), 장모(丈母)는 '제부(齊父)', '외고(外姑)'라고 한다. 문제는 이런 말이 많다는 데에 있다.

이런 말들은 현재 생활어로서는 사라진 지 오래되었다. 하지만 얼마 전까지만 해도 일상생활어로 써오던 말들이다. 따라서 우리 고전(古典)을 깊이 있게 이해하려면 이런 말들을 모르고서는 그 해독이 불가능할 것이다. 이러한 말들은 우리나라에서 임의로 만들어 낸 것이 많기 때문에 우리나라 사전(辭典)에는 물론, 중국이나 일본 사전에도 나오지 않는 말이 많다. 이와 유사한 예를 하나 들어보기로 한다.

문집의 교정보는 일을 "정을(丁乙)"이라 하는데, 이는 어느 나라 사전에도 나오지 않는다. 예를 들어 '사람이 간다.'라는 문장에서 사람이라는 말을 삭제하고 싶을 때, "사람"이라는 어휘에 "「 」" 부호를 붙여 '「사람」이 간다.'라고 표시하면 "사람"을 삭제하라는 뜻이 된다. 이때 "「"은 한자로 "丁(정)"자로 읽고 "」"은 한자로 "乙(을)"자로 읽은 것이다. 그리하여 "정을(丁乙)"이라 하면 삭제하라는 말로 남의 글을 교정(校正)한다는 뜻이 된다. 한문에는 이처럼 우리나라에서 만들어낸 신조어(新造語)가 많다.

우리가 학문의 유파를 나누어서 흔히 영남학파(嶺南學派)니, 기호학파(畿湖學派)니 하는데, 이 두 유파에는 문화의 차이가 상당히 많다. 한문학을 두고 말하면 기호학파는 지방에 비하여 지리적으로 중국과 가까워 중국과의 문화교류가 빈번했기 때문에 한국한문학의 분위기가 중국한문학과 가깝고 어렵다. 하지만 영남학파의 한문학은 중국과 교류가 적고, 주로 경서(經書)를 많이 읽고 창작한 한문학이기 때문에 한문학이 한국화·토속화(土俗化) 되어 용어도 때로는 한국적인 말로 변화하는 경향이 있다.

따라서 기호학파의 글은 어려운 것이 있을 때 사전을 찾으면 거의 해결이 된다. 반면 영남학파의 글은 한문을 자기화하여 독창적인 말을 만들어 낸 것이 있어 사전으로 해결할 수 없는 것이 있다. 그리고 이러한 이칭어(異稱語)도 지방에서 나온 문집에 많이 쓰인 것을 볼 수 있다. 이런 말들은 사라지기 전에 하루 속히 정리되어야 할 것이다.

1. 친족(親族)에 쓰이는 말

1) 조부모(祖父母)

- 왕부모(王父母) : 조부모
- 왕모(王母) : 할머니
- 숙조(叔祖) : 종조(從祖)
- 존대부(尊大府) : 남의 할아버지
- 대정(大庭) : 남의 조부
- 시시(侍侍) : 중시하(重侍下), 즉 양대(兩代)를 모시고 있다는 뜻
- 중당(重堂) : 조부
- 백선조(伯先祖) : 윗대의 큰집 조상
- 사친(四親) : 사대(四代)
- 별조(別祖) : 왕의 지자(支子)로 따로 한 파가 된 조상. 예유삼별조(禮有三別祖) 하니 장자(長子)는 제후가 되고 ① 별자(別子 = 次子)는 한 파의 시조(始祖)가 됨(양영대군처럼), ② 타국(他國)에서 온 사람, ③ 대공덕(大功德)이 있는 사람
- 대후(大候) : 할아버지
- 중위(重闈) : 할아버지
- 증고(曾考) : 증조
- 시조(緦祖) : 삼종조, 8촌임. 삼종조, 삼종숙 모두 8촌임.
- 태유인(太孺人) : 조모, 태(太)는 접두사
- 고숙조(高叔祖) : 종고조(從高祖)
- 세시생(世侍生) : 세의(世誼)가 있는 집안의 시생(侍生)
- 조고(祖姑) : 시조모(緦祖母)

2) 부모(父母)

- 야양(爺孃) : 부모
- 아모(阿母) : 어머니를 친근하게 일컫는 말. 유모.
- 이모(異母) : 서모(庶母)
- 태의인(太宜人) : 남의 어머니
- 태단인(太端人) : 남의 어머니
- 태유인(太孺人) : 혼자된 남의 어머니와 조모에 두루 씀.
- 존장(尊嫜) : 남의 시부모. 존장(尊嫜)을 존장(尊章)이라고도 씀.
- 아양(阿孃) : 어머니
- 존인(尊人) : 남의 아버지에 대한 경칭
- 존보(尊甫) : 남의 아버지에 대한 경칭
- 존당(尊堂) : 남의 아버지
- 이인기력(二人氣力) : 부모의 기력
- 이정(二庭) : 부모
- 이유(二帷) : 부모
- 이위(二幃) : 부모
- 엄명(嚴命) : 아버지의 명령
- 해양(陔養) : 보모 봉양
- 태석인(太碩人) : 남의 어머니
- 아랑(阿娘) : 어머니
- 존부(尊府) : 남의 아버지
- 가부(家府) : 아버지
- 소후(所後) : 양부(養父)
- 인모(因母) : 계모(繼母)
- 이인(異顔) : 계모(繼母)

- 존구(尊舅) : 남의 시아버지
- 자지(慈旨) : 어머니의 교지
- 세장(世丈) : 세의(世誼)가 있는 집안의 어른
- 존옹(尊翁) : 남의 아버지
- 황고(皇姑) : 시어머니
- 존고(尊姑) : 남의 시어머니
- 선모(先母) : 별세한 남의 어머니
- 선대부(先大夫) : 별세한 아버지. 징남풍이 자기 아버지가 벼슬을 했기 때문에 아버지를 대부(大夫)라 한 데서 유래함.
- 세류(世類) : 아버지를 아들이 이음.
- 정인(鼎茵) : 부모
- 성우(省友) : 부모 모시고 있는 사람
- 소출(所出) : 생모 또는 아들
- 당위(堂幃) : 부모
- 정양(庭養) : 아버지
- 천지(天只) : 어머니
- 대부인(大夫人) : 남의 어머니
    * 참고 : 남의 할머니 = 왕대부인(王大夫人) / 남의 아내 = 영부인(令夫人) 또는 합부인(閤夫人)

3) 백숙부모(伯叔父母)와 조카

- 세부(世父) : 백부
- 세모(世母) : 백모(伯母)
- 유정(猶庭) : 백숙부(伯叔父)
- 유자(猶慈) : 백숙모(伯叔母)

- 아정(亞庭) : 숙부(叔父)
- 완장(阮丈) : 남의 숙부. 완적(阮籍)이 완함(阮咸)의 숙부이므로 성(姓)을 따서 남의 숙부를 완장이라고 한다.
- 함씨(咸氏) : 남의 조카임. 완함(阮咸)이 완적의 조카이므로 그 이름을 따서 남의 조카를 함씨라고 한다.
- 대부모(大父母) : 백부모(伯父母)
- 종숙(從叔) : 당숙(堂叔), 5촌
- 중고(仲考) : 중부(仲父)
- 중모(仲母) : 둘 째 어머니(숙모)
- 아위(亞幃) : 숙모(叔母)
- 종조숙부(從祖叔父) : 재종숙부(再從叔父)
- 종조숙모(從祖叔母) : 재종숙모(再從叔母)
- 종자(從子) : 조카
- 유자(猶子) : 조카

4) 자신(自身)

- 신가(身家) : 나
- 불곡(不穀) : 나
- 이여(伊余) : 나
- 기말(記末) : 나
- 불재(不才) : 나
- 불민(不敏) : 나
- 불제(不齊) : 나
- 불녕(不佞) : 나
- 찰(咱) : 나

- 자기(姿己) : 나
- 불초(不肖) : 나 자신
- 신자(身子) : 자신
- 무상(無狀) : 나
- 시방(侍房) : 나

▶ 상대방과의 관계
- 하사(下史) : 자네
- 기하(記下) : 나이 많은 사람이 젊은 사람한테 자신을 낮추어 씀.
- 기말(記末) : 선생이 제자에게 편지할 때 자기를 일컬음.

5) 부부(夫婦)

▶ 남편
- 외사(外舍) : 사랑. 남편은 사랑에 거처하므로 남편을 지칭하는 말.
- 부서(夫婿) : 남편. 서(婿)자는 사위 또는 '남편 서' 자이다.

▶ 부인(夫人)
- 현상(賢相) : 아내
- 부실(副室) : 첩(妾)
- 후실(後室) : 측실(側室), 소실(小室)과 같이 첩이란 뜻으로 쓴다. 단 후처를 후실이라고 하지만 첩의 존칭으로도 쓴다.
- 계배(繼配) : 본부인이 별세 후에 정식 혼인절차를 밟아서 혼인한 부인. "생실사배(生室死配)"라 하여 죽은 사람은 배위(配位)라 하고 산 사람은 실인(室人)이라 한다.
- 후부인(後夫人) : 재취부인(再娶夫人)

- 계실(繼室) : 계배(繼配)와 같은 뜻
- 소군(少君) : 부인
- 복성(卜姓) : 소실(小室)을 선택한다는 뜻
- 천실(賤室) : 첩(妾)

6) 형제(兄弟)

- 묘군(卯君) : 아우. 소동파(蘇東坡)가 병자생(丙子生)이고, 아우가 기묘생(己卯生)이므로 아우를 묘군(卯君)이라 한다.
- 백강(伯康) : 형을 일컬음. 사마광(司馬光)의 형이 백강인데서 유래함.
- 백미(白眉) : 맏형을 일컫는 말. 마량(馬良)의 형제 다섯 사람 중에서 맏이인 백미(白眉)가 가장 뛰어났으므로 백미를 형이라고 한다.
- 이난(二難) : 형제. 난형난제(難兄難弟)에서 나온 말
- 원형(元兄) : 백형(伯兄), 진식(陳寔)의 아들 원방(元方)과 계방(季方)에서 나올 말.
- 아형(阿兄) : 형
- 가가(哥哥) : 형
- 아제(阿弟) : 아우
- 구수(丘嫂) : 과부 형수
- 종부제(從父弟) : 종제(從弟)
- 종조제(從祖弟) : 재종제(再從弟). 6촌
- 현종(賢從) : 상대방의 종항(從行) 형제
- 종제(從姊) : 손아래 사촌누이
- 종매(從妹) : 사촌누이동생
- 상체(常棣) : 형제
- 사의(四宜) : 4형제

- 시형(緦兄) : 3종형(三從兄, 8촌형)
- 상영(湘影) : 기러기의 그림자인데 형제를 뜻함. 소상강(瀟湘江)의 기러기에서 나온 말임. 소상팔경(瀟湘八景)의 하나가 평사낙안(平沙落雁)이고, 또 소상강 가에 회안봉(回雁峰)이 있음.
- 포제(胞弟) : 친아우
- 노위(魯衛) : 형제
- 노위지정(魯衛之情) : 형제의 정
- 과사씨(寡姒氏) : 과부 시누이
- 대고(大姑) : 시누이, 남편의 누님
- 소고(少姑) : 시누이
- 삼체(三棣) : 삼형제
- 매군(妹君) : 아우
- 미공(眉公) : 백형(伯兄). 백미최장(白眉最長)에서 나옴.
- 지불(篪紱) : 아우 군수
- 숙제(叔弟) : 백(伯), 중(仲), 숙(叔), 계(季)에서 셋째 아우를 숙씨(叔氏)라고도 함.
- 백사(伯姒) : 큰 동서
- 백숙자(伯叔子) : 형제(明道와 伊川도 伯叔이라 함)
- 모제(母弟) : 동복(同腹) 아우
- 형시(兄侍) : 친형의 존칭. 종시(宗侍)라고 하며, 종씨(宗氏)와 같은 존칭임.
- 원방(元房) : 형(兄). 진식(陳寔) 아들 원방(元方)과 계방(季方)에서 나온 말
- 손제(損弟) : 손계(損契). 소제(少弟), 정제(情弟) 등은 모두 자신을 낮추는 겸사로 쓴다.
- 종형(宗兄) : 종손, 먼 친척의 형

- 인애(仁愛) : 형(兄)
- 출후제(出後弟) : 양자간의 아우

7) 자녀(子女)

- 가독(家督) : 자신의 아이
- 돈아(豚兒) : 자신의 아이
- 가돈(家豚) : 자신의 아이
- 미아(迷兒) : 자신의 아이
- 미독(迷督) : 자신의 아이
- 미돈(迷豚) : 자신의 아이
- 아남(阿男) : 자신의 아이
- 현가(賢哥) : 남의 아들의 미칭
- 영윤(令胤) : 남의 아들의 미칭
- 영식(令息) : 남의 아들의 미칭
- 현기(賢器) : 남의 아들의 미칭
- 이사(二舍) : 둘째 아들
- 삼가(三哥) : 셋째 아들
- 재사(梓舍) : 남의 아들
- 장애(長哀) : 맏상주
- 초요(椒聊) : 자손
- 식사(式似) : 아들
- 영가(令哥) : 남의 아들
- 소사랑(小舍郎) : "작은 사랑". 이 말은 주로 며느리가 시어른 앞에서 쓴다. 시아버지가 며느리를 보고 "애비 어디 갔느냐?"고 하면 며느리가 남편을 가리켜 "작은 사랑은 어디 갔는지 모르겠습니다."라고 한

다. 아버지는 큰 사랑에 거처하고, 아들은 작은 사랑에 거처하는 데서 유래했다.

- 봉모(鳳毛) : 남의 아들
- 정연(庭蓮) : 남의 아들
- 생치(生齒) : 자손
- 교재(喬梓) : 부자. 교(喬)는 부(父)이고, 재(梓)는 자(子)이다.
- 백중숙(伯仲叔) : 백중숙은 서열을 말한 것이지, 조카와 아재비란 뜻이 아니다.
- 이정(二庭) : 생가(生家)와 양가(養家)
- 양정(兩庭) : 이정(二庭)과 같은 말
- 단사(單嗣) : 독자(獨子)
- 부자(父子) : 조카도 부자(父子)이다. 질(姪)은 남자 조카가 아닌데, 뒤에 남자에게 쓰인 것이다. 즉 질(姪)자는 여형제지자(女兄弟之子)란 뜻이고 남자 조카가 아니기 때문이다.
- 민복(閔腹) : 유복자. 민자건(閔子騫)이 유복자(遺腹子)이므로 이르는 말이다.
- 난옥(蘭玉) : 남의 자녀의 미칭
- 재방(梓房) : 아들
- 이저(貳儲) : 세자(世子)
- 극가자(克家子) : 가정을 잘 이어가는 아들
- 세류(世類) : 아버지를 아들이 이어감.
- 중윤(仲胤) : 둘째 아들
- 사자(嗣子) : 맏아들
- 정진(庭珍) : 훌륭한 아들

▶ 양자

- 출방(出房) : 양자간 아들
- 계남(繼男) : 양자 아들
- 출후(出後) : 양자간 아들
- 과방남(過房男) : 양자(養子)의 아들. 『삼국지』에 조조(曹操)가 남의 자식을 빼앗아 자기 자식으로 삼은 데서 유래했다. 하지만 우리나라 에서 양자로 쓰는 데는 잘못이 있다.
- 출방남(出房男) : 양자간 아들
- 계자(繼子) : 양자 아들
- 계남(系男) : 양자 아들
- 출방생(出房生) : 양자간 데서 났다.
- 명령(螟蛉) : 양자(養子). 명령자(螟蛉子)라고도 한다.

▶ 서자

- 외출(外出) : 서출(庶出)
- 별출(別出) : 서자(庶子)
- 별남(別男) : 서자(庶子)
- 별자(別子) : 왕의 지자(支子). 한 지파(支派)의 시조가 됨.
- 여남(餘男) : 서자(庶子). 아들은 다 쓰고 서자란 말을 하기가 미안해 서 나머지 아들이라고 쓴 것이다.
- 후방(後房) : 서자(庶子)
- 또 아들(又男) : 서자. 아들이 몇 명이냐고 쓰고, "또 아들은"이라고 할 때 쓴다.
- 및 누구는(及某) : 서자. 아들을 연달아 쓰고 " 및 누구는"이라고 할 때 쓴다.

▶ 며느리 · 딸

● 총부(冢婦) : 맏며느리

● 개부(介婦) : 둘째 며느리

● 부아(婦阿) : 며느리

● 원모(元母) : 원(元)은 인명(人名)이니 누구의 어미, 즉 자신의 며느리

● 이이지탄(耳耳之歎) : 딸을 낳은 탄식. 황산곡(黃山谷)이 편지를 쓰다
  가 끝마치면서 이(耳)까지 쓰고 나서 보니 딸을 낳았다는 말이 빠졌
  으므로 연달아 "이지탄(耳之歎)"이라고 쓰니 "이이지탄(耳耳之歎)"이
  되어 딸을 낳은 탄식이란 말로 되었다.

● 진루(秦樓) : 진(秦)나라 사람이 딸을 시집 보낼 때 집을 지어주기 때
  문에 진루라 하면 딸의 집을 의미하게 되었다.

● 규난(閨鸞) : 딸. 규중에서 지란 난새와 같은 딸

● 아규(阿閨) : 아가씨

● 현미(賢媚) : 남의 딸의 경칭(敬稱)

● 천교(賤嬌) : 자신의 딸을 낮추어서 하는 말

● 영애(令愛) : 남의 딸을 높여서 이르는 말

● 세적지부(世嫡之婦) : 종부(宗婦)

▶ 조카

● 중용(仲容) : 조카. 완적(阮籍)의 조카인 완함(阮咸)의 아들 중용(仲容)
  에서 나왔다.

● 유자(猶子) : 조카

● 족자(族子) : 먼 일족이면서 조카 항렬에 해당함. 족질(族姪)과 같은 말

● 아융(阿戎) : 종제 또는 남의 아들

● 정질(庭姪) : 가질(家姪)

● 시질(緦姪) : 재종질(再從姪). 7촌에 복(服)이 끝남. 7촌임. 삼종조에는

복이 없다. 따라서 9촌 숙질에는 복이 없다.

- 유애(猶愛) : 질녀(姪女)
- 종자(從子) : 조카
- 시제(緦弟) : 8촌 아우
- 아질(阿姪) : 조카

8) 손자(孫子)

- 현욱(賢彧) : 남의 손자. 순경(荀卿)의 손자가 순욱(荀彧)이므로 여기에서 나온 말이다.
- 감군(鑑君) : 남의 손자. 감(鑑)이 치려의 손자이므로 여기서 나온 말이다.
- 욱방(彧房) : 남의 손자
- 장욱(長彧) : 남의 장손자(長孫子)
- 유이(瑜珥) : 남의 손자
- 난손(蘭蓀) : 남의 손자
- 형욱(荊彧) : 상주인 남의 손자
- 장문(長文) : 남의 손자. 순욱(荀彧)의 자(字)가 장문(長文)이므로 여기서 나온 말이다.
- 욱랑(彧郎) : 남의 손자
- 현포(賢抱) : 남의 손자. 예전에 어른 앞에서 제 자식이라도 안아주지 못하지만 손자는 안을 수 있기 때문에 생긴 말이다.
- 창손(巶孫) : 종손(宗孫)
- 부조(鳧藻) : 자손(子孫)
- 사손(祀孫) : 종손(宗孫)
- 진창(震巶) : 종손(宗孫)

- 문손(聞孫) : 먼 후대손, 조상을 듣기만 한 먼 후대손
- 이손(耳孫) : 먼 후손, 귀로 듣기만 한 먼 후손, 문손(聞孫)과 같은 말이다.
- 술손(述孫) : 가정을 잘 이어가는 손자. 아버지가 일을 만들어 놓으면
  손자가 잘 계승함[父作之 孫述之]에서 나온 말이다.
- 출후방손(出後房孫) : 양자간 데서 낳은 손자
- 출방손(出房孫) : 양자에서 낳은 손자
- 초요지실(椒聊之室) : 자손이 많음
- 출위출후방지후(出爲出后房之後) : 양자간 데로 양자감
- 초손(肖孫) : 손자
- 여손(女孫) : 손녀
- 적증손(嫡曾孫) : 장증손(長曾孫)

9) 고모(姑母)

고종(姑從)과 외종(外從)에 대한 사전적인 설명은
- 내종사촌(內從四寸): 고모(姑母)의 자녀
- 외종사촌(外從四寸): 고모(姑母)의 자녀
- 표종(表從)＝외종(外從)
- 중표(中表): 내외종(內外從)
  등으로 되어 있다. 하지만 실제 지방문집에서는 다음과 같이 쓴다. 다
  음 면의 외종편의 예도 마찬가지다.
- 고부(姑夫) : 고모부
- 존고(尊姑) : 고모
- 표형(表兄) : 표친(表親) 관계의 종형(從兄). 표친(表親)은 모친의 형제
  등의 가족과의 친척 관계를 이른다.
- 외형(外兄) : 고종형(姑從兄)

- 고종(姑從)이 외사촌(外四寸)한테 → 표종(表從) 또는 외종(外從)이 된다.
- 내가 고종(姑從)한테 → 내제(內弟)가 된다.

2. 외족(外族)에 쓰이는 말

1) 외가(外家) · 외조부모(外祖父母) · 외숙부모(外叔父母)

- 분양(汾陽) : 외가
- 모가(母家) : 외가(外家)
- 위양(渭陽) : 외가
- 외씨(外氏) : 외가(外家)
- 자출(自出) : 외가
- 미생(彌甥) : 먼 외손
- 내구(內舅) : 외숙(外叔)
- 표숙(表叔) : 외숙(外叔)
- 내고(內姑) : 외숙모(外叔母)
- 구모(舅母) : 외숙모(外叔母)
- 구씨(舅氏) : 외숙(外叔)
- 백구(伯舅) : 큰외삼촌
- 종구(從舅) : 외 5촌. 외종숙(外從叔)

2) 외종형제(外從兄弟)

- 내형(內兄) : 외종형
- 중표(中表) : 내외종(內外從). 진외가 또는 외가의 먼 촌수에도 쓰임.

- 표매(表妹) : 외종매(外從妹)
- 표종(表從) : 외종사촌
- 내질(內姪) : 외종질
- 외종(外從)이 고종(姑從)한테 → 내종(內從)임.
- 존고종숙질간(尊姑從叔姪間) : 중표숙(中表叔) ↔ 중표질(中表姪)

3) 외손(外孫)

- 저손(杵孫) : 외손
- 이저(二杵) : 둘째 외손자
- 사손(獅孫) : 외손(外孫)
- 혹사(酷似) : 외종(外從)
- 미생(彌甥) : 본래 생질의 아들이란 뜻이 있으나 외손이란 뜻으로 변하여 선외가(先外家) 또는 먼 외손이란 뜻으로 쓰인다.
- 외출(外出) : 외손(外孫)
- 중표(中表) : 진외가 또는 외가의 먼 촌수
- 자출(自出) : 외손(外孫)

4) 이모(姨母)

- 종모부(從母夫) : 이모부(姨母夫)
- 이부(姨夫) : 이모부
- 종모(從母) : 이모
- 이서(姨婿) : 이종동서

3. 처족(妻族)에 쓰이는 말

1) 처조부모(妻祖父母)

- 대외구(大外舅) : 처조부
- 대구(大舅) : 처조부
- 대외고(大外姑) : 처조모

2) 장인(丈人) · 장모(丈母) · 처숙(妻叔)

▶ 장인

- 빙군(聘君) : 장인. 주자(朱子)의 장인이 징사(徵士)였으므로, 주자가 자기 장인을 말할 때, 높여서 징군(徵君)이라 했는데, 후세 사람들이 이것을 본따서 자기 장인을 빙군(聘君), 또는 빙부(聘父), 빙장(聘丈)이라고 한다.
- 악장(岳丈) : 태산(泰山)에 장인봉(丈人峰)이 있고 태산은 오악(五岳) 중에 하나이므로 장인을 악장이라 한다고 한다.
- 빙옹(氷翁) : 장인. 진(晋)나라 위개(衛玠)의 장인 악광(樂廣)이 명망(名望)이 높아 그 당시 사람들이 "부옹빙청(婦翁氷淸)", 즉 장인은 얼음같이 맑다는 데서 나온 말이다.
- 빙장(氷丈) : 장인 어른. 빙옹(氷翁)의 고사(故事)에서 나온 말이다.
- 외구(外舅) : 장인
- 제부(齊父) : 장인. "일여지제(一與之齊)", 즉 제(齊)는 한 번 배필(配匹)로 정하면 평생을 같이 산다는 뜻이므로 제부(齊父)는 아내의 아버지인 장인이 된다. "일여지제(一與之齊)"는 본래『예기(禮記)』에 나오는 말인데,『소학(小學) · 명륜편(明倫編)』에도 나온다.『소학』주(註)에

"제위공뢰이식 동존비야(齊謂共牢而食 同尊卑也 – '가지런하다[제(齊)]'라는 말은 부부가 같은 그릇에 음식을 나누어먹는다는 것이니, 남녀의 존비를 같이하는 것을 이른다.)"라고 했다. 즉 부부가 "생즉동뢰 사즉동혈(生卽同牢 死卽同穴 – 살아서는 같은 그릇에 음식을 나누어먹고, 죽어서는 같은 묘지에 묻힌다.)"과 같은 말이다. 다만 "뇌(牢)"는 ① 희생(犧牲), ② 근(圂)「의례소(儀禮疏)」이라는 두 가지 설(說)이 있기 때문에 여기서 그릇으로 풀이했다.

▶ 장모

- 태악(泰岳) : 장모
- 태수부인(泰水夫人) : 장모
- 외고(外姑) : 장모
- 외구(外舅) : 장인
- 빙모(聘母) : 장모
- 인숙(姻叔) : 처삼촌
- 인장(姻丈) : 처삼촌. 질서(姪壻)가 말할 때 쓰는 말.
- 부숙모(婦叔母) : 처숙모
- 부질(婦姪) : 처조카가 고모부에게 스스로 일컬을 때.

3) 사위[女婿]

- 옥윤(玉潤) : 사위. 진(晋)나라 위개(衛玠)가 장인 악광(樂廣)과 함께 명망이 높았는데 당시 사람들이 "장인은 얼음처럼 맑고(婦翁氷淸), 사위는 옥(玉)처럼 윤택하다(女婿玉潤)"이라고 한데서 온 말이다.
- 이관(二館) : 사위 또는 처가. 관생우이실(館甥于二室)[『맹자 · 만장』 하], 즉 요(堯) 임금이 순(舜) 임금을 사위를 삼아 작은 방에 머물게 했

다는 데서 나온 말이다.

- 청성(靑城) : 처가
- 생관(甥館) : 사위. 관생(館甥)이라고도 함.
- 현관(賢館) : 남의 사위의 존칭
- 이실(二室) : 사위. 주인방이 따로 있고 둘째 방을 사위한테 준다는 데서 이른 말이다.
- 상유(相攸) : 사위. 『시경 · 대아』 「한혁」 "위한길상유(爲韓佶相攸)"에서 상유(相攸)는 시집 보낼 만한 곳을 가리다[擇可嫁之所也]라 하였다.
- 빙옥(氷玉) : 장인과 사위. 즉 빙청(氷淸)과 옥윤(玉潤)의 합성어
- 유남궁(類南宮) : 남의 사위
- 외생(外甥) : 사위
- 윤옥(允玉) : 사위
- 종서(從婿) : 질서(姪婿)
- 백규지흥(白圭之興) : 질서(姪婿)와의 흥
- 췌거(贅居) : 처가살이
- 췌객(贅客) : 사위
- 우서(友婿) : 요서(嬈婿), 동서(同婿)

4) 처남남매간(妻男男妹間)

- 원릉지의(原陵之誼) : 처남남매간. 평원군(平原君)과 신릉군(信陵君)이 처남남매간이므로 여기서 이루어진 말이다.
- 황소지의(黃蘇之誼) : 처남남매간. 황산곡(黃山谷)이 소동파(蘇東坡) 여동생의 남편이다. 두 사람은 처남남매간이므로 여기서 이루어진 말이다.

- 아서(婭婿) : 동서(同婿)
- 이서(姨婿) : 이종 동서
- 생손(甥孫) : 생질의 아들은 나에게 손자(孫子) 항렬(行列)임.

▶ 시집

- 장귀(粧歸) : 시집감
- 우귀(于歸) : 시집감. 『시경 · 주남』「도요」장에 "저 아가씨 시집감이 여[之子于歸]"에서 나온 말. 귀(歸)는 '시집갈 귀' 자이다.
- 천기(泉淇) : 친정(親庭). 시집간 여자의 생가(生家). 『시경 · 패풍』「천수」장에 "졸졸 흐르는 저 우물도 기수로 흘러가도다[毖彼泉水 亦流于淇]라는 데서 나온 말. 즉 물은 저렇게 흘러가는데 나는 부모 곁으로 가지 못한다고 탄식한 말이다.

4. 혼인관계(婚姻關係)에 쓰이는 말

- 조라(蔦蘿) : 혼인(婚姻)
- 자부(自附) : 혼인을 함
- 주진(朱陳) : 혼인 관계
- 가부(葭莩) : 혼인 관계
- 결친(結親) : 혼인을 맺음
- 과갈(瓜葛) : 혼인을 맺음
- 뇌진(雷陳) : 사돈(査頓) 관계
- 진진지의(秦晉之誼) : 혼인관계의 의(誼)
- 갈송지의(葛松之誼) : 혼인관계의 의(誼)
- 반양지의(潘陽之誼) : 친한 사이 또는 혼인관계에 있는 사이. 반악(潘

岳)과 양경(陽經)처럼 대대로 친한 사이.

- 결발합반(結髮合胖) : 혼인을 맺다.
- 가부지친(葭莩之親) : 먼 친척
- 윤사(倫事) : 혼사

1) 무덤에 관한 말

- 마엽(馬鬣) : 무덤
- 고여(皐如) : 무덤
- 재여(宰如) : 무덤
- 관석지장(冠舃之藏) : 무덤
- 의구지장(衣屨之藏) : 무덤
- 마당(馬堂) : 무덤
- 당부(堂斧) : 무덤. 또는 부당(斧堂)이라고도 한다.
- 가성(佳城) : 무덤
- 영원(靈原) : 무덤
- 현궁(玄宮) : 무덤
- 하구지실(蝦丘之室) : 무덤
- 총택(冢宅) : 무덤
- 진택(眞宅) : 무덤
- 봉표(封表) : 묘표

2) 교정(校正)에 관한 말

- 근정(斤正) : 글을 고침
- 동리지역(東里之役) : 문집 교정. 『논어』에 동리자산(東里子産)이 윤

색지(潤色之)란 데에서 이루어진 말. "정(鄭)나라에서 외교문서를 작
성할 때 비침(裨諶)이 초안을 하고, 세숙(世叔)이 토론을 하고, 자우
(子羽)가 가감(加減)을 하고, 동리(東里)에 사는 자산(子産)이 그것을
윤색(潤色)했다"는 데서 나온 말임. -『논어 · 헌문』14

- 소진(掃塵) : 글의 교정은 먼지를 쓸 때 쓸어도 계속 나오듯이 교정을
해도 계속 오류가 발견되기 때문에 이루어진 말이다.

- 소엽(掃葉) : 나뭇잎을 쓸 때, 쓸어도 계속 낙엽이 있는 것과 같이 계
속 오류가 있다는 데서 글 교정의 뜻으로 쓰인다.

- 불진(拂塵) : 먼지를 털 때 계속 먼지가 나오듯이 글을 교정을 해도 오
류가 계속 발견되므로 교정의 뜻으로 쓰인다.

- 혹을혹찬(或乙或竄) : 혹은 지우고 혹은 고침

- 현안지역(玄晏之役) : 글을 교정하는 일

- 치흡지역(治洽之役) : 교정보는 일. 치(治)와 흡(洽)이 비슷하므로 잘
못을 분별한다는 뜻이다.

- 금근거(金根車) : 한유(韓愈)의 아들 한창(韓昶)이 글을 교정하면서
"금근거"를 "금은거(金銀車)로 고쳐서 아버지가 불초자(不肖子)"라고
꾸짖었다는 데서 글 교정으로 쓰이게 되었다.

- 재정(榟正) : 인쇄하여 바로 잡음

- 침근(鍼斤) : 교정

- 정을(丁乙) : 글의 교정. 글의 잘못을 고치면서 지울 곳에 '「 」'와 같은
부호를 하는데 앞쪽의 "「"은 정(丁)자로 읽고, 뒤쪽의 "」"은 을(乙)자
로 읽은 것이다.

- 도음지역(陶陰之役) : 교정보는 일. 비슷한 글자의 잘못을 찾아낸다는
뜻이다.

- 심존(審存) : 글의 교정. 지울 것은 지우고 남길 것은 살펴서 남긴다는
뜻이다.

- 파즐(爬櫛) : 글의 교정. 머리를 긁고 빗질하듯이 빠짐없이 훑어본다는 뜻이다.
- 중마(重摩) : 새로 교정
- 도음(陶陰) : 문집 교정
- 척세(戚歲) : 문집 교정
- 은근(銀根) : 문집 교정
- 정문(訂文) : 문집 교정
- 기삼지역(己三之役) : 문집 교정. 정강성(鄭康成)이 좌전(左傳)을 읽다가 기해도해(己亥渡海)를 삼시도하(三豕渡河)로 읽었다. 기(己)자에 옆에 획이 떨어지면 삼(三)자와 비슷하게 된다. 그리고 해(亥)를 같은 돼지의 뜻인 시(豕)로, 해(海)를 같은 물이란 뜻인 하(河)로 읽었다. 이 것을 구분한다는 뜻으로 교정을 의미한다.
- 편마지역(編摩之役) : 문집 교정
- 삼도가역(三都家役) : 문집 교정
- 문왕지변(門王之辨) : 글 교정. 문왕(門王)으로 써야 할 것을 윤(閏)으로 잘못 썼으므로 이를 교정하는 데서 나온 말이다.
- 소세(梳洗) : 글 교정
- 단황(丹黃) : 문집 교정. 옛날 남의 글을 교정할 때 붉은 먹(朱墨)을 사용한 데서 나온 말이다.

3) 출판(出版)에 관한 말

- 재행(梓行) : 인쇄하여 행함
- 목천(木天) : 인쇄
- 수조(壽棗) : 인쇄. 대추나무에 목판을 새기면 좋음
- 목이(沐梨) : 인쇄. 글을 배나무에 많이 새기므로 생긴 말이다.

- 재목(災木) : 글을 새겨 목판을 만들 때 나무의 입장에서는 재앙을 받으므로 이루어진 말이다.
- 간목(刊木) : 목판을 만듦
- 간출(栞出) : 인쇄
- 잠간(潛刊) : 몰래 간행
- 세초(洗綃) : 새로 인쇄. 영정을 물에 씻는다는 뜻인데 새로 인쇄한다는 뜻으로도 쓰인다.
- 침재(鋟梓) : 판목에 새긴다는 말
- 기궐(剞劂) : 목판에 새김
- 등재(登梓) : 재나무에 새기다. 즉 인쇄함

제6장

한문실용문(漢文實用文)

옛날에는 우리 문자생활을 한문으로 했기 때문에 거기에 쓰이던 글들
도 생활만큼이나 복잡했다. 오늘날에는 그 쓰임이 많이 줄어졌다고 하지
만 지금도 여전히 실용문으로 쓰이고 있다. 여기에서는 그 실례를 몇 개
들어보기로 한다.

1. 서원(書院)의 석채례(釋菜禮), 향례(享禮) 때의 봉권(封圈)에 대하여
2. 향교(鄉校)의 전교(典校)와 서원(書院)의 원장(院長) 취임고유문(就
   任告由文)
3. 서책(書冊) 기증(寄贈, 頒帙) 때와 받았을 때의 인사말씀
4. 유계(儒契)의 통지문
5. 선조(先祖) 수비(竪碑) 및 선정(先亭) 낙성(落成) 때 초청문
6. 시회(詩會) 통지문
7. 기타(其他)

이 편에서는 이상의 일곱 항에 대해서 알아보기로 한다. 한문실용문 중
에서는 이 일곱 가지가 많이 쓰였기 때문이다. 그리고 오늘날은 현실적으
로 쓰지 않더라도 과거에 행하던 의식과 글의 형식을 파악하는 것만으로
도 그 의미가 크다.

1. 서원(書院)의 석채례(釋菜禮), 향례(享禮) 때의 봉권 (封圈)

봄이 되면 서원에서 향례를 드린다. 성균관에서는 한 때 공자(孔子)의 탄일(誕日)과 기일(忌日)에 석전제(釋奠祭)를 올리다가, 지금은 2월 상정 (上丁, 2월 上旬에 드는 丁日. 初丁이라고도 함)과 8월 상정(上丁)에 석전 제를 올린다. 그리고 향교(鄕校)에서도 2월과 8월 상정(上丁, 初旬에 드는 丁日)에 향례(享禮)를 드리며, 서원에서는 3월 중정(中丁) 또는 말정(末丁, 下旬에 드는 丁日)에 향례(享禮)를 드린다. 제례를 반드시 정일(丁日)을 사 용한다는 것은 장성하여 성취하는 뜻을 취한 것이다(『禮記 月令』 - 上丁 疏 必用丁者 取丁壯成就之義 欲使學者 藝學成就故也)라고 했다.

제관(祭官)을 선정하기 위해 서원 원장과 임원들이 사전에 모여 제관 (祭官)을 뽑아서 제관으로 선정된 본인에게 보내는 것을 '봉권(封圈, 望圈 을 봉함)', 또는 '초보(抄報, 望圈을 抄해서 알림)한다'고 한다. 이때 향례 드리는 데 중심이 되는 - 삼헌관(三獻官) 집례(執禮), 대축(大祝) - 즉 오 집사(五執事)에게만 봉권(封圈)을 보낸다. 나머지 제관(祭官)들은 제사 당 일 오집사(五執事)와 상의하여 정하는데, 이것을 분정(分定)이라고 한다.

봉권(封圈)을 보낼 때에는 여기서 결정된 사람에게 천권(薦圈), 또는 망 권(望圈)과 편지를 보낸다. 이것을 받고 부득이 제사에 참석하지 못할 경 우에는 '사단(辭單)'이라 하여 사의를 표한다. 옛날에는 통신이 발달하지 못했기 때문에 이런 번잡한 절차를 밟았다.

① 석채례(釋菜禮) 천권(薦圈)

伏惟仲春
尊體萬重仰漾區區第隅谷亭釋菜禮定在於
三月二十五日而
獻官之望歸於
座下故兹呈薦圈望須趁期賁臨以敦禮事千
萬幸甚

丙申二月二十三日

堂任　李秉道
　　　李道基
　　　鄭鎬宗等拜

封套

隅谷書院聯函

李斯文炳赫座下

[＜사진 21＞ 참조]　　　　　　　[＜사진 20＞ 참조]

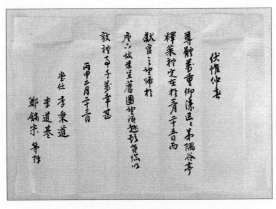

＜사진 20＞ 서원의 향례 때 소임을 알리는 천권(薦圈).
우곡재(隅谷齋)의 것이다.

<번역>

삼가 생각건대 중춘(仲春)에

존체(尊體) 만안(萬安) 하십니까? 저의 작은 정
성으로 비는 바입니다. 다만 우곡정(隅谷亭) 석
채례가 3월 5일로 정해져 있는데 헌관(獻官)의
망권(望圈)이

좌하(座下)에게 돌아가므로 이에 천권(薦圈)을
올립니다. 바라건대 마땅히 기일에 맞추어 왕림
하시어 향례(享禮)의 일을 잘 마치게 해주시면
천만 다행이겠습니다.

　　병신(丙申) 2월 25일

　　　　담임(堂任) 이병도(李秉道)

　　　　　　이도기(李道基)

　　　　　　정호종(鄭鎬宗)

* 연함(聯函) : 연명(聯名)으로 하는 편지
* 사문(斯文) : 유학자(儒學者)를 높임말

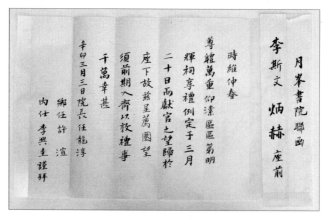

<사진 21> 월봉서원의 천권(薦圈)이다.

오른편은 봉투임(내용은 다르니 형식만 보기 바람)

▶ **석채례초보(釋菜禮抄報)** ① : '석채례초보'는 서원의 회의에서 결정

된 사실을 초록해서 본인에게 알리는 편지이다. 편지의 내용은 향례의 날짜와 맡은 소임의 천권(薦圈)을 알리는 것이다. 천권을 받고 이 일을 할 수 없으면 사의를 표해야 한다.

② 천권(薦圈)

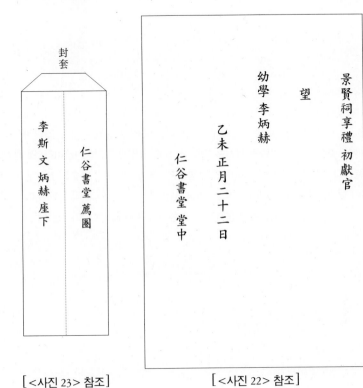

望圈
②

景賢祠享禮 初獻官

望

幼學 李炳赫

乙未 正月 二十二日

仁谷書堂 堂中

封套

李斯文炳赫 座下

仁谷書堂 薦圈

[<사진 23> 참조]   [<사진 22> 참조]

<사진 23> 서원의 천권 봉투. 천권과 망권(望圈)을 같이 넣어서 봉한다.(내용은 다르니 형식만 보기 바람)

<사진 22> 이는 서원 향례 때의 망권(望圈)이다. 여기서 초헌관(初獻官)을 해주기 바란다는 뜻이다. 유학(幼學)은 벼슬하지 않은 사람을 일컫는 말이다. 요즘 공무원 직급이 9급이고, 옛 관계(官階)도 9품이다. 옛 참봉은 9품인데 이것은 벼슬로 인정하고, 교수는 종6품, 박사는 정7품인데, 이것은 현대 직명(職名)이라 하여 벼슬로 인정하지 않고 유학(幼學)이라 쓴다. 이것은 잘못이다.

<번역>
경현사 향례 초헌관
　망
유학 이병혁

을미(乙未) 1월 22일
인곡서당 당중

▶ 망권(望圈) ② : '망권'은 소망하는 글이다. 다른 말로 천권(薦圈, 추천하는 글)과 같은 말이다. 위의 예문(例文)은 경현사(景賢祠)의 행례에 초헌관(初獻官)을 소망하는 것이다.

③ 천권(薦圈)을 사양함

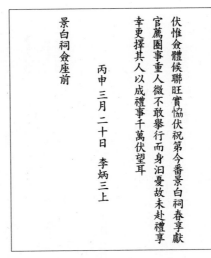

答景白祠中僉位
③

伏惟僉體候聯旺實恊伏祝第今番景白祠春享獻
官薦圈事重人微不敢擧行而身泪憂故未赴禮享
幸更擇其人以成禮事千萬伏望耳

丙申 三月 二十日 李炳三上

景白祠僉座前

封套

單子

謹封

<번역>

삼가 여러분들 편안하십니까?

작은 정성으로 비는 바입니다. 다만 이번 경백사(景白祠)의 춘향(春享) 헌관(獻官) 천권(薦圈)은 일을 중대한데 사람은 미천하여 감히 거행할 수 없고 몸이 걱정스러운 일에 빠져 향례(享禮)에 참석하지 못하겠습니다. 바라건대 다시 적임자를 택하여 향례의 일을 끝내기를 천만 삼가바랍니다.

병신(丙申) 3월 26일

이병삼 올림

경백사 여러분들 좌하.

▶ **답경백사중첨위**(答景白祠中僉位) ③ : '답경백사중첨위'는 경백사 (景白祠)에서 헌관(獻官)의 천권(薦圈)을 받았으나, 부득이한 사정으로 참 석할 수 없어 사단(辭單), 즉 사양하는 단자(單子)를 보내는 것이다.

④ 망권(望圈)을 사양함

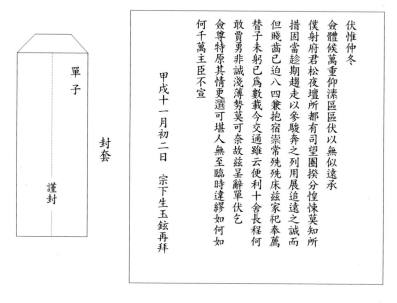

<번역>
삼가 생각건대 중동(仲冬)에

여러분들 체후 만안하십니까? 작은 저의 정성으로 빕니다. 삼가 생각 건대 저 같이 불민한 사람이 멀리

복야부군(僕射府君) 송야단소(松夜壇所)의 도유사(都有司) 망권(望圈) 을 받들었습니다. 분수를 헤아려보니 황송하여 몸 둘 바를 모르겠습니 다. 진실로 마땅히 기일에 맞추어 달려가서 바쁜 행사의 열(列)에 참석 하여 먼 조상을 추모하는 정성을 펼쳐야 할 것인데, 다만 천한 나이가 이미 84세에 박두하였고 겸하여 지병을 안고 있어 항상 병상에 눕는 일

이 많아 가정 제사도 아들을 대신시키고 몸소 하지 못한 지가 이미 몇 년이 되었습니다. 지금은 교통이 비록 편리하다고 하지만 300리의 먼 길에 어찌 감히 용기를 내겠습니까? 정성이 얕은 것이 아니라, 형편이 어쩔 수 없습니다. 그러므로 감히 사양하는 단자(單子)를 올립니다. 삼가 바라건대

　여러분들께서는 특히 그 정상을 용서하시고 다시 이 일을 감당할 수 있는 사람을 선정하여 일을 당하여 잘못됨이 없게 하는 것이 어떠하겠습니까? 천만 황공합니다. 예를 다 펴지 못합니다.

　　　　갑술(甲戌) 11월 2일 종하생(宗下生) 옥현 재배

▶ **사단**(辭單) : '사단'이란 앞에서 본 바와 같이 사의(辭意)를 표하는 단자(單子)이다. 이는 부득이 참석하지 못할 사유를 들어 사의를 표하는 방식으로 간단히 쓰면 된다. 하지만 글을 잘 짓는 사람의 경우 설득력 있게 글을 써내려가다가 보면 글이 길어질 수도 있다.

2. 향교(鄕校)의 전교(典校)와 서원(書院)의 원장(院長) 취임고유문(就任告由文)

　향교와 서원의 차이를 알기 쉽게 구분할 때 흔히 향교는 공립학교라 하고 서원은 사립학교라고 한다. 이렇게 말해도 크게 잘못은 아닐 것이다. 향교는 국가기관이었고 서원은 민간기구이다. 이 두 기관의 공통점은 모두 인간의 교육을 목표로 하고 있기 때문이다.

　하지만 이들은 같으면서도 다른 점이 있다. 가장 큰 차이는 향교에서는 사람을 세 등급으로 구분하여 성(聖) · 철(哲) · 현(賢)으로 나누었다. 그리하여 오성(五聖)이라 하여 공자(孔子) · 안자(顏子) · 증자(曾子) · 자사(子思) · 맹자(孟子)와 송조(宋朝) 이철(二哲)이라 하여 정명도(程明道) · 주자(朱子)를 모신다. 그리고 우리나라의 설총(薛聰)을 비롯한 십팔현(十八賢)

의 위패(位牌)를 모시고 제향을 드리며 이들을 인간의 모범을 삼고 있다.

위에서 오성(五聖)이라 할 때 공자(孔子)는 성인(聖人)이지만 안(顏)·증(曾)·사(思)·맹(孟)은 아성(亞聖)에 해당한다. 그리고 공자에게 올리는 제사는 제사라 하지 않고 석전(釋奠)이라고 한다.

그런데 서원은 우리나라의 특정인물을 추모하여 제향을 드리며 그를 인간의 표준으로 삼고 있다.

향교와 서원의 양대 기능은 제향과 교육이다. 그런데 새로운 교육제도가 등장한 후 향교와 서원의 교육적 기능은 거의 상실되고 제향 드리는 일만 남은 셈이다. 하지만 제사를 드리면서도 성현의 정신을 계승하고 전통을 지켜가며 사회 교화에 노력하고 있다.

향교의 장(長)인 전교는 하고 싶어 하는 사람이 많기 때문에 선거를 거쳐야 하고, 임기는 2년 또는 3년으로 하는 곳이 많다. 서원 원장은 서원의 모임에서 연덕(年德)이 높은 적임자를 추대한다. 그리고 임기는 본래 없는 것인데 요즘 대개 2년 정도로 한다.

전교나 원장이 바뀌었을 때는 당연히 고유(告由)가 있어야 한다. 제주(祭主)가 바뀌는데 고유(告由)가 없어서는 말이 안 된다.

① 전교(典校) 취임 고유문(告由文) -성균관 예시 원안

典校就任告由文(成均館例示原案)

維
孔夫子誕降二千五百六十六年歲次乙未三月甲
子朔初七日庚午固城鄕校典校鄭昌碩
敢昭告于
大成至聖文宣王 今以固城鄕校職制有定典校
職責任期制度今般滿了新任選出上申館長辭
令下達猥濫不肖被選重任告于
聖前 伏蒙 蔭恩加護所任完遂承奉聖訓行仁
踐禮繼往聖而以開來學順應天命儒敎發展以
報聖恩玆敢虔告謹告

[<사진 24> 참조]

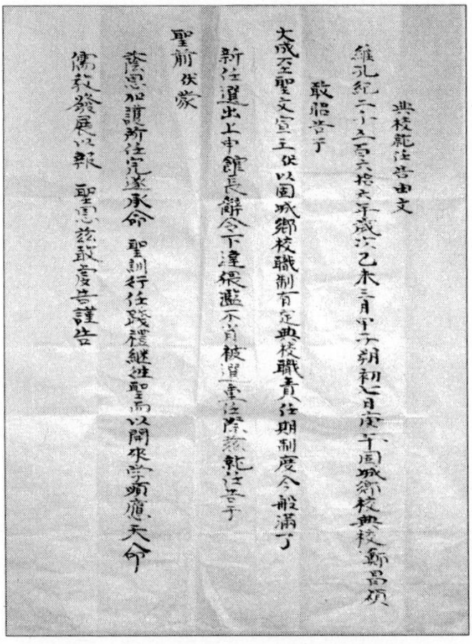
典校就任告由文
維孔紀二千五百六拾六年歲次乙未三月甲子朔初七日庚午固城鄕校典校鄭昌碩
敢昭告于
大成至聖文宣王伏以固城鄕校職制有定典校職責任期制度今般滿了
新任選出上申館長辭令下達猥濫不肖被選重任除玆就任告于
聖前 伏蒙
蔭恩加護所任完遂承命 聖訓行仁踐禮繼往聖而以開來學順應天命
儒敎發展以報 聖恩玆敢虔告謹告

<사진 24> 향교 전교 취임 고유문이다.

<번역>

유공기(維孔紀) 2566년 세차(歲次) 을미(乙未) 3월 갑자삭(甲子朔) 초
7일 경오(庚午) 고성향교 전교 정창석(鄭昌碩)은 감히

대성지성문선왕(大聖至聖文宣王)께 아룁니다. 이제 고성향교 직제
(職制)가 정해져 있어 전교의 직책에 임기와 제도가 이번에 만료되어 새
전교를 선출했습니다. 관장(館長)에게 상신(上申)하여 사령장이 내려왔
습니다. 외람되게 불초(不肖)한 제가 중임(重任)에 피선(被選)되어

문선왕 앞에 아룁니다. 삼가 몰래 도와주는 가호의 은혜를 입어 소임
을 완수하려 합니다. 성훈(聖訓)을 받들어 인(仁)을 행하고 예(禮)를 실
천하며 옛 성인(聖人)을 잇고 미래의 학문을 열어 천명(天命)에 순응하
고 유교를 발전시켜 성인(聖人)의 은혜에 보답하겠습니다. 이에 감히 고
합니다.

위에서 보인 고유문은 성균관에서 모범으로 보인 것에서 글자만 몇 자
바꾼 것이다. 하지만 글이 논리적이지 않아서 아무리 번역을 해도 무엇을
말하는지, 논지가 분명하지 못하다. 그리고 성균관에서 보인 예문에서 위
의 글과 약간의 차이가 있다.

첫째 "維孔紀…"는 성균관 예시에서는,

"維

孔夫子誕降…"으로 되어 있다.

두 번째 "…伏以…"는 "今以…"로 되어 있다.

그런데 성균관에서 예시(例示)한 글은 한문으로서 문장이 서툴고 고
유문(告由文)의 체제에도 맞지 않아 필자가 다음에서 ① 산문으로 하나,
② 운문으로 하나, 두 편으로 만들어 보았지만 이것 역시 좋은 글은 되지
못한다.

② 전교(典校) 취임 고유문(告由文) -필자 1차 수정(운자 없음)

典校就任告由文
（筆者一次修正 無韻）

維
孔紀二千五百六十六年歲次乙未三月甲子朔初
七日庚午固城鄉校典校鄭昌碩
敢昭告于
大成至聖文宣王伏以本郡鄉校典校任期滿了選
出新任邈如後生猥忝被選上告館長今奉辭令
庶竭心力服膺聖訓日夕惕若將興儒學事重人
微難堪其任今當就任敢告
聖廟伏願
夫子惠我衆庶廣施厥恩保祐無疆俾有成就用伸
虔告謹告

<번역>

공기(孔紀) 2566년 세차(歲次) 을미(乙未) 3월 갑자삭(甲子朔) 초칠일(初七日) 경오(庚午)에 고성향교(固城鄉校) 전교(典校) 정창석(鄭昌碩)은 감히

대성지성문선왕(大成至聖文宣王)께 아룁니다. 삼가 본향 향교 전교(鄉校 典校)가 임기(任期)가 만료(滿了)되어 신임(新任)을 선출(選出)한 바, 미미(微微)한 제가 외람되이 당선되어 성균관장(成均館長)에게 상신(上申)하여 이제 사령장(辭令狀)을 받았습니다. 마음과 힘을 다하여 성훈(聖訓)을 잘 지켜 밤낮으로 두려워하며 장차 유학(儒學)을 진흥(振興)하려 하는데 일은 중하고 사람은 미미하여 그 책임을 감당하기 어려울 것 같습니다. 이제 취임을 당하여 감히

성묘(聖廟)에 고(告)합니다. 삼가 원하옵건대

부자(夫子)께서는 특히 후(厚)한 은혜를 내려주셔서 끝없이 도와 성취함이 있게 해주소서. 이제 취임을 하면서 감히 삼가 고하고 삼가 아룁니다.

▶ **고유문**(告由文) : '고유문'은 대개 운자(韻字)를 넣어서 쓰는 것이 상례이다. 그러나 성균관에서 예시한 글에 운자를 달지 않았으므로 여기서도 운자를 달지 않고 내용만 살려서 새로 지은 것이다.

③ 전교 취임 고유문 –필자 2차 수정(입성운入聲韻)

典校就任告由文
(筆者二次修正案 入聲韻)

維
孔紀二千五百六十六年歲次乙未三月甲子朔初
七日庚午固城鄉校典校鄭昌碩
敢昭告于
大成至聖文宣王伏以本郡鄉校典校任期滿了新
任選出邀如後生猥被選拔上申館長辭令下達
庶竭心力聖訓佩服日夕惕若將興儒學事重人
微難堪其責伏願
夫子特賜厚恩保佑無疆同歸聖賢今當就任用伸
虔告謹告

<번역>

유(維)

공기(孔紀) 2566년 세차(歲次) 을미(乙未) 3월 갑자삭(甲子朔) 초7일 경오(庚午)에 고성향교 전교 정창석은 삼가

대성지성문선왕(大成至聖文宣王)께 아룁니다. 삼가 생각건대 본군 향교 전교(典校)의 임기가 만료되어 신임(新任) 전교를 뽑는데 미미한 제가 선출되었습니다. 성균관장에게 상신하여 사령장이 하달되었습니다. 마음과 힘을 다하여 성훈(聖訓)을 패복(佩服)하고 밤낮으로 일을 처리하지 못할까 두려워하며 장차 유학(儒學)을 진흥시키려고 합니다. 일은 중대한데 사람은 미미하니 그 책임을 감당하기 어렵습니다. 삼가 원하옵건대 부자(夫子)께서는 특별히 후한 은혜를 내려주시고 한없이 보

우하시어 성현(聖賢)과 함께 같은 길로 돌아가게 하소서. 지금 취임을
당하여 펴서 삼가 고합니다.

▶ 앞에서 지적한 바와 같이 **고유문**(告由文)은 대개 운(韻)을 달아서 짓
는다. 위의 ③의 내용은 성균관에서 예시한 글을 따르면서 입성운(入聲
韻)을 달아 짓다가 끝부분에 가서 환운(換韻)하였다.

④ 향교 임원 임명 고유문 — 필자 작성

> 鄉校任員任命告由文
> (筆者作)
>
> 維
> 孔夫子誕降二千五百六十六年歲次乙未三月甲
> 子初七日庚午固城鄉校典校鄭昌碩
> 敢昭告子
> 大成至聖文宣王本郡鄉校掌議○○監查○○等
> 今日就任故茲以仰告伏惟諸任之責輔佐典校以
> 是離就同日同告茲受發令采切講道盡心竭力振
> 興儒敎化被衆庶是誠報效期必成就日夕愓愓俯
> 鑑微誠願賜啓導用伸虔告謹告

<번역>
유
공부자 탄강 2566년 세차 을미 3월 갑자 초7일 경오 고성향교 전교
정창석은 감히 대성지성문선왕께 아룁니다. 본군 향교의 장의 ○○와
감사 ○○ 등이 오늘 취임을 하게 되었으므로 이에 우러러 고합니다. 삼
가 생각건대 임원들의 직책은 전교를 보좌하는 것이기에 이임과 취임
을 같은 날 같이 고합니다. 지금 발령을 받으니 도(道)를 강론할 일이 더
욱 절실합니다. 마음을 다하고 힘을 다하여 유교를 진흥시켜 대중들에

게 교화를 입히는 것이 은혜에 보답하기 위해 힘쓰는 일일 것입니다. 기어코 성취하기 위해 밤낮으로 독실히 노력하겠습니다. 작은 정성을 굽어 살피시어 계도(啓導)해 주소서. 이에 펴서 삼가 아뢰옵니다.

▶ **여러 임원(任員)들의 임명에 대한 고유문도** 성균관에서 예시한 글이 있으나, 못마땅한 곳이 많으므로 필자가 운을 달아서 다시 지었다.

⑤ 서원 원장 취임 고유문 - 필자 작성

○○書院院長就任告由文
（筆者作）

維歲次癸巳二月甲子朔三日丙寅後學金海金吉
童
謹告于
大淵金先生○院創建越在往昔多士奉享禮容肅
肅山長主管有度有法今焉辭任不可空席眾議合
一不敏被囑事鉅力綿何可處決幸賴士友左右助
力伏惟尊靈洋洋來格尚亦保佑俾無差忒用伸虔
告謹告

<번역>

유세차 계사 2월 갑자삭 3일 병인 후학 김해 김길동은 삼가

대연 김선생께 아룁니다. ○서원의 창건이 옛날이었습니다. 많은 선비들이 제향을 받들면서 예(禮)를 갖춘 모습이 엄숙했습니다. 서원 원장이 이 일을 주관(主管)하니 법도가 있었는데, 지금은 사의를 표하니 공석(空席)으로 둘 수가 없어 여러 사람들의 의론이 하나가 되어 불민한 저에게 원장이 위촉되었습니다. 일은 중대한데 힘이 약하여 어찌 이 일을 해낼 수 있겠습니까? 사우(士友)들의 도움이 있기를 바랍니다. 삼가

바라건대 존영(尊靈)께서도 양양(洋洋)히 왕림하시어 도와주셔서 잘못됨이 없게 하소서. 이에 삼가 고합니다.

▶ **서원(書院) 원장 취임에 대한 고유문**은 일정한 형식이 없다. 서원에 따라 원장이 바뀔 때 고유를 하는 데도 있고, 고유를 하지 않는 데도 있기 때문이다. 하지만 원장이 바뀌면 도리 상 고유를 하는 것이 옳을 것 같아 필자 나름으로 지어본 것이다.

서원 원장이 작고했거나 사유가 있을 때에는 「辭任」 대신에 「有故」라고 쓰면 된다.

3. 서책(書冊) 기증(寄贈, 頒帙) 할 때와 받았을 때의 인사말씀

반질이란 책을 나누어 주는 일이다. 옛날에는 자신의 책을 나누어 주는 일은 거의 없다. 왜냐하면 자신이 죽은 후에야 후손들이 책을 출판하기 때문이다. 후손들은 조상(祖上)의 책을 남에게 나누어 주기 때문에 자연히 정성을 다했다. 우편 시설이 미비했을 때는 책을 직접 가지고 가서 전해주었고, 우체국 행정이 발달한 후에는 책을 우편으로 보내면서도 책만 보내지 않고 편지를 써서 함께 넣어 보냈다. 그러면 책을 받는 사람은 책을 만드는 데 소요된 종이값[紙本代, 紙代]이라 하여 각자 성의껏 보조금을 조금 내는 것이 예의였다.

지금은 책의 홍수시대여서 책을 받아주는 것만 해도 고맙다는 식으로 책을 받고도 인사말 한 마디도 없다. 옛날 양반 가문에서 자라 견문이 조금 있는 사람은 그렇지 않다. 책을 주고받으며 왕래한 편지를 한 번 들어보자. 예문으로 든 편지는 사연이 긴 것은 제외하고 간단한 인사만 하는 것을 소개한다.

① 책을 보내면서

書册寄贈①

時惟臘冱
尊體衛道萬重仰慕區區就白先考謙齋府君之棄
不肖奄經三霜而巾笥之藏是府君心蹟之遺則不
肖甚恐浸湮無傳玆付梓梨謹呈一帙于　几下千
萬　惠領區區仰望不備白

甲子十二月一日　鄭洙學再拜

<번역>

때마침 섣달의 추위에

존체(尊體) 도(道)를 지키며 매우 편안하십니까? 우러러 저의 작은 정성으로 그리워합니다. 아뢸 말씀은 저의 선고(先考) 겸재부군(謙齋府君)께서 불초(不肖)를 버리고 별세하신 지 어느덧 3년이 지났습니다. 상자 안에 감추어 둔 저술들은 부군(府君)의 마음의 자취가 남아 있는 것이기에 불초가, 점점 인멸되어 전하지 못할 것을 매우 두려워하여 이에 인쇄를 하여 삼가 궤하(几下)에게 한 질(帙) 올리니 천만 받아주시기를 저의 작은 정성으로 우러러 바랍니다. 예를 갖추지 못하고 아룁니다.

갑자(甲子) 12월 1일

정수학(鄭洙學) 배

▶ 위의 편지는 **아들이 아버지의 문집을 간행**하여 친지들에게 기증할 때 하는 편지이다.

● 궤하(几下)와 혜령(惠領)은 상대방을 높이기 위해 한 글자 띄어쓰기를 했다.

② 책을 보내면서

書冊寄贈②

伏惟時下敬頌
尊體候萬重仰溸區區就白鄙先祖遺蹟所載之文
散在各處故今蒐輯編成爲華山精舍誌謹呈一
冊 惠領仰望不備白

丙申 四月 日

全州李氏 德陽君派 西溪令門中

<번역>

삼가 생각건대 이때에

존체후(尊體候) 매우 편안하십니까? 우러러 저의 작은 정성으로 빕니다. 아뢸 말씀은 저의 선조(先祖) 유적(遺蹟)들이 실려 있는 글이 각 곳에 흩어져 있으므로 지금 수집 편성하여 『화산정사지(華山精舍誌)』를 만들어 삼가 한 책을 올리오니 받아주시기를 우러러 바랍니다. 예를 갖추지 못하고 아룁니다.

병신 4월 일
전주이씨 덕양군파 서계령 문중

▶ 위의 편지는 자신의 선조의 글을 모아 간행하여 친지들에게 나누어 주면서 한 편지이다.

③ 책을 받고 ―중국인

炳赫教授台鑒承

旣高麗末性理期的漢詩研究一書 拜讀一過

欽佩無已 特此奉謝敬請

撰安

陳捷先謹啓

一九八九年十一月二十日

<번역>

병혁(炳赫) 교수님께.

보내어 주신 『고려말성리기의 한시연구(高麗末性理期漢詩研究)』 1책을 받아 한 번 배독(拜讀)하니 감사함이 한이 없습니다. 특히 감사함을 표합니다. 책을 저술하는 몸 편안하십시오.

1989년 11월 20일

진첩선(陳捷先) 삼가 알림

▶ 위의 편지는 기중한 책을 받고 고맙다고 회답한 것이다. 편지를 한

사람은 대만(台灣)에서 알려진 명사이다. 간단히 쓰면서 할 말을 다한 것이 인상적이어서 여기서 예를 든 것이다.

④ 책을 받고

書冊受領答書 ②

> 料外承　惠寄之大著九雲夢研究一冊
> 感荷感荷專此奉謝並祝榮獲文學博士
> 學位當以時披閱以謝記存之厚意矣略
> 此不備
>
> 壬申陽七月十九日
>
> 李炳赫謝上

<번역>
뜻밖에 부쳐주신 대저(大著)『구운몽연구(九雲夢研究)』1책을 받고 감사하여 오로지 편지로 감사드리며 아울러 영광스럽게 박사학위를 받은 것을 축하합니다. 마땅히 때때로 책을 펴보기로 하고, 기억해 준 후의(厚意)에 감사드립니다. 예를 갖추지 못하고 간략하게 아룁니다.

임신(壬申) 양력 7월 19일

이병혁 올림

▶ 위의 글은 **박사논문을 받고 보낸 편지**이다. 요즘은 박사논문을 많이 받게 되는데, 전력을 다해서 쓴 논문을 보내놓고 회답이 없으면 보낸 사

람은 혹시 중간에서 유실되지나 않았는지 궁금할 수가 있다. 필자는 위의
글에서 몇 자 바꿔가며 회답한 것이다.

4. 유계(儒契)의 통지문

유계란 선비들이 모여서 하는 계(契)이다. 따라서 요즘 사회에서 하는
계와 달리 영리를 꾀하지 않는다.

옛날 우리나라에서 소위 접장(接長)이란 사람은 약간의 보수가 있었지
만, 선비에 해당하는 사람은 무보수로 가르쳤다. 배운 사람은 학은(學恩)
을 갚을 길이 없다. 계를 만들어 재산을 증식시켜 선생의 후사를 준비한
다. 선생이 별세하면 그 돈으로 문집을 간행하고 비석을 세우는 등의 일
을 하는데 요즘 기념사업회와 같다. 또 1년에 한 번씩 모여 자산 증식의
액수(額數)도 확인하고 학문도 강론했다. 선생이 별세 후에는 각처에 흩
어졌던 제자들이 한 자리에 모여 모르는 문제들도 서로 토론하고, 친목도
도모하여 그 속에서 자기완성을 했을 뿐만 아니라 학풍이 형성된다.

① 유계(儒契)

儒契通知文

謹頌暮春
尊體百福就白泰東書舍輔仁契旣賴 僉尊之協
贊漸就基緒矣當式年相會共商前後之策玆定每
年以三月二十五日爲會伏惟 僉尊幸賜賁臨以
敦契事千萬仰望之地

癸丑三月 日 泰東書舍輔仁契中

<번역>

삼가 모춘(暮春)에

존체(尊體) 백복(百福)하실 것을 송축합니다. 아뢸 말씀은 태동서사 (泰東書舍)의 보인계(輔仁契)는 이미 여러분들의 협찬(協贊)해 준 도움 으로 점차 기틀이 잡혀갑니다. 마땅히 매년 모여 함께 전후의 계책을 논 의하기 위하여 이에 매년 3월 25일로 정하여 모이기로 했습니다. 삼가 여러분들께서는 왕림하시어 계회(契會)의 일을 잘 마치기를 천만 우러 러 바랍니다.

계축(癸丑) 3월 일

태동서사 보인계중

② 추모학계 통지문

追慕講學契通知文

時維初夏

尊體萬重區區仰祝就白慕嵒契會將以如

左開催伏願

僉尊幸賜枉臨以敦契事千萬仰望耳

　　場所∷釜山市金井區南山洞

　　　　雪嵒先生故宅

　　日時∷壬辰年四月二十一日

　　　　午前十一時(陽六月十日)

壬辰年四月三日

契長李炳赫

有司鄭永萬拜上

<번역>

때마침 초하(初夏)에

존체(尊體) 만중(萬重) 하십니까? 작은 정성으로 우러러 빕니다. 아뢸 말씀은 모암계회(慕嵒契會)를 아래와 같이 모이기로 하였으니 삼가 바라건대 여러분께서는 왕림하시어 계(契)의 일을 잘 마치도록 천만 우러러 바랍니다.

장소 : 부산시 금정구 남산동 설암(雪嵒)선생 고택(故宅)
일시 : 임진(壬辰) 4월 21일 오전 11시(양력 6월 10일)

임진(壬辰) 4월 2일
계장(契長) 이병혁(李炳赫)
유사(有司) 정영만(鄭永萬) 배상

5. 선조(先祖) 수비(竪碑) 및 선정(先亭) 낙성(落成) 때의 초청문

산소에 석물(石物)을 갖추는 일은 쉽지 않다. 첫째 그 선조가 비석을 세울 만한 인물이 되어야 하고, 다음으로 재력(財力)이 있어야 한다. 또 비석을 세울 만한 인물이더라도 명망(名望)이 있는 이에게 비문(碑文)을 받아야 한다. 이런 조건을 다 갖추자니 묘에 비석 하나 세우기도 힘들다. 또 세워만 놓고 남이 보아주지 않으면 세우지 않은 것과 마찬가지다. 따라서될 수 있으면 많은 손님을 청하여 시속말로 남에게 선전을 해야 한다.

서당(書堂)이나 재실(齋室)과 같은 것도 마찬가지다. 남에게 알리기 위해서 손님을 청하는 것이다.

① 선조 수비고유 초청장

先祖竪碑 告由式招請文

時維仲春
尊體萬康惟我先祖侍中公之墓道儀物歲久剝泐
而常因力綿未遑改修後孫之齎恨久矣年前諸後
孫合謀圖役今見功訖如左定日告由擧竪敬請
尊座費然 惠臨敎導儀節切仰切仰不備白

戊辰九月十五日

金相一
金吉童等再拜

一日時∷十月三日
二場所
三文通

<번역>

때마침 중춘(仲春)에

존체(尊體) 만강(萬康)하십니까? 우리 선조 시중(侍中) 공의 묘도(墓道)에 세월이 오래되어 의물(儀物)이 깎이고 부서졌으나 항상 힘이 모자라 개수(改修)할 겨를이 없어 후손들의 한(恨)을 품은 지 오래 되었습니다. 연전(年前)에 여러 후손들이 함께 모의하여 일을 시작해 지금 공사를 마쳤습니다. 그리고 아래와 같이 날을 정하여 고유(告由)를 하고 비석을 세우려 하면서 감히

존좌(尊座)를 청하니 왕림하셔서 예절(禮節)을 지도해 주시기를 간절히 앙망(仰望)합니다. 예를 갖추지 못하고 아룁니다.

무진(戊辰) 9월 15일

이○○
김○○ 등 재배

② 낙성(落成) 초청문

伏惟春殷者

尊體萬相伏以杜谷先生李公吾林之玅式也其道
學節義淵源趨向己見于歷世文獻者存焉則今不
敢贊說焉但此二百年餘而士林講學于其遺堂
以爲寓慕之所矣不幸庚寅之亂堂遂見燒且士氣
不振鞠爲茂草者久矣迺者其後孫重葺其堂思所
以繼行前轍此豈非吾輩之責耶伏願
尊座以陰三月初八日賁臨于本堂講明斯學以扶
一線於陽九之秋而使先生之風不泯於來世千萬
幸甚

辛丑二月二十日杜谷山堂會席

安鼎元
趙鏞極
李秉澤
趙元珪等拜

押 關山還天連邊
章庸叙寓慕之義如何
在吾栢悅之地不可無燕雀之賀則亦惠瓊

260 버려졌어도 살아있는 우리의 전통

<번역>

삼가 생각건대 봄이 한창인 때

존체(尊體) 만안(萬安) 하십니까? 생각하면 두곡(杜谷) 선생 이공(李公)은 우리 유림(儒林)의 본보기로 그 도학절의(道學節義)와 연원추향(淵源趨向)이 이미 역대 문헌에 나타나 있으니 지금 감히 덧붙여 말할 것이 없습니다. 다만 2백여년 전에 사림(士林)이 그 남긴 산당(山堂)에서 학문을 강론하여 우모(寓慕)의 장소가 되어왔습니다. 불행히 경인(庚寅, 6.25)년 난리에 이 당(堂)이 소실(燒失)되고 또 사기(士氣)가 진작되지 않아 거친 풀이 우거진 지 오래되었습니다. 이에 그 후손들이 다시 당(堂)을 중수하여 전철(前轍)을 계속해서 행할 것을 생각하니 이것이 어찌 우리들의 책임이 아니겠습니까? 삼가 바라건대,

여러분들은 음력 3월 초8일 본당(本堂)에서 유학(儒學)을 강론하고 밝혀 우리 한 오리기의 유학을 말세(末世)에 붙들어 일으켜서 선생의 학풍(學風)을 오는 세상에 민멸되지 않게 하시면 천만 다행이겠습니다.

신축(辛丑) 2월 20일

두곡산당회(杜谷山堂會席)

안정원(安鼎元)

조용극(趙鏞極)

이병택(李秉澤)

조원규(趙元珪) 등 올림

소나무가 무성하면 잣나무가 기뻐하는 처지에 있으면서 큰 집이 이루어지면 제비와 참새의 축하가 없을 수 없습니다. 주옥(珠玉) 같은 시를 지어 우모(寓慕)의 뜻을 펴는 것이 어떻겠습니까?

압운(押韻) : 관 산 환 천 연 변 (關 山 還 天 連 邊)

▶ **낙성(落成)**이라 할 때 '낙(落)'자는 '이룰 락'자이다. 따라서 '낙성'이라 하면 공사의 준공(竣工)을 말한다. 즉 낙성식은 준공 잔치이다. 좋은 일을 했다는 것을 많은 손님을 초청하여 널리 알리는 것이다.

6. 시회(詩會) 통지문

옛날 선비들은 책을 통한 공부만 하는 것이 아니었다. 우리나라는 사계절이 뚜렷하여 계절에 따라 자연의 아름다움이 시심(詩心)을 자아내게 한다. 그러다보니 춘풍추월(春風秋月)에 방안에 앉아서 책만 읽고 있을 수 없었다. 이럴 때면 심회를 풀고 시를 읊으며 정서를 함양하고 심성을 닦았다.

우리는 설암(雪嵒) 권옥현(權玉鉉)선생이 창도하여 수성계(須成契)를 창설하였다. 수성계란 수우이성(須友以成), 즉 벗을 기다려 벗의 도움으로 자기완성을 꾀한다는 뜻이다. 이 계는 지금도 계속하고 있고 시집도 한 책이 나왔다. 초기에 통지문을 한문으로 썼기 때문에 지금도 한문으로 쓴다. 이 통지문을 잘 활용하면 다른 유사한 통지문은 거의 이해할 것이다. 초기의 통지문 한 장만 소개한다.

① 시회(詩會) 개최

詩會開催通知文

際茲花辰
尊體與春俱旺否仰溸區區第春期
須成契會四月九日九時(一陰三
月十日)爲定望須
僉尊無違參席以敦契事至望但先
集于雪嵒先生講堂而將定行先
地也不備

乙亥三月十六日

　　　契長李根燮
　　　總務李相英拜

詩題　春遊
押韻　春新眞塵人

<번역>

때마침 꽃피는 계절에

존체(尊體) 봄과 함께 편안하십니까? 우러러 작은 정성으로 빕니다. 춘기(春期) 수성계회(須成契會)를 4월 9일 9시(음력 3월 10일)로 정했으니, 바라건대 여러분들은 어김없이 참석하시어 계(契)의 모임을 잘 마치기를 간절히 바랍니다. 다만 먼저 설암(雪嵓) 선생 강당(講堂)에 모여 갈 곳을 정하려 합니다. 예(禮)를 다 갖추지 못합니다.

을해(乙亥) 3월 16일

계장(契長) 이근섭(李根燮)

총무(總務) 이상영(李相英)

시제(詩題) : 춘유(春遊)

압운(押韻) : 춘 신 진 진 인(春 新 眞 塵 人)

② 시회(詩會) 개최

詩會開催通知文

伏惟立冬之節敬訟
僉體清穆 第須成契會 定于陰十月初七日(陽十一月六日) 望須
尊座掃萬參席 以敦契事
當日午前十時三十分 會于釜山市西區
九德路二二五番地所在 東亞大學校
石堂博物館(地下鐵 一號線 土城洞驛
二番出口 徒步二分) 而觀覽及探訪周
邊近代遺跡
丙申年十一月一日
契長 愼昭範 有司 白承玉 等拜

<번역>

삼가 입동지절에

여러분들 편안하시기를 삼가 빕니다. 다름이 아니옵고 수성계의 모임을 음력 10월 초칠일(양력 11월 6일)로 정했습니다.

여러분들께서는 모든 일을 제쳐두고 참석하시어 모임을 원만히 해주시기를 바랍니다.

당일 오전 11시 30분에 부산시 서구 구덕로 225번지에 있는 동아대학교 석당박물관(지하철 1호선 토성동역 2번 출구에서 도보로 2분 거리)에 모여서 주변의 근대 유적을 관람 탐방할 예정입니다.

병신년 11월 1일

계장(契長) 신소범(愼昭範) 유사(有司) 백승옥(白承玉) 등배(等拜)

시회(詩會)의 통지문은 예를 두 개로 들었다. 그럴 이유가 있다.

첫째, 이 통지문은 처음부터 한문으로 써왔고, 지금도 한문으로 쓰고 있다는 것을 보이기 위함이다. 병신년 겨울이면 바로 지난 해 겨울이다.

둘째, 시회 개최 ②의 시회개최통지문(詩會開催通知文)에서 계장(契長) 신소범(愼昭範)은 한문에 조예가 깊은 분이고, 유사(有司, 총무) 백승옥(白承玉)은 문학박사로 국립 해양박물관 학예연구실 실장이다. 이들은 시대에 뒤떨어진 사람이 아니라 시대를 앞서가는 사람이다. 그럼에도 불구하고 이렇듯 전통적인 문자생활을 능숙하게 하고 있다.

이러할진대 우리는 참으로 다양한 문자생활을 하고 있는 사회구성원들로 이루어진 시대를 살아가고 있다. 이처럼 다양한 문자생활을 하고 있는 계층을 보이기 위하여 제6편을 설정한 것이다. 이는 참으로 버려졌어도 살아있는 우리의 전통이다.

7. 기타(其他)

① 어버이 회갑일 초청장

兩親回甲招請文

伏未審至沍
尊體萬康仰祝不已第○日小生之兩親晬辰也略
說小酌欲慰劬勞之感奉邀 尊駕以介眉壽而候
當寒程誠惶誠恐伏惟特賜 枉臨以生席右之光
千萬仰望餘不備伏惟
尊照 上狀

○年 ○月 ○日

小生 金相一再拜

<번역>

삼가 동지의 추위에

존체(尊體) 만강(萬康) 하신지요? 우러러 빌어 마지않습니다. 다만 ○일은 소생(小生)의 어버이 생신일입니다. 간소하게 술자리를 마련하고 힘들어 낳으신 부모님을 그리워하는 어버이의 마음을 위로하고자 하면서 존가(尊駕)를 맞이하여 장수(長壽)를 축하하려 합니다. 하지만 기후(氣候)가 추워서 참으로 황공합니다. 삼가 바라건대 부디 왕림하시어 자리를 빛내어 주시기 천만 앙망합니다. 나머지는 예를 다 갖추지 못합니다. 삼가 비추어 주시기 바랍니다. 글월 올립니다.

○년 ○월 ○일

소생 김상일 재배

② 상량(上梁) 때 고유문

維歲次辛巳 二月甲子朔二日乙丑李相英
敢昭告于
成造之神曰機張山水千載擅勝名碩傑出文獻可
證念我室人曾卜兹土遽見觀化有意未就拙余菲
才遺志更起開基數月實至成造涓吉良辰是擇樑
上矧云地靈六偉齊唱安堵攸久實由神賜孕精流
氣子姓孔庶商無怒時業有令譽廣我田宅雨露以
濡凡厥不祥風霆以驅水火盜俾無患虞一室安
樂伊誰之惠式虔報祀自今歲歲羹濯奏潔牲酒載
陳惟靈庶幾歆我精禋 虔告謹告

上梁時告由文

<번역>

유세차(維歲次) 신사(辛巳) 2월 갑자삭(甲子朔) 2일 을축(乙丑)에 이상
일은 삼가 성조신(成造神)께 아뢰옵니다.

기장(機張)의 산수는 천년이 넘도록 명승지로 이름났고 명석(名碩)들
이 걸출(傑出)한 것은 문헌에서 증거를 찾을 수 있습니다. 생각하면 나
의 아내가 일찍이 이곳에 터를 잡았으나 갑자기 별세하여 마음에 두고
일을 시작하지 못했습니다. 졸하고 재주 없는 내가 아내의 유지(遺志)를
다시 이어 개기(開基)를 한 지 몇 달 만에 집을 완성하게 되었으므로 좋
은 날 좋은 시를 가려 상량(上梁)을 하게 되었습니다. 하물며 지령(地靈)
뿐이랴, 육구송(六句頌)을 함께 부릅니다. 편안히 오래 살 수 있는 것도
실로 신(神)께서 주신 것이며 정(精)을 잉태하고 기(氣)를 길러 자손이
번성하고 상업은 탈이 없으며 사업은 아름다운 명예가 있고 나의 전토
(田土)를 넓히며 우로(雨露)를 적셔주고 모든 상서롭지 못한 것은 바람
과 번개가 몰아내었습니다. 수화(水火)와 도적의 환란이 없게 하여 한
집안이 안락하게 살 수 있게 하는 것이 누구의 은혜입니까? 이에 정성

껏 제사지내기를 지금부터 매년 계속될 것입니다. 이에 깨끗이 제물을 마련하여 베푸니 신령(神靈)께서는 저의 제물을 흠향하십시오. 삼가 아룁니다.

위에서 한문실용문에 대하여 몇 편 보았다. 예문은 옛날 글이 아니라, 현재 사용하고 있는 것들을 들었다. 자신이 사용하지 않는다고 버려진 글이 아니라는 것을 보이기 위함이다. 그리고 달리는 현대생활을 하면서도 과거에 이런 것이 있었다는 것도 알아야 참다운 지식인이 될 것이다. 특히 요즘은 고문서 연구 인원도 늘어나고 있는데, 이런 글은 그 기초자료가 될 것이다. 이 편만으로도 상세히 정리하면 저서가 한 권은 나올 것이다. 국학에 관심을 가지는 사람은 이런 것에 눈길을 돌려 학문의 영역을 넓혀야 할 것이다.

제7장

서당(書堂)에 숨은 이야기들

우리는 사라져가는 것들을 하루속히 조사하고 정리해야 할 것이다. 그런데 몇 백 년 동안 서당에서 구전(口傳)되어 온 이야기들은 거의 정리하지 못한 채 그 세대의 인물들이 대부분 작고(作故)하면서 사라져가고 있다. 그런데도 요즘 한문학을 전공하는 사람들은 새로운 방법론에만 관심을 가질 뿐 이러한 면에는 등한시(等閑視)하고 있는 것도 사실이다. 필자는 이 방면에 관심을 두고 우리나라 마지막 유학자들에게서 들은 이야기들을 상당한 분량 메모해 두었다. 그러나 분류 정리를 못해서 원고뭉치가 그대로 썩고 있다.

그 중에는 이런 내용도 있다. 즉 "賣犬餘一握(매견여일악)"과 같은 것이다. 글자대로 풀이하면 "개를 판 나머지 한 움큼"이라는 말이다. 이것은 무슨 뜻일까? 옛날 어느 가난한 사람이 딸을 치혼(治婚)하는데, 워낙 가진 게 없어서 개 한 마리를 팔아서 시집보냈다고 한다. 이 후로 딸을 치혼하는 것을 매견(賣犬)이라 했다. 그러면 일악(一握), 즉 한 움큼은 무엇인가? 옛날에는 '봉과'라는 것이 있었다. 예를 들면, 동네에 잔치가 있거나 할 때 나이 많은 노인은 운신(運身)이 불편해서 참석하지 못하는 경우가 있다. 그런 노인을 대접하기 위해서 중요한 마른 음식 몇 가지를 봉지에 조금 싸서 보낸다. 이것을 봉지에 봉해서 쌌다고 해서 '봉과'라고 했다. 따라서 위에서 언급한 말은 종합해 보면 '딸을 치혼하고 남은 봉과 한 움큼'이라는 말이다. 한 움큼이란 '약간'의 겸칭이다.

또 "山梁之餉(산량지향)"이라는 말이 있다. 결론부터 말하면 "꿩고기 보낸 것"이다. 『논어 · 향당』편에 공자께서 "산 교량(橋梁)의 암꿩이 때를 만났구나, 때를 만났구나!"라고 하자, 제자인 자로(子路)가 공자께서 꿩고기를 먹고 싶어서 하는 말인 줄 잘못 알고 그것을 잡아 공자께 올리니, 공자께서 세 번 냄새만 맡고 일어났다는 말이 있다. 여기에서 뜻을 취하여 꿩을 '산량(山梁)'이라고 했다.

이런 것들은 서당에서는 의례 쓰는 말인데, 지금은 쓰지 않으니 그 뜻을 쉽게 알 도리가 없다. 하지만 많은 분량의 이러한 원고를 단시일 내에 정리하기는 쉬운 일이 아니다. 여기서는 우선 개략적으로 분류하여 그 일부만 보기로 한다. 자료 수집에 도움을 주신 선생님은 다음과 같다.

    1. 정헌(靜軒) 곽종천(郭鍾千, 1895－1976)선생 남인계열의 학자
    2. 추연(秋淵) 권용현(權龍鉉, 1899－1988)선생 서인계열의 학자
    3. 설암(雪嵒) 권옥현(權玉鉉, 1912－1999)선생 서인계열의 학자
    4. 굴천(屈川) 이일해(李一海, 1905－1988)선생 남인계열의 학자
    5. 중재(重齋) 김 황(金 榥, 1896－1978)선생 남인계열의 학자
    6. 영계(潁溪) 하현석(河炫碩, 1912－1978)선생 서인계열의 학자
    7. 구봉(九峰) 이예중(李禮中, 1899－1986)선생 남인계열의 학자

여기서 서인계니 남인계니 하고 밝힌 것은 정치적인 의미가 아니라, 학통을 알기 위함이다. 학통에 따라 학문의 경향이 다르기 때문이다.

1. 묻혀 있는 이야기들

1) 문자유희(文字遊戱)

(1) 글자 읽기

● 漁(어) : '고기잡을 어'자이다. 이를 동음(同音)의 한자(漢字)로 표기하면 '高妓自不語(고기자불어)'가 되는데, 격(格)이 높은 기생은 스스로 제가 높다고 자랑하지 않는다는 뜻이다.

● 榴(류) : '석류나무 유'자이다. 동음의 한자(漢字)로 표기하면 '碩儒那無遊(석유나무유)'가 되는데, 아무리 큰 선비라도 어찌 놀지 않겠는가? 라는 뜻이다.

● 淸州安州大邱(청주안주대구) : 이는 지명을 나열한 언어유희(言語遊戱)이다. 즉 청주(淸酒)의 안주(按酒)는 대구(大口)가 제격이라는 말이다.

● 尙州長湍谷城(상주장단곡성) : 이 또한 지명을 나열한 것인데, 이는 '喪主長短哭聲(상주장단곡성)'과 동음의 지명이다. 상주(喪主)의 장단점은 곡성(哭聲)에 달려있다는 뜻이다. 즉 곡(哭)을 잘해야 상주노릇을 잘한다는 말이다.

● 蘭崖桃稼(난애도가) : 난초 난, 언덕 애, 복숭아 도, 심을 가(➜ **난초가 난 언덕에 복숭아도 심을까.**)

● 蚊頤癩異(문이나이) : 모기 문, 턱 이, 문둥병 나, 다를 이(➜ **모기가 문 턱이 헌데나 다르리.**) * 헌데: 살갗이 헐어서 상한 자리

● 桃祭可(도제가) : 복숭아 도, 제사 제, 옳을 가(➜ **복숭아도 제사 제(때) 오를까.**)

● 濤濟茶(도제다) : 물결 도, 건널 제, 차 다(➜ **물결도 건널 때 차다.**)

● 홍시, 대추, 감을 동음의 한자로 '紅柿待秋甘(홍시대추감)'이라고 쓰면, '홍시는 가을을 기다린 뒤에 맛이 달다'라는 말이 된다.

● 곡식을 먹는 새를 쫓으려고 했더니 새가 하는 말이, '朝間稻石死可矣 (조문도석사가의)'라고 했다. 이 말은 '아침에 새가 곡식을 입에 문다면 새 쫓는 돌에 맞아 죽어도 좋다'가 된다. 이것은 논어에 나오는 '朝聞道夕死 可矣(조문도석사가의: 아침에 도를 들으면 저녁에 죽어도 좋다.)'와 동음 의 문자를 활용한 문자 유희(遊戱)이다.

(2) 문리(文理) 테스트 문제

지금은 母字(모자)와 毋字(무자)를 쉽게 구별할 수 있지만, 옛날에는 활 자가 희미해서 두 글자의 구별이 어려웠다. 부득이 문맥을 통해서 어머니 모(母)자와 없을 무(毋)자를 구별했다.

어떤 사람이 부모가 일찍 다 죽고 외할머니 손에서 자랐다. 그런데 갑 자기 그 외할머니마저 별세하자 제문을 지으면서 毋字만 9자를 썼다는 것이다. 이것을 母자로 읽든지 毋자로 읽든지 제문이 되도록 읽어보라는 문제이다.

'① 母 ② 毋 ③ 母 ④ 母 ⑤ 母 ⑥ 母 ⑦ 毋 ⑧ 母 ⑨ 母'로 읽으면,
'① 어머니가 ② 없어서 ③ 어머니의 ④ 어머니를 ⑤ 어머니로 삼았 는데 ⑥ 어머니가 ⑦ 없으니……' 여기까지는 그런 대로 해석이 되지만 끝의 두 자가 어렵다. 그래서 이를 '⑧ 엄마 ⑨ 엄마!'로 하면 된다.

● 二十五日爲一月(이십오일위일월) : 이것을 현대식으로 풀이하면 '25 일이 한 달이 된다.'라는 뜻이 되어 이치에 맞지 않는다. 이것을 학생들에 게 시험해 보면 풀이하는 사람이 거의 없다. 옛날에는 한문을 읽을 때 소 리를 중요시했다. 예를 들면 '대검/찰청'이냐, '대/검찰청'이냐 또는 '서울 대/공원'이냐, '서울/대공원'이냐가 분명했다. 이것을 알면 앞의 예문에서 두 이(二)자의 소리를 조금 길게 발음하여 '二/十五日爲一月(이/십오일위 일월)' 즉 2×15=30이 되어 한 달이 됨을 쉽게 알 수 있다. 언젠가 의학전

문 기자라는 사람이 TV에 나와서 '심부/정맥'이라고 몇 번이나 되풀이해서 말하는 것을 들었는데, 이는 잘못 발음한 예이다.

● 七十(칠십)에 生男(생남)하니 非吾子(비오자)라 家産(가산)을 傳之女婿(전지여서)하니 外人(외인)은 勿論(물론)하라.(➔ 70세에 생남을 하니 내 자식이 아니다. 가산을 사위에게 전하니 외인은 논하지 말라.)

● 七十(칠십)에 生男(생남)한들 非吾子(비오자)이랴 家産(가산)을 傳之(전지)하니 女婿(여서)는 外人(외인)이라 勿論(물론)하라.(➔ 70에 생남을 한들 나의 자식이 아니랴, 가산을 아들에게 전하니 사위는 외인이라 논하지 말라.)

● 張一(장일)은 非吾子(비오자)라 家産(가산)을 與吾婿(여오서)하니 外人(외인)은 不得爭奪(부득쟁탈)이니라.(➔ 장일은 내 자식이 아니다. 가산을 우리 사위에게 주니 외인은 쟁탈할 수 없다.)

● 張一非(장일비)는 吾子(오자)라. 家産(가산)을 與(여)하니 吾婿(오서)는 外人(외인)이라 不得爭奪(부득쟁탈)이니라.(장일비는 내 자식이다. 가산을 그에게 주니 우리 사위는 외인이라 쟁탈할 수 없다.)가 된다.

여기서 비(非)는 비(蜚), 비(飛)와 같은 뜻이다. 필자가 『함장실만록』 114쪽에서 이 글에 대해 상세히 설명한 바가 있으므로 여기서 중복설명을 피한다.

(3) 글자 풀이와 희시(戲詩) 짓기

● 此木爲柴山山出(차목위시산산출) 因火成烟夕夕多(인화성연석석다)
➔ 이 나무가 땔감이 되니 산마다 나오고, 불을 인해서 연기가 되니 저녁마다 많다.

추사(秋史)가 시(詩)에 자부심을 가지고 8도를 유람할 때, 조그마한 당나귀를 타고 한 마을에 이르렀다. 어떤 노인이 가시나무를 지고 가다가

쉬고 있었다. 추사(秋史)가 갈 길을 물으며 이야기를 나누던 끝에 그 노인의 말이, 「此木爲柴山山出(차목위시산산출)」이라는 시구(詩句)를 지었는데, 대구(對句)를 맞추지 못하고 있다고 했다. 추사(秋史)도 역시 대구(對句)를 맞추지 못했다.

후에 중국에 가서 어떤 문인에게 "내가 평생에 대구(對句)를 맞추지 못한 글이 있다."라고 하면서 앞의 시구(詩句)를 일러주었더니, 그 사람이 「因火成烟夕夕多(인화성연석석다)」라고 알려주었다고 한다.[此+木=柴, 山+山=出과 같이 因+火=烟, 夕+夕=多가 되어 서로 대구(對句)가 된다.]

● 생선 이름을 많이 넣어 시 짓기

早記姓名道未至(조기성명도미지)
聾於文字敏於事(농어문자민어사)
家在長安無樂地(가재장안무낙지)
半堂頹落不謀治(반당퇴락불모치) *반당=밴댕이

일찍 성명은 기록하나 도(道)에는 이르지 못하고
문자에는 귀가 어둡지만 일에는 민첩했네.
집은 서울에 있는데 즐거운 곳이 없고
반당(半堂)이 퇴락했으나 고치기를 도모하지 않네.

위의 글은 시(詩)로서도 말이 된다. 더욱이 생선 이름 많이 넣기 시합이니 당연히 장원(壯元) 시이다. 시 한 수에 무릇 생선 이름이 8개나 들어 있어도 글이 어색하지 않다. 장원(壯元)을 한 사람은 경북 영덕에 사는 사람이라고 했다. 바닷가에 살면서도 문화수준이 높았기 때문이리라.

● 성씨(姓氏)로 장난하기

예전에는 성씨(姓氏)로 장난들을 많이 쳤다. 민간의 설화(說話)만 보더라도 이러한 성씨에 대한 말장난은 숱하게 나타나고 있다. 이러한 이야기들은 서로 헐뜯으려는 경향도 없지는 않았지만, 대부분이 심심파적으로 만들어내는 경우가 많았다. 때문에 이에 대해서는 그저 농담 정도로 여기며 크게 신경을 쓰지는 않았다.

특히 예전에는 성씨를 동물과 연관 지어 장난을 치는 경우가 허다했다. 여기서는 그 중 기억나는 몇 가지를 적어본다.

㉮ **이씨(李氏)**를 개와 연관 지었는데, 개의 특징을 묘사한 글에 이런 것이 있다.

路上成婚頭子午(노상성혼두자오) 籬邊放尿脚乾坤(이변방뇨각건곤)

길 위에서 혼인을 하니 머리는 자(子)와 오(午)의 방향이고,
울타리 가에 오줌 누니 다리는 하늘과 땅을 향하구나!

개의 교미 장면과 오줌 누는 장면을 그린 것인데, 한문 묘사가 절묘하다.

㉯ **정씨(鄭氏)**는 당나귀와 연관 지었다. 그런데 당나귀의 특징을 "備三大於一身(비삼대어일신)"이라 했다. 즉 당나귀는 몸에 세 가지 큰 것을 구비했다는 것인데, '자지 · 소리 · 귀' 이 세 가지가 크다는 것이다.

㉰ **권씨(權氏)**는 돼지와 연관 지었다. 다음에 돼지의 특성을 묘사한 글을 보자.

㉠尾八分而減一(미팔푼이감일) : 꼬리는 8푼에서 1푼을 감했다는 말이다. 우리가 일상으로 쓰는 말에 "7푼짜리 돼지꼬리만 하다."라는 말이 있다. 돼지는 큰 몸통에 비해 꼬리가 짧으니 작은 것을 말할 때 쓴다.

㉡臀十節而加二(신십절이가이) : 돼지의 자지는 10번을 구부러지면서 또 두 번을 더했다는 말이다. 돼지의 특징 중 하나는 자지가 12번을 꼬불

꼬불하다는 것이다. 우리말에 "돼지 자지 열두 곱절"이라는 말이 있다.

ⓒ 失一肩於鴻門(실일견어홍문) : 홍문연(鴻門宴)의 잔치에서 한쪽 어깨를 잃었다는 말이다. 초한(楚漢), 즉 항우(項羽)와 유방(劉邦)이 홍문에서 큰 잔치를 열었다. 이 잔치 자리에서 술기운이 돌면 칼춤을 추다가 유방을 죽일 계획이었다. 이 사실을 눈치 챈 유방의 장수 번쾌(樊噲)가 잔치자리에 뛰어들자, 항우가 한 말 술을 주었다. 그랬더니 그것을 단숨에 다 마시고, 안주로 생체견(生彘肩: 생 돼지 어깻죽지)을 주니 그것을 칼로 잘라 먹었다. 이때 돼지가 한쪽 어깨를 잃었다는 것이다.

ⓔ 去兩眼於彘厠(거양안어체측) : 두 눈을 인체(人彘)의 화장실에서 잃었다는 말이다. 인체(人彘)란 '돼지 같은 사람'이라는 뜻이다. 여태후(呂太后)가 한고조(漢高祖)의 총희(寵姬) 척부인(戚夫人)의 수족을 자르고, 눈을 빼내고, 귀를 지지고, 벙어리가 되는 약을 먹인 후에 뒷간에서 살게 하고는 '인체(人彘)'라고 했다. 체(彘)는 암돼지를 말한다. 돼지는 이때 두 눈이 빠졌다. 돼지의 고사(故事)를 총동원한 표현기법이 절묘하다.<하동(河東) 정민용(鄭珉鎔) 옹에게서>

● 꼬리를 돌려달라는 상소 「乞尾疏(걸미소)」

정조(正祖)가 장난으로 윤씨 성(尹氏姓)을 가진 신하의 성(姓)을 쓰면서 축(丑)으로 썼다. 그랬더니 그 신하가 정조에게 축(丑)자의 꼬리를 돌려달라는 「걸미소(乞尾疏)」를 지어 올렸는데, 그 글귀 중에 "… 無以尹鐸(무이윤탁)으로 爲少(위소)하고…."라고 하면서 꼬리를 돌려달라고 썼다. 『통감』 1권 첫 면에 조간자(趙簡子)가 무휼(無恤)에게 말하기를 "진(晉)나라에 어려운 일이 있거든 윤탁을 적게 여기지 말고[無以尹鐸爲少] 가서 의지하라."는 말이 있는데, 이것을 인용하여 윤씨(尹氏)를 무시하지 말고 꼬리를 돌려달라고 한 것이다. 용사(用事)가 탁월하여 웃음을 자아내게 한다.

● **淸溪道士人不識**(청계도사인불식) 上天下天鶴一隻(상천하천학일척)
  — 高駢(고병), <步虛詞(보허사)>

청계도사를 사람들은 알지 못하는데, 하늘 위 하늘 아래에 학 한 마리네.
  이 시의 내용인즉 청천김씨(淸川金氏)는 사람들이 알지 못하는데, 다만
○봉(○峰) 한 사람만 알뿐이라는 내용이다. 그렇게 김씨를 놀리기도 했
다. 더욱이 청계(淸溪)는 ○봉 아버지의 호(號)라고 하니 참으로 지나친 말
장난이다. 하지만 옛말에 "상놈은 싸울 때에 욕하고, 양반은 놀 때에 욕한
다."라는 말이 있다. 그러니 이 정도 농담은 양반들은 웃으며 넘기곤 했다
고 한다.

● **악운(惡韻) — 어려운 운자달기**
● 시 제목은 화로(火爐), 운자(韻字)는 왕(王)자

  朝朝暮暮謁竈王(조조모모알조왕)
  아침마다 저녁마다 조왕(竈王: 부엌 귀신)을 뵙네.
  ➜ 옛날 매일 아침저녁으로 화로에 새 불을 담는 것을 표현한 것이다.

● 시 제목은 이[虱], 운자(韻字)는 매(梅)자

  字不成風未落梅(자불성풍미락매)
  글자가 바람풍자[風]가 되지 못해 매화를 떨어뜨리지 못하네.

● 시의 제목은 노인(老人), 운자(韻字)는 내(乃)자

  基容恰似乃(기용흡사내)
  그 모습이 내(乃)자와 흡사하다.

• 시의 제목은 등불, 운자(韻字)는 모(毛)자

爾作房中月(이작방중월) 不見玉兎毛(불견옥토모)
네가 방안의 달처럼 밝은데, 옥토(玉兎)의 털은 보이지 않네.

• 시 제목은 닭[鷄], 운자(韻字)는 牛(우), 鷗(구), 猴(후)

博翼天時回斗牛(박익천시회두우)　棲塒物性異沙鷗(서시물성이사구)
汝鳴何夜秋山月(여명하야추산월)　玉帳佳人泣楚猴(옥장가인읍초후)

닭이 날개를 칠 때면 하늘의 두우성(斗牛星)이 기울어지고
횃대에 깃드니 물성(物性)이 모래 위의 해오라기와 다르네.
네가 어느 날 밤 가을 산의 달빛 아래에서 울어
옥장(玉帳) 가인(佳人)이 초후(楚猴)를 울게 했는가?

　항우(項羽)가 해하(垓下)에서 한나라 군사들에게 포위당하자 싸움에 진
것을 직감한다. 그래서 밤에 일어나 장중(帳中)에서 술을 마시고, "우(虞)
여, 우(虞)여! 어찌할꼬?"라는 노래를 부르면서 눈물을 흘린 일이 있다. 우
(虞)는 항우(項羽)의 총희(寵姬)인 우미인(虞美人)을 말하는데, 앞의 시에
서 '옥장가인(玉帳佳人)'이라 표현했고, 초후(楚猴)는 항우(項羽)를 두고
한 말이다.

● 아들 죽은 것도 모르는 시벽(詩癖)

　어떤 사람이 시 잘 짓는 규수(閨秀)를 구해서 아들과 혼인을 시켰다. 혼
인 첫날밤에 신랑은 신부가 얼마나 시를 잘 짓는지 궁금했다. 어려운 운
자(韻字)인 '死(사)'자를 내어 시를 짓게 하면서, 적당한 시제(詩題)가 떠오
르지 않아 벽에 걸려 있는 '기름병'을 시제로 시를 지어 보라고 했다. 신부
가 즉시 다음과 같이 지었다.

蒼梧聞帝崩(창오문제붕)하고 壁上結項死(벽상결항사)라.

창오산(蒼梧山)에서 임금님이 죽었다는 말을 듣고
벽(壁)위에 목을 매어 죽었구나.

기름병이 벽에 걸려있는 것을 목매어 자살한 것이라고 표현했다. 이에
는 역사적인 사연이 있다. 순(舜)임금이 초년의 미천할 때에 도자기 굽는
일을 했으니, 벽에 걸린 기름병도 순임금이 만들었다고 본 것이다. 그런
데 순임금이 제왕이 된 후에 남쪽지방으로 순행(巡行)하다가 창오산에서
죽었다. 이 소식을 듣고 기름병이 은인의 죽음에 대한 슬픔으로 벽위에
목을 매어 죽었다고 한 것이다. 신랑은 신부가 어려운 운자(韻字)로 이처
럼 훌륭한 시를 짓는 것을 보고 놀라서 급사(急死)했다. 첫날밤에 신랑이
죽었지만 혼인을 했으니 신부는 시댁(媤宅)으로 가야 했다. 반장(返葬)해
가는데, 시아버지는 아들 죽은 것도 잊고 시(詩) 잘 짓는 며느리를 얻은
것에만 즐거워했다. 그리고는 며느리에게 아들 상여(喪輿)와 새며느리가
타고 가는 가마가 떠나가는 광경을 시로 그려보라고 했다. 며느리가 즉
시 시를 지었다.

江上船江上船(강상선강산선)아　幾人嫁幾人娶(기인가기인취)오
前車丹後車素(전거단후거소)하니 白骨郞靑春婦(백골랑청춘부)로다
강 위에 뜬 배야, 강 위에 뜬 배야,
이 물 위로 몇 사람이나 시집가고 장가갔느냐?
앞 수레는 붉은데 뒷 수레는 희니,
백골의 낭군(郎君)에 청춘의 과부(寡婦)로다.

이 시에서 앞 수레가 붉은 것은 신랑의 상여이고, 뒷 수레가 흰 것은
소복(素服)한 신부가 탄 가마이다. '단(丹)'과 '소(素)', '백골(白骨)'과 '청춘
(靑春)'이 이룬 색채의 대조(對照)가 절묘하다. 이 시를 본 시아버지는 아

들 죽은 것도 잊고 시를 잘 짓는 며느리를 보았다고 덩실덩실 춤을 추었
다고 한다.

2) 과문(科文)의 기교(技巧)와 용사(用事)

• 「責索頭(책색두)」 − (번오기가 '내 머리 내어 놓아라' 하는 것을 꾸짖음)

> 逢場爾若未開口(봉장이약미개구), 失手男兒還自羞(실수남아환자수)
>
> 만난 자리에서 머리 내어 놓으라고 말하지 않더라도
> 실수한 남아는 도리어 부끄러울 뿐이네.

이 시는 과거(科擧)에서 장원한 작품이라고 한다. 그러면 이 시의 내용
을 들어보자.

중국 전국시대(戰國時代) 연(燕)나라 태자 단(丹)이 진시황에게 복수하
려고 형가(荊軻)라는 장사를 시켜 진시황을 죽이려 했다. 형가는 연(燕)의
독항도(督亢圖)와 번오기(樊於期)의 머리를 가지고 가서, 진나라 왕을 만
날 때 이것을 주면서 찔러 죽일 계획이었다. 번오기(樊於期)는 원래 진나
라 장수였는데, 진시황의 폭정(暴政)을 피해 연나라에 망명 중이었다. 번
오기는 형가가 진나라에 가는 사정을 듣고 자신의 목을 찔러 제 머리를
내놓았다. 형가가 진나라에 가서 함에 넣은 번오기의 머리와 독항도를 왕
에게 바치려는 순간에 탄로가 나 잡혀 죽었다. 번오기가 저승에서 형가를
만나 "내 머리 내어 놓아라."라고 하니, 형가가 도리어 번오기를 꾸짖는다
는 것이 위의 시이다. 성공도 못한 일에 머리만 내어준 번오기나 성공도
하지 못하고 남의 머리와 독항도만 바친 형가는 영웅시대의 인물들이다.
시의 소재가 될 만하다.

● 도암(陶庵) 이재(李縡) 이야기

도암은『사례편람(四禮便覽)』이란 예서(禮書)로 유명하다. 하지만 어렸을 때는 둔재였다고 한다. 삼촌 귀락당이 가르쳤는데, 한번은 도암이 다리 밑에 물고기가 노는 것을 보고,

脚下走肉(각하주육 - 다리 아래 고기가 달린다.)

라고 했다. 또 사랑채 앞에 남새가 푸른 것을 보고,

愛前木鳥靑(애전목조청 - 사랑 앞에 나무새가 푸르다.)

라고 시를 지었다. '남새'는 채소를 일컫는 고어(古語)인데, 지방에 따라 '나무새'라고도 한다. 귀락당이 이것을 보고 아이가 재주는 없으나 성공할 것을 짐작했다고 한다. 후에 과거(科擧)에 응시했는데, 시제(試題)가「代李白魂傳誦竹枝詞(대이백혼전송죽지사)」(이백의 혼을 대신하여 죽지사를 전해서 외우다)였다. 이백이「죽지사(竹枝詞)」를 지으려다가 다 짓지 못하고 전해 오다가 다른 사람이 완성했다. 이 시의 회제(回題)에,

乾坤不老月長在(건곤불로월장재) 寂寞江山已百年(적막강산이백년)

건곤(乾坤)은 늙지 않고 달은 길이 비치니
적막(寂寞)한 강산에 벌써 백년이 지났네.

죽지사(竹枝詞)를 대신 전송(傳誦)할 때는 이미 백년 후의 사람이라고 썼다. 하지만 이 이상 더 짓지 못하여 시험지를 제출하지 않고 옆에 꽂아 두고 와버렸다. 밤에 삼촌이 오늘 어떤 글을 지었느냐고 물었다. 도암이 차마 사실대로 말하지 못하고 앞의 두 구절을 외니, 삼촌은 급제는 한 것

이라고 하면서 더 이상 외지 못하게 했다.

그날 밤에 영조(英祖)가 과장(科場)에 용이 나타나 서기(瑞氣)가 돌고 있는 꿈을 꾸었다. 사람을 보내어 과장을 찾아보게 했으나 아무것도 없고 이 글만 꽂혀 있었다. 글이 하도 좋아 영조가 직접 나머지 4구를 지어 보태서 급제시켰다고 한다.

● 공자(孔子)의 탄생(誕生)

野合而生孔子(야합이생공자 — 야합하여 공자를 낳았다.)

사마천(司馬遷)의 『사기(史記)』에 나오는 말이다. 요즘에는 야합(野合)이라는 말이 부정적(否定的) 의미로 쓰인다. 즉 혼외의 남녀가 정을 통하거나 좋지 못한 목적으로 어울리는 것을 말한다. 직설적으로 말하면 남녀가 사통(私通)하는 것을 야합이라 한다. 또 이와 달리 이 글의 문면대로 해석하여 공자의 부모가 이구산(尼丘山)에서 아이 낳기를 빌고 내려오다가 들에서 합방하여 공자를 가진 것이라고 해석하기도 한다. 물론 『사기』에는 긍정적으로 해석하여 공자의 아버지 숙양흘(叔梁紇)이 나이 많고 어머니 안씨(顔氏)는 아주 젊었다. 이처럼 나이 차이가 많은 남녀끼리 부모의 승낙 없이 결합하는 것을 야합이라 한다고 설명했다. 하지만 여기서 야합이 부정적인 인상을 주는 데에 문제가 있다.

그런데 윤휴(尹鑴)가 이것을 과제(科題)로 내어 과거를 보이자 어떤 선비들은 성인(聖人)을 모욕했다고 시험을 거부한 사람도 있었다고 한다. 우암(尤庵) 문집에서도 잘못된 일이라고 지적했다고 한다.

●9번 낙방(落榜)한 윤 진사(尹進士)

합천(陜川)의 윤 진사라는 사람이 9번을 낙방하고 10번째 입격했다고 한다. 9번째 응시했을 때, 시제(試題)가 「盤中露(반중로)」(소반 위의 이슬)이었다. 윤 진사는 "從古人生若朝露(종고인생약조로 ― 예로부터 인생은 아침이슬 같다.)"라고 지어 시험지를 제출하고 나왔는데, 다음과 같은 시가 장원(壯元)이 되었다.

融融蓬海萬斛液(융융봉해만곡액) 化爲宮廷盤上露(화위궁정반상로)

깊고 깊은 봉래(蓬萊) 바다의 일만 섬 진액(津液)이
화(化)하여 대궐 안의 소반 위에 이슬이 되었구나.

여기서 이슬은 신선이 먹는 것이다. 이 시가 장원으로 발표되니, 윤 진사는 자기의 시로는 또 낙방했구나 여기고 실망하여 죽을 결심을 했다. 한강을 건너는데 뱃사공이 그의 표정을 보고는, "낙방을 했구려. 하지만 죽지는 마시오. 윤아무개란 사람은 9번이나 떨어져도 죽지 않고 살았다고 합니다."라고 했다. 자신의 앞에 있는 사람이 바로 그 윤아무개라는 사실을 모르고 한 말이었다. 윤 진사는 '내가 낙방해도 내 이름을 아는 사람이 있으니 다행이구나.'라고 다시 생각하게 되었다. 그리하여 죽지 않고 10번째 응시하여 급제했다. 과거(科擧)에 급제하기란 이렇게 어려웠다는 이야기이다.

● 세 사람이 함께 과거(科擧) 보러 가다.

내일이 시험날이면 오늘 저녁 무렵에 시관(試官)이 방 앞에 발을 내리고 내일 시험 칠 시의 제목을 미리 써 놓는 경우가 있다. 그리고 시험날 시험관은 휘장을 치고 방안에 앉아서 관원을 시켜서 시험 제목을 발표한다.

세 사람이 함께 과거를 보러 갔다. 세 사람은 서리(胥吏)에게 돈을 주고 시의 제목을 좀 알려 달라고 부탁했다. 서리가 먼 곳에서 엿보다가 바람이 살랑 불어서 보니 (氵)가 보이고 댓자 쓰더니 밑으로 쭉 내리그었다고 했다. 서리의 말을 들은 선비들은 그 말에 따라 추측하여 시 제목 셋을 내어 한 사람이 세 수씩 지었다. 아전의 말을 듣고 낸 시의 제목은 다음과 같다. 모두 태평성대를 구가하는 내용이다.

洛陽天下之中(낙양천하지중)
治天下五十年(치천하오십년)
海不揚波三年(해불양파삼년)

낙양은 천하의 한가운데이다.
천하를 다스려진 지 50년이다.
바다의 물결이 일어나지 않은 지 3년이다.

시험장에서 세 사람은 가장 먼저 시험지를 제출했다. 시험관이 이상히 여겨 그 사유를 물었다. 세 사람은 속일 수 없어 사실대로 이야기 했다. 시험관은 아홉 장의 시험지를 모두 가져와 보라고 했다. 가져온 시험지를 본 시험관은 이만하면 급제 시켜도 좋다고 하면서 세 사람을 모두 합격시켰다고 한다.

● 홀시아버지와 며느리

어떤 홀시아버지가 며느리와 살았는데, 다른 식구들은 다 죽고 없었다. 며느리가 이웃에 못 사는 노파를 꾀어 그 집 딸과 시아버지를 혼인시켰다. 그리하여 아들 두 명이 났다. 형제가 함께 과거(科擧) 보러 가는데, 아버지의 꿈에 남쪽에 있던 까치가 북쪽으로 집을 옮겼다. 아버지는 불길하니 돌아오라고 편지를 보내었다. 장자(長子)는 부명(父命)을 중시하여 돌아가자고 하고, 차자(次子)는 아버지에게 편지를 보냈는데,

南巢移北(남소이북)하니 北者兩士也(북자양사야)라 吾家必有兩士之

慶(오가필유양사지경)

　　남쪽 집을 북쪽으로 옮기니 북(北)자는 사(士)자가 둘이라
　　우리집에 반드시 두 사람의 경사가 있을 것입니다.

　라고 했다. 북(北)은 패하다는 뜻도 있고, 사(士)가 두 개 들어있다. 과연
두 형제가 다 급제하여 집에 이르렀는데, 홍패(紅牌)를 아버지에게 바치
느냐 형수에게 바치느냐 망설이다가 결국 형수에게 바쳤다고 한다.

● 과문(科文)의 기교(技巧)

　　시제(試題) : 死諸葛走生仲達(사제갈주생중달 – 죽은 제갈량이 살아
　있는 사마중달을 쫓았다.)

　중달(仲達)은 사마의(司馬懿)의 자(字)이다. 오장원(五丈原)에서 제갈량
과 대치하고 있을 때, 사마의가 천문(天文)을 보니 분명 제갈량이 죽었다.
그래서 공격했는데, 홀연 제갈량이 수레를 타고 학익선(鶴翼扇)을 들고
나타났다. 사마의는 혼비백산하여 달아났다. 이는 제갈량이 별세하기 전
에 일러준 계책대로 제갈량의 목상(木像)이었다. '死諸葛走生仲達(사제갈
주생중달)'은 이것을 일컫는 말이다.
　과거(科擧)시험에서 채점을 할 때, 많은 글을 다 보기가 어려워 회제(回
題)에 중점을 둔다. 따라서 회제에 기교를 부려 잘 써야 한다. 이 시의 회
제에 "死葛生時生達死"(사갈생시생달사 – 죽은 제갈량이 살았을 때 산
중달이 죽었다.)라고 썼다. 내용을 기묘하게 뒤집는 기교를 부렸다.

3) 민족자주의식(民族自主意識)

● 삼전도비(三田渡碑)

병자호란(丙子胡亂)은 민족적인 큰 수치이다. 더욱이 조선의 항복을 받은 청(淸)나라는 그들의 전공(戰功)을 기리기 위해 조선 사람에게 전승비문(戰勝碑文)을 지으라고 했다. 처음에는 당대 문장가인 계곡(谿谷) 장유(張維)에게 지으라 했으나 부결당하고, 다음으로 간이(簡易) 최립(崔岦)에게 지으라 했으나 역시 부결되었다. 결국 백헌(白軒) 이경석(李景奭)의 글이 채택되었다. 이것이 소위 "삼전도비문(三田渡碑文)"이다. 그들의 마음에 얼마나 흡족했기에 채택되었을까?

비문 첫머리에 "天子東征 百萬其師(천자동정 백만기사)"라고 썼다고 한다. '천자가 동쪽으로 정벌하매 그 군사가 백만 대군'이라는 말이다. 천자가 적국을 정벌할 때 백만 대군이 하루아침에 짓밟아버리겠다는 기세를 느낄 정도로 그 문장이 힘차다. 지금까지 오랑캐 대접을 받았는데, 갑자기 천자 동정으로 표현한 것이다. 청나라에서는 특히 이 글귀가 마음에 들어 이경석의 글을 채택했다고 한다. 이경석인들 이 비문을 쓰고 싶어서 썼겠는가? 얼마나 울분을 억누르면서 썼는지 알 수 없다. "나의 후손들이 욕을 들을지라도 나라를 위해서 짓겠다."라고 하면서 지었다고 한다. 이런 과정을 거쳐 삼전도에 비가 우뚝 섰다. 이 비석을 보고 어떤 사람이 시를 지었다.

> 子房欲擊生皇帝(자방욕격생황제)　宇宙空翻博浪椎(우주공번박랑추)
> 海外如今無寸鐵(해외여금무촌철)　沙中屹立死胡碑(사중흘립사호비)
>
> 장량(張良)이 진시황을 저격하려고
> 우주에 헛되이 박랑사(博浪沙)에서 철추(鐵椎)를 휘둘렀는데
> 지금 해외에 촌철(寸鐵)이 없어

죽은 오랑캐의 비석이 모래밭에 우뚝 서 있네.

이 시의 구성을 보면, 중국에서는 산 황제도 저격했는데, 조선에서는 죽은 오랑캐의 비가 우뚝 서 있는 데도 그냥 보고 있어야 하는 울분을 읊은 것이다. 여기에 인용된 고사를 알아야 이 시의 깊은 뜻을 이해할 수 있을 것이다. 먼저 자방(子房)은 장량(張良)의 자(字)이다. 그는 소하(蕭何), 한신(韓信)과 함께 한(漢)나라 삼걸(三傑)이라 일컫는다. 그는 본래 한(韓)나라 사람으로 오세(五世)로 정승을 지낸 가문 출신이다. 그런데 한(韓)이 진(秦)에게 망하자 원수를 갚으려고 기회를 엿보았다. 마침 진시황이 동쪽으로 유람하여 양무현(陽武縣)의 박랑사(博浪沙)에 이르렀다. 그때 장량이 역사(力士)를 시켜서 철퇴(鐵槌)로 진시황을 저격(狙擊)했으나 일이 잘못되었다. 진시황은 놀라서 범인을 찾았으나 잡지 못하였고, 그 후 10일 동안 범인을 색출했으나 잡지 못하였다. 위의 시는 이것을 소재로 하여 읊은 것이다. 살아있는 황제도 철퇴로 쳤는데, 조선에는 촌철(寸鐵)도 없어서 죽은 오랑캐의 비석을 우뚝 서있게 하는가? 하고 울분을 토한 것이다.

후에 비문을 쓴 이경석에게 조정에서 궤장(几杖)을 하사하여 우대했는데, 이때 사궤장(賜几杖)의 서(序)를 우암(尤庵)이 쓰면서 "宜乎壽而康"(마땅히 오래 살고 또 편안하리라.)라고 썼다. 이 글귀는 큰 의미를 가지고 있다. 표면적으로는 오래 살고 편안하라고 하면 좋은 것 같다. 그러나 내포된 의미는 다르다. 어떤 사람이 주자(朱子)에게 송(宋)나라 사람 손적(孫覿)의 사람됨을 물었다. 손적(孫覿)은 흠종이 금(金)나라에 항복하는 표문(表文)을 지었고, 아첨을 잘하므로 주자(朱子)는 그를 미워하였다. 그리하여 주자는 역설적(逆說的)으로 "그는 宜乎壽而康(의호수이강)"이라고 비꼬아서 대답했다. 그 후로 이 문자(文字)는 주자학을 숭상하던 시대에는 안 쓰는 것이 불문율(不文律)로 되어 있었다. 그런데 우암이 이경석의 글에 썼던 것이다. 이경석 쪽에서도 삼전도 비문 때문에 이런 문자를 쓴 것이라고 생각했다. 그래서 이경석의 아들이 우암을 죽이는 데 앞장섰다고 한다.

이 일은 다른 사람에게까지 불똥이 튀었다. 후일 박세당(朴世堂, 1629~1703)은 이경석의 신도비문을 지으면서, "국왕이 굴욕을 당했는데, 신하가 임금의 명령을 거역하면 이는 곧 패륜이다."라고 했다. 이 말은 이경석의 글을 비난하던 노론계의 원로인 우암(尤庵)을 비난한 것이라는 지목을 받았다. 결국 박세당은 전라도로 유배되었다. 이경석의 신도비문을 짓지 않았으면 이런 일은 없었을지도 모른다.

● 동계(桐溪) 정온(鄭蘊) 선생의 만장(挽章)

병자호란(丙子胡亂) 때 조선이 청(淸)나라에 항복하는 수치를 당하자, 동계(桐溪) 정온(鄭蘊) 선생은 자결하려다가 뜻을 이루지 못하고 경남 거창의 원학산(猿鶴山)에 은거(隱居)했다. 자기가 사는 마을 이름마저 밝히기 싫다고 '아무 마을[某里]'이라고 부르고 두문불출(杜門不出)했다. [동계 선생이 은거하기 전에 '모리'라는 마을 이름이 있었다고도 한다.] 그리고는 세상과 인연을 끊고, '꽃 피고 잎 지는 것으로 계절이 바뀌는 것을 짐작한다[花開葉落知春秋]'는 시를 남겼다. 지금도 '화엽루(花葉樓)'가 남아 있다.

몇 년 전에 서원을 찾았더니, 향례(享禮)의 분정(分定)을 쓰면서 명(明)나라 마지막 황제의 연호인 숭정(崇禎) 연호를 쓰고 있었다. 동행한 젊은 교수들은 그것을 비웃었지만, 얼마나 뼈에 사무친 한이기에 자손 대대로 그 정신을 이어 오는가 싶어 가슴이 뭉클했다. 여기서 말하려는 것은 동계 선생이 별세했을 때의 만장(挽章)이다.

萬疊山中一草堂(만첩산중일초당), 扶持三百載綱常(부지삼백재강상)

悲鳴搜勝臺前水(비명수승대전수), 不共淸陰到尋陽(불공청음도심양)
〈桐溪挽章(동계만장) : 이현화〉

만첩 산중의 한 초당(草堂)이
삼백년의 강상(綱常)을 지켰도다.
슬피 울며 흐르는 수승대 앞 물은
청음(淸陰)과 함께 심양(瀋陽)에 이르지 못했네.

동계(桐溪)가 살던 자그마한 초당(草堂) 하나가 3백년 강상(綱常)을 유
지했다는 것이다. 동계가 살던 곳과 가까운 수승대 물은 청음(淸陰)과 함
께 심양에 이르지 못했다고 한다. 즉 동계(桐溪)는 청음(淸陰)과 함께 심
양에 잡혀가지 못한 것이 한스럽다는 것이다. 동계는 항복한 울분을 참
지 못하여 할복(割腹)하고, 그것마저 실패하자 심산(深山)에 은거한 절의
(節義)를 높이 평가한 시이다. 장사(葬事)를 치르려고 하자 관(棺)이 땅에
붙어서 상여가 떠나지 못했는데, 이 만장을 내걸자 마침내 관이 움직였
다고 한다. 그만큼 이 만장이 동계(桐溪) 선생의 일생을 정확하게 표현했
다는 것이다.

● 일제(日帝)의 사기(詐欺)

고종황제 인산(因山: 왕의 장례) 때 필자의 할아버지 의재(毅齋) 선생은
직접 가시지 못하고, 생질(甥姪)이면서 제자인 정헌(靜軒) 곽종천(郭鍾千)
선생을 보내어 참석하게 했다. 필자가 어렸을 때 정헌(靜軒) 선생은 당시
의 장례식에 참석한 일들을 이야기하시며 만장 한수를 외워주시면서 민
족혼을 일깨워 주셨다. 그런데 지금은 다 잊고 한 구절만 생각난다.

暗察東洋勢(암찰동양세)하고, 自辭南面尊(자사남면존)이라.

가만히 동양의 정세를 살펴보고
스스로 왕위를 사퇴(辭退)했네.

이는 물론 일본사람의 만장이다. 고종(高宗)이 자진해서 물러났다는 왜
놈들의 거짓말은 예나 지금이나 마찬가지인 것 같다.

● 조선의 세조(世祖)와 명(明)의 건문제(建文帝)

조선의 세조가 명나라에 사신을 보내어 조카인 단종(端宗)을 쫓아내고
왕위를 찬탈한 일을 인정해 달라고 했다. 사신을 맞이한 명나라는 단종은
어떻게 되었느냐고 물었다. 사신이 말하기를 "건문황제 모시고 백일승천
(白日昇天) 했습니다."라고 답했다. '백일승천'은 신선이 되었다는 뜻이다.
'건문제(建文帝)'는 명나라 2대 임금으로 숙부(叔父)인 영락제(永樂帝)에
게 쫓겨나 행방불명되었다. 결국 명나라에서도 숙부(叔父)가 조카의 왕위
를 찬탈하지 않았느냐는 뜻이다. 명나라도 할 말이 없었다고 한다.

4) 인물(人物)에 대한 평(評)

● 인물평(人物評)

● 退溪有王佐之學(퇴계유왕좌지학) : 퇴계는 왕을 보좌할 학문을 가졌고,
　靜菴有王佐之資(정암유왕좌지자) : 정암은 왕을 보좌할 자질이 있고,
　栗谷有王佐之才(율곡유왕좌지재) : 율곡은 왕을 보좌할 재주가 있다.

이 인물평은 정확한 평이라고 할 수 있으나, 어떤 사람의 말인지는 알
수 없다고 한다.

● 송○재(宋○齋) : 聞鈴隨駒(문령수구)

– 방울소리만 듣고 따라가는 망아지(합병소식을 늦게 듣고 항일함)

곽○우(郭○宇) : 錦裳裹糞(금상과분)

– 비단치마로 똥을 쌈(높은 명성에 비하여 내용은 그렇지 못하다고 함)

최면암(崔勉庵) : 雪中孤松(설중고송)

– 눈 속에 외로이 선 소나무(대마도에 잡혀가 수절(守節)한 일을 말한 듯)

민○정(閔○正) : 妖妓守節(요기수절)

– 요사한 기생이 수절함(양복을 입고 일제의 작위까지 받았다가 항일 · 사절함)

안중근(安重根) : 海東明月(해동명월)

– 해동(海東)에 뜬 밝은 달

이 인물평도 누가 한 것인지 알 수 없다고 한다. 하지만 일본 사람의 말인 듯하다고 한다.

● 선죽교(善竹橋)의 장원(壯元)시

千年橋下水(천년교하수) 不入漢江流(불입한강류)

천년을 흐르는 선죽교 물이 한강으로 들어가지 않는다.

이것은 조선에 불복(不服)함을 뜻한다. 짧은 구절이지만 함축한 뜻이 무한하다.

● 압권(壓卷)이라는 퇴계(退溪)의 만장(挽章)

功名事業三朝老(공명사업삼조노) 道德文章百世師(도덕문장백세사)

공명과 사업은 세 조정의 원로(元老)요,
도덕과 문장은 백세(百世)의 스승이로다.

위의 글은 권응인(權應仁)이 퇴계(退溪)를 애도한 만장(挽章)이다. 퇴계의 만장 중에서 압권이라고 한다. 퇴계의 장사 때 상여가 떠나지 않다가 이 만장을 내걸자 떠났다고 한다.

한편, 경남에서는 퇴계에 대한 부정적인 평도 있다. 다 들 수는 없고 하나만 들면, "이황의 말머리를 보면 중앙의 정세를 알 수 있다."라는 말이 서부경남지역에 유포되어 있다. 즉 이황은 시대가 평화로우면 벼슬하러 나가고, 시대가 어지러우면 물러났다는 뜻이다. 이동고가 퇴계를 산금야수(山禽野獸 － 사람소리만 나면 도망감)라고 한 데서 생긴 말인 듯하다.

● 홍경래(洪景來)의 난(亂)과 가산(嘉山) 군수(郡守)의 만장(挽章)

萬古綱常三父子(만고강상삼부자)
五鄕風雲一男兒(오향풍운일남아)

만고에 강상(綱常)을 지킨 삼부자(三父子)요
다섯 고을의 풍운(風雲)에 한 남아(男兒)로다.

홍경래가 난을 일으켰을 때, 단번에 평안도 지방 다섯 고을이 함락되고 수령들이 달아나거나 항복했다. 그런데 가산 군수 정시(鄭蓍)는 끝까지 항쟁하다가 아버지와 함께 삼부자가 사절(死節)했다. 이런 사실을 압축하여 이 만장을 지은 것이다. 당시 만장(挽章) 중에 압권(壓卷)이란 평을 받는다.

● 흑수지배(黑水之輩)와 여강(驪江)의 구동(苟洞)

백호(白湖) 윤휴(尹鑴)가 경서(經書)를 주자(朱子)와 달리 해석했으므로 우암(尤庵)은 그를 미워했다. 윤휴가 여주(驪州)의 여강(驪江) 구동(苟洞)에 살았는데, 여(驪) 자(字)가 '검은 말 려' 자(字)이므로 우암(尤庵)이 여강(驪江)을 흑수(黑水)라고 바꾸어 윤휴를 '흑수지배(黑水之輩)'라고 낮추어 불렀고, 또 구동의 구(苟)자를 구(狗)자로 바꾸어 쓰기도 했다.

瞻彼狗之門(첨피구지문), 車馬如雲屯(거마여운둔)

저 개의 문을 보니, 거마가 구름처럼 모여 있네.

라는 글도 남아 있다. 한편 여강(驪江)을 흑수(黑水) 또는 오수(烏水)라고도 했다.

● 밤에 자주 통발 거두러 가다[夜數發筍]

옛날에 통발로 미꾸라지를 잡아 시아버지를 봉양하는 과부가 있었다. 한번은 밤에 통발을 거두러 갔다가 중에게 성폭행을 당했다. 과부는 결국 그 중과 정이 붙었다. 이후 중을 만나고 싶으면 통발 거두러 간다 하고 나갔다.

우암이 어느 열부(烈婦)의 행장(行狀)을 지으면서 '밤에 자주 통발 거두러 가다[夜數發筍]'라는 문자를 썼다고 한다. 참으로 이 문자를 썼는지, 썼더라도 어떤 악의적인 의미로 썼는지는 알 수 없다.

● 정희량(鄭希亮)

정희량(鄭希亮)은 무신년(戊申: 영조 4, 1728년) 이인좌의 난 때 중심인물로 처형된 사람이다. 그가 5세 때, 그의 조부가 시를 지어보라 했더니 희량이, "大霧食南山(대무식남산 — 큰 안개가 남산을 삼켰다.)"이라고 했다. 그의 조부가 놀라 아이를 마당에 던져버렸다. 희량이 다시 올라와 다음과 같이 시를 이었다.

已而吐南山(이이토남산), 靑山復靑山(청산복청산)

얼마 후에 남산을 뱉어내니 청산은 다시 청산이 되네.

희량의 조부가 조회(朝會)에 갈 때마다 임금을 보고 "소인의 집에 불량한 놈이 태어났습니다."라고 하니, 임금이 "경이 노망을 했구려."라고 했다.

후에 희량이 반란을 일으켰다. 임금이 잡아놓고 그 죄를 물으니 희량이, "나라의 국통(國統)을 바로잡기 위한 것입니다."라고 했다. 이 말은 영조(英祖)가 김춘택(金春澤)의 아들이라는 세간(世間)의 소문을 믿은 것이다. "그러면 네가 왕을 보았느냐?"라고 물으니, 뒷 영창을 열고 숙종(肅宗)의 영정을 보여주었다. 이런 연유로 희량의 조부 단계(丹溪)의 무덤은 파이지 않았다고 한다.

희량의 난을 평정한 후에 단성(丹城)에서 과거를 보였는데, 그때 시제(試題)는 "海東復有乾坤(해동복유건곤 ― 해동에 다시 건곤이 있게 되었다.)"이었다. 이 제목으로 지은 시이다.

江樓斯日依幞巾(강루사일의복건) 自此南人反不復(자차남인반불복)

강루의 오늘날 복건(幞巾)에 의지하니,
이로부터 남인[希亮 亂(희량난)]이 다시 일어나지 않을 걸세.)"

'복건(幞巾)'은 도복에 갖추어 머리에 쓰는 검은 색의 건(巾)인데, 갈암(葛菴) 이현일(李玄逸)이 '사승건(似僧巾)'이라 한 후에 남인들은 쓰지 않았다고 한다. "희량난(希良亂)의 명분은 대왕을 위한 복수이다[爲大王復讎]."라고 한다. 그리고 남인(南人)들은 의병(義兵)이라 하고, 서인(西人)들은 양난(良亂)이라고 한다.

● 남명(南冥) 신도비(神道碑) 건립과 그 시비(是非)

남명 선생의 신도비(神道碑)는 그 비문을 미수(眉叟)와 우암(尤庵)이 지었는데, 처음에는 미수(眉叟) 허목(許穆)이 지은 비문으로 세웠다. 이때에는 남명 후손들 중에 글을 잘 아는 사람이 거의 없어서 미수(眉叟)가 남명을 어떻게 평가했는지 잘 모르고 미수가 지은 비문으로 세웠던 것이다.

그러나 후대에 내려와서 남명의 10세손(世孫)인 감찰(監察) 복암(復菴) 조원순(曺垣淳)이 남명문집을 새로 내려고 노백헌(老柏軒) 정재규(鄭載圭) 선생에게 다니면서 그 내용을 알고 우암이 지은 비문으로 신도비를 새로 세웠다. 그리하여 남명의 신도비가 두 개가 서게 되었다.

그런데 매우 심각한 문제가 있었다. 미수(眉叟)의 『기언(記言)』 중에 「답학자서(答學者書)」라는 글이 있는데, 여기에 미수가 남명을 혹평(酷評)한 대목이 나온다. "만약 그 사람이(남명을 지칭함) 세상에 살아 있다면 나 역시 만나보고 그 사람됨을 한번 알고 싶지만, 그와 벗을 하는 것은 내가 하지 않을 것이다.[若其人在世 吾亦願見 一識其爲人也 然與之友 則吾不爲也]" 등 차마 입에 올리지 못할 평을 했다. 노백헌은 그의 「우기(偶記)」라는 글에서 미수의 이 글 내용을 조목조목 밝혀 놓았다. 더욱이 미수는 한강(寒岡) 정구(鄭逑)에게서 배웠고, 한강(寒岡)은 남명과 퇴계에게서 배웠으니, 남명은 미수에게 조사(祖師)에 해당한다고 할 수 있다. 조사(祖師)를 이렇게 혹평했으니 윤리적인 문제는 더 크다.

노백헌이 본손(本孫)들도 모르고 있던 사실을 밝혀 놓자, 복암(復菴)은 "허목(許穆)을 높이는 자는 이 문안에 들어오지 말라.[尊許穆者 勿入此門]"라는 글까지 방문 위에 붙였다고 한다. 그리고 후손들이 주동이 되어 연원가와 함께 미수가 지은 글의 신도비를 깨뜨려버렸다. 남인(南人)들이 고적(古蹟) 파손죄(破損罪)로 소송을 제기했으나 남인들이 지고 말았다. 그 결과 지금은 우암이 지은 신도비만 서 있다.

이 당시 남명의 신주(神主)를 봉향(奉享)할 때, 서인(西人)들과 남인(南人)들이 서로 나가라고 하여 할 수 없이 본손들이 사봉안(私奉安)으로 봉향(奉享)했다고 한다. 분방기(分榜記)에 서인과 남인을 섞어서 써놓으니 남인들은 자진 사퇴하고 결국 서인들이 주도하게 되었는데, 서인은 행전을 치고 있기 때문에 표가 났다. 그래서 고직이가 "행전 친 서방님들은 나가시오." 하고 소리쳤다. 잠시 후에 주인은 "남인들은 나가시오." 하고 소리치니, 결국 본손(本孫)들만 봉향했다.

남명(南冥)의 신도비(神道碑)는 처음에 미수(眉叟)가 지은 비(碑)를 세웠고, 다음에는 우암(尤庵)과 미수(眉叟)가 지은 비(碑) 두 개가 세워졌으며, 지금은 우암(尤庵)이 지은 신도비만 서 있다. 그런데 미수(眉叟)의 글에는 지금까지도 '남명 신도비(南冥神道碑)'라 하지 않고 '덕산비(德山碑)'[기언(記言) 권39]라고 씌어 있고, 반면 우암(尤庵)의 글에는 「南冥曺先生神道碑銘幷序(남명조선생신도비명병서)」[송자대전(宋子大全) 권154]라고 하여 한 분은 예의를 다 갖추었고, 한 분은 글을 지어 달라고 하니 마지못해 지은 것 같은 인상을 준다.

그런데 남명을 혹평한 분이 지은 비(碑)를 세우는 데 대한 물의(物議)가 컸던 것 같다. 새로 나온 『기언(記言)』을 반질(頒帙)할 때 처음에는 경북지방에 보낸 것에는 「답학자서(答學者書)」를 뺀 것을 나누어 주었는데, 반발이 있어서 경북지방에는 다시 그 글을 넣어서 반질하고 경남지방에는 뺀 것을 나누어 주었다고 한다. 이 역시 남명 신도비 건립과 관계가 있기 때문에 여기에 덧붙인다.

5) 자연발로(自然發露)의 시(詩)와 침사(沈思)의 문(文)

● 시(詩)는 어떻게 짓는가

오정방(吳正方)은 광해군(光海君) 때 사람이다. 폐모(廢母) 사건 때 반대하여 임금에게 아뢰었다. "… 신(臣)은 무신(武臣)이라 배운 것은 다만 사략(史略) 초권(初卷)의 증증예(蒸蒸乂) 석 자뿐입니다.[所學只史略初卷蒸蒸乂三字而已] 순(舜)임금이 부모와 아우에게 효제(孝悌)의 도리를 다하여 부모와 아우로 하여금 선(善)에 나아가고, 나아가 스스로 다스려 간악(姦惡)한 데 이르지 않게 했습니다. 따라서 대비(大妃)를 폐출(廢黜)해서는 안 됩니다."라고 했다.

또 한번은 서장관(書狀官)이 중국으로 떠나는데 송별잔치가 열려 시를 지어 전송했다. 이 자리에 참석한 오정방이 편안히 간다는 말을 한문으로 어떻게 쓰느냐고 물었다. 옆 사람이 '去平安(거평안)'이라고 하면 된다고 하니 그 자리에서 시를 지었다.

燕京路三千里(연경로삼천리)에 去平安來平安(거평안래평안)하소

연경 길 3천리에 편안히 갔다가 편안히 오십시오.

라고 했다. 이것이 그날 지은 시 중에서 장원(壯元)이 되었다고 한다.

● 저절로 나오는 시 – 우암(尤庵) 송시열(宋時烈)

우암 선생이 길을 가다가 어느 집에 유숙(留宿)하게 되었다. 서로 알지 못하는 사이지만 주인이 대접을 아주 잘했다. 그런데 주인은 친상(親喪)을 당해서 상중(喪中)이었다. 상제(喪制)가 세 사람이었는데 막내가 가장 영리했다. 그 막내가 우암에게 자기 아버지의 만장을 한 장 지어 달라고

청했다. 우암은 상제들도 모르거니와 망령(亡靈)은 더욱 모르는 사이였다. 그래서 우암은 다음과 같이 만장을 지었다.

生前我不知(생전아불지) 死後我不知(사후아불지)
生死終不知(생사종불지) 平生恨不知(평생한불지)

살았을 때도 내가 알지 못했고
죽어서도 내가 알지 못했네.
살아서도 죽어서도 끝내 알지 못했으니
평생에 알지 못한 것이 한(恨)이네.

이 만장은 사실그대로이다. 생전에 모르고 사후에도 몰랐다고 하는 것으로 끝맺었다면 이것은 시가 되지 못한다. 그러나 끝구절에 생전에 알지 못한 것이 한이라는 한 구절이 있기 때문에 이 글 전체가 시로서 살아난다.

그리하여 그 집의 당호(堂號)를 '부지당(不知堂)'이라 지었고, 이 시 한 수 때문에 그 집안은 일약 양반이 되었다고 한다. 그 후로 '부지당(不知堂) 후손'이라고 하면 사람들이 알아주었다고 한다.

이와 같이 유명한 시는 작위적(作爲的)이라기보다는 자연스럽게 저절로 이루어진다는 것을 알 수 있다.

● **別淚河陽創五言(별루하양창오언)**

소무(蘇武)는 중국 한무제(漢武帝) 때 흉노(匈奴)에 사신으로 갔다가 붙잡혀 19년간 억류되었다가 돌아온 한나라의 충절신이다. 그런데 그곳에서 혼인을 하여 소통국(蘇統國)이라는 아들을 호중(胡中)에서 얻게 되었다. 후에 환국(還國)할 때 아들을 호중(胡中)에 두고 소무(蘇武)만 귀국하게 되어 아버지와 아들이 하양(河陽)에서 이별하게 되었다. 이때 소무(蘇武)가 처음으로 오언시(五言詩)를 지어 이별했는데, 이것이 오언시(五言詩)의 창시(創始)다.

● 금강산 시(金剛山詩)

　　山與雲俱立(산여운구립)　雲山不辨容(운산불변용)
　　雲歸山獨立(운귀산독립)　一萬二千峰(일만이천봉)

　　산과 구름이 함께 섰으니
　　구름인가 산인가 구분할 수 없었네.
　　구름이 걷히고 산만 홀로 섰으니
　　곧 일만 이천 봉이로구나!

　금강산을 소재로 한 시가 많지만, 그 중에 인간이 지은 시로서는 이 시가 가장 압권(壓卷)이라고 한다.

　금강산 아래에 이 진사(李進士)라는 사람이 살았는데, 그는 금강산 시 중에서 압축(壓軸)이 될 만한 시를 지으려고 금강산에 자주 오르내렸다. 어떤 중이 그것을 알고 '저(低)', '서(西)'를 운(韻)으로 주며 시를 지어보라고 했다. 그러나 쉽게 시상(詩想)이 떠오르지 않아 걱정을 하고 있는데, 며느리가 그것을 알고 시를 지어 바쳤다.

　　東國金剛出(동국금강출)　中原五嶽低(중원오악저)
　　神仙多窟宅(신선다굴택)　王母恨生西(왕모한생서)

　　동국(東國)에 금강산이 우뚝 솟으니
　　중국에 오악(五嶽)이 나직하구나.
　　신선(神仙)들의 석굴도 많으니
　　서왕모(西王母)가 서쪽에 태어난 것을 한(恨)하리라.

　서왕모는 중국 신화에 나오는 여선(女仙)으로 불사약(不死藥)을 갖고 곤륜산(崑崙山)에 살았다고 한다. 그가 금강산이 있는 한국에 태어나지 못한 것을 한(恨)했으리라는 것이다. 승려가 이 시를 보고, "이 시는 사람이 지은 것이 아니라 이백(李白)의 혼이 지은 것이다. 며느리가 지었다면 며느리가 죽었을 것이다."라고 했다. 이 시는 금강산 시 중 귀신이 지은 시 가운데서 압권(壓卷)이라고 한다.

● 문(文)은 어떻게 짓는가?[安且成(안차성)]

산문(散文)을 쓰려면 먼저 무엇에 대해 쓸 것인가부터 분명히 정해야 한다. 송(宋)나라의 신유학자(新儒學者)들도 이 점에 대해 상당히 고심(苦心)했던 것 같다.

소옹(邵雍, 자는 堯夫, 호는 安樂先生 또는 伊川翁, 시호는 康節)은 명도(明道) 정호(程顥)와 오랫동안 종유(從遊)한 사이였다. 그런데도 명도(明道)의 묘갈명(墓碣銘)을 지어 달라는 부탁을 받고는 그렇게 가까운 사이고 글도 잘 짓는 사람이지만 쉽게 글 짓는 일에 착수하지 못했다고 한다. 무려 3일 동안 뜰을 거닐면서 골똘히 생각한 끝에 명도(明道)의 행장(行狀)을 "안차성(安且成)" 석 자로 요약할 수 있음을 깨쳤다.[得其安且成三字] 그런 후에 붓을 들었다고 한다. 이런 것을 보면 우리가 글 한 편을 쓰더라도 예사로 쓸 수 없다는 것을 깨닫게 한다.

6) 불교(佛敎) 이야기

● 한퇴지(韓退之)와 태전(太顚)

한퇴지가 「불골표(佛骨表)」를 짓고 조주자사(潮州刺史)로 좌천되었다. 한퇴지는 그곳에 가면 중[僧侶]이란 중은 전멸시킬 계획을 세웠다. 조주로 가는 도중에 태전(太顚)이란 중이 걸인 차림으로 길을 막고 자신이 지은 시의 대구(對句)를 청했다. 그 시는 아래와 같다.

太顚 : 影入淸江衣不濕(영입청강의불습)

태전 : 그림자가 맑은 강에 드니 옷이 젖지 않네.

韓愈 : 夢踏靑山脚不勞(몽답청산각불로)

한유 : 꿈에 청산을 밟으니 다리가 피곤하지 않네.

스님들은 태전의 시가 더 낫다고 하지만 막상막하의 대결이었다. 하지만 이 시는 김삿갓 시집에도 나온다. 다만 태전이 지었다는 시구는 「影侵綠水衣無濕」이라 되어있다. 설화는 이렇게 만들어지는 것이다. 한퇴지가 자사로 부임한 후에, 먼저 그곳에서 제일 유명한 승려가 누구냐고 물으니 모두가 태전이라고 했다. 한퇴지는 그곳 기녀 중 제일 미인인 홍련(紅蓮)에게 기일을 정해주면서 태전을 유혹해 보라고 했다. 기일이 다 되어가도록 태전은 유혹되지 않았다. 홍련이 초조해서 슬피 우니, 태전이 왜 우느냐고 물었다. 홍련이 사실대로 털어놓았더니, 태전이 시를 한 수 지어 주면서 한퇴지에게 보이라고 했다. 그 시는 다음과 같다.

十年不下鷲嶺峰(십년불하축령봉) 觀色觀空色卽空(관색관공색즉공)
如何一滴曹溪水(여하일적조계수) 肯墜紅蓮一葉中(긍추홍련일엽중)

십년을 축령봉에서 내려가지 않고
관색(觀色) · 관공(觀空)하니
곧 색시공(色是空) · 공시색(空是色)이네.
어찌하여 한 방울 조계의 물을
홍련의 한 잎 속에 떨어뜨리랴!

태전이 축령봉에서 10년간 수도(修道)하고 '色卽是空 空卽是色(색즉시공 공즉시색 − 현상은 곧 공이요, 공은 곧 현상이다.)'을 깨달았다. 그런데 이 10년의 공부를 홍련 때문에 물거품이 되게 하겠느냐는 뜻이다. 조계수와 홍련은 중의적(重義的) 표현으로 볼 수 있다. 조계수는 표면적으로는 계곡 이름인 조계(曹溪)의 물이지만, 내포적인 의미는 남녀 간 정사(情事)의 물이다. 또 홍련은 글자대로는 붉은 연꽃이지만, 내면으로는 미녀 기생의 이름이기도 하다.

결국 한퇴지와 태전은 도리어 친하게 되었다. 한퇴지는 태전에게 가사(袈裟)도 보냈다. 그래서 후에 송(宋)나라의 신유학자(新儒學者)들에게서 비난을 받기도 했다. 한 예로 주염계(周濂溪)는 「태전당(太顚堂)」이라는 제목으로 다음과 같이 시를 읊었다.

> 退之自謂如夫子(퇴지자위여부자) 原道深排釋老非(원도심배석로비)
> 不識太顚何似者(불식태전하사자) 數書珍重更留衣(수서진중갱유의)
> 한퇴지가 스스로 부자(夫子)와 같다고 생각하여
> 「원도(原道)」에서 불·노(佛老)의 그름을 매우 배척했네.
> 태전은 어떤 사람인지 알 수 없구나.
> 몇 차례 진중히 편지 보내고 다시 옷을 보냈는가!

이 이야기는 유가(儒家)에서보다도 승려사회에서 더 유포(流布)된 듯하다.

● 사명당(四溟堂)과 영의정(領議政)

임금이 사명당을 영의정에 임명하니, 사명당이 스승인 서산대사(西山大師)에게 어떻게 하면 좋겠느냐고 물었다. 서산대사가 3일만 하고 나오라고 했다. 사명당이 거처하던 해인사(海印寺)의 홍제암(弘濟菴) 주련(柱聯)에 다음과 같은 글이 걸려 있다.

> 三日行公不逆君命(삼일행공불역군명)　半夜歸山不負師訓(반야귀산불부사훈)
>
> 삼일 동안 공사(公事)를 행함은 군명(君命)을 거스르지 않은 것이고
> 한밤중에 산으로 돌아온 것은 스승의 훈계를 저버리지 않은 것이네.

아무리 국가에 공로가 있다 하더라도 임금이 중[僧]에게 바로 영의정을 내렸을 리는 없다. 분명히 높은 벼슬을 제수한 것은 사실인 것 같은데, 어떤 벼슬이었는지는 알 수 없다.

● 동래부사(東萊府使)와 사명당

사명당(四溟堂)이 왕명을 받아 일본에 사신으로 갔다 올 때, 인근 고을 수령들까지 다 나와 환송 · 환영했지만 동래부사(東萊府使) 송상윤(宋象允)은 사명당이 승려라는 이유로 병을 핑계로 나와 보지 않았다. 사명당이 사람을 시켜 알아보니 기생들과 주흥(酒興)에 빠져있었다. 더구나 귀국 때에는 마침 영양대군의 제삿날인데도 그러했다. 그래서 사명당이 일벌백계(一罰百戒)로 송상윤을 잡아와,

> 萬里之去 稱病不出(만리지거칭병불출)하고
> 萬里之來 稱病不出(만리지래칭병불출)하니
> 何病之藏於萬里之長乎(하병지장어만리지장호)아
>
> 만 리 길을 떠날 때도 병을 핑계로 나와 보지 않고
> 만 리 길에서 돌아올 때도 병을 핑계로 나와 보지 않으니
> 무슨 병이 만 리보다 길게 들었단 말이냐?

하면서 선참후계(先斬後啓)했다. 유몽인(柳夢寅)의 『감란록(勘亂錄)』에 기록이 있다.

● 주자(朱子)와 사천왕(四天王)

사찰(寺刹) 문 입구에 사천왕(四天王)이 밟고 있는 사람은 누구일까? 불교측에서는 주자(朱子)가 불교에 죄를 지었기 때문에 사천왕이 밟고 섰다고 한다.

그런데 유교 쪽에서는,

朱文公(주문공)이 見四天王(견사천왕)하고 笑而倒地(소이도지)라

주자가 사천왕을 보고 우스워서 땅에 거꾸러졌다.

라고 한다. 어떤 이가 이 글귀를 절의 기둥에 썼는데, 아무리 지우려 해도 지워지지 않아 그 기둥을 교체했다고 한다.

7) 역사적인 일

● 서울사람과 팥밥

서울사람들은 주로 팥밥을 먹는다고 한다. 그 이유는 쌀밥은 '옥식(玉食)'이라 하여 '임금님이 먹는 밥'이라고 한다. 그러므로 일반 서민들은 쌀밥을 먹을 수가 없어 팥밥을 먹었다고 한다.

하지만 이와 달리 다른 설(說)도 있다. 관리들의 녹봉을 지급하기 위하여 삼남(三南; 영남, 호남, 충청도) 지방에서 세곡(稅穀)을 거두어서 배에 싣고, 가을에 출발하여 서해안을 경유하여 마포까지 들어가면 약 3개월 정도 걸렸다. 그것도 바람이 심하거나 하면 다섯 달 정도 걸렸다고 한다. 이렇게 되면 바닷물이 곡식에 들쳐서 쌀에 냄새가 나므로 그냥 먹기 힘들었다고 한다. 그래서 이 냄새를 제거하기 위해 부득이 밥에 팥을 넣어서 먹었는데, 이것이 습관이 되어 후일까지 서울사람들은 팥밥을 먹는 습관이 생겼다고 한다.

● 관황묘(關皇廟)

무당으로 관운장의 딸이라고 자칭하는 사람이 있었다. 그는 진령군(眞

靈君, 본명 박창렬)이다. 임오군란(壬午軍亂) 때에 명성황후가 충주에 피난 가서 그를 만났다. 그가 점을 잘 친다기에 황후가 점을 쳐 보았더니, 환궁(還宮)할 날짜도 맞추는 등 아주 신통했다. 황후가 환궁할 때에 그를 데리고 왔다. 그는 관운장의 혼이 붓에 내렸다고, 즉 강필(降筆)이라고 유명세를 부렸다. 황후는 그를 위해 북관황묘(北關皇廟)를 지어주었는데, 갑신정변(甲申政變) 때에는 황후가 그곳에서 피난할 정도로 신임을 받아 권력의 중심에 섰다.

본래 여몽(呂蒙)이 관운장을 죽였기 때문에 우리나라에서는 여씨(呂氏) 성을 가진 사람이 관운장 사당 앞에 가면 피를 토하고 죽는다는 전설이 있다. 또 여씨가 관운장 사당 앞에 오줌을 누면 자지가 부어 죽는다는 전설도 있다. 따라서 여씨가 관운장과는 생사(生死)를 통한 원수이다.

진령군은 관운장의 딸이라고 하면서 여씨(呂氏)를 보기 싫다고 했다. 이에 따라 명성황후는 조정에서 여씨 축출운동을 벌였다. 이 때문에 여규형(呂圭亨)은 재주가 뛰어난 사람임에도 불구하고 불우하게 되어, 거의 옷을 벗은 채로 잠만 자는 폐인에 가까운 사람이 되었다고 한다. 진령군에 대해서는 많은 이야기들이 전해지고 있으나, 여씨와의 관계에 대해서는 미진한 감이 있으므로 여기에 수록했다. 한편 2017.10.22.일 오전 11시 20분 TV조선에서 박동인의 땅의 역사—밤의 여왕, 진령군을 방송하면서 민비와 무당의 흔적을 답사하여 보도했다.

● 안처겸(安處謙)과 감정(甘亭)

안처겸의 집에 '감정'이라는 여종이 있었다. 어릴 때 까불다가 매를 맞아 한쪽 발가락이 날아갔다. 이 아이가 커서 송구봉(宋龜峰)의 어머니가 되었다.

안처겸이 남산에 올라가서 서울을 내려다보며 똥을 싸고, 「방분시(放糞詩)」를 지었다. 그 한 구절에 "구린내가 장안의 백만 가(家)에 가득하구나.[香滿長安百萬家]"라는 것이 유명하다. 그러면 임금에게까지 구린내를 둘러씌운 것이 되므로 벌을 받아 온 가족이 몰살당했다.

그 당시 송구봉은 서인(西人)으로, 정치적 세력이 있었으므로 안처겸을 벌주는 데 있어 영향을 미쳤을 것으로 보인다. 그러므로 이를 두고 송구봉이 그의 어머니 원수를 갚은 것이라고 한다.

8) 기타(其他)

● 인현왕후(仁顯王后)와 숙종(肅宗)

숙종이 호협(豪俠)하여 인현왕후에게 농(弄)을 하자, 인현왕후가 세숫대야를 던져 궁녀들 앞에서 체면이 손상되었다. 숙종이 인현왕후를 위리안치(圍籬安置)해 두고 자객을 보내어 죽이려 했으나 자객이 돌아오지 않았다. 사람을 시켜 가보니 그 앞에서 죽어 있었다. 조사해 보니 몸에 다른 상처는 없고 손톱자국 같은 것만 있으며, 옆에 개가 한 마리 있었다. 침전구(寢前狗, 三角山 산신령)이다. 인현왕후가 폐서인(廢庶人)되어 친정에 있을 때, 이 개가 언제나 아무것도 먹지 않고 문 앞에 누워만 있었다. 숙종이 뉘우치고 입궐시켰다. 이갈암(李葛菴)의 폐비소(廢妃疏)에,

彼閔氏(피민씨) 自絶於天(자절어천)

저 민씨가 스스로 하늘의 인연을 끊었습니다.

라고 하며, 인현왕후에 대한 부정적인 발언을 했다. 후에 최면암(崔勉菴)이 이것을 지적하여 서원에서 갈암(葛菴)의 신주(神主)를 축출(逐出)하기로 했다. 축출당하는 신주는 정문(正門)으로 나갈 수 없다. 그래서 서원의 뒷벽을 허물고 갈암(葛菴)의 신주를 축출했다.

● 생강은 나무 열매이다[薑樹說(강수설)]

이 말은 고집이 센 것을 말한다. 송나라 신유학자들의 이야기이다. 정이천(程伊川)은 생강이 나무에 여는 열매라 하고, 소옹(邵雍)은 식물의 뿌리라고 했다. 두 사람이 자신의 주장을 굽히지 않아 결국 당나귀를 걸고 내기를 했다. 마침내 이천(伊川) 정이(程頤)가 지고 말았다. 그러나 이천(伊川)은 끝내 굽히지 않고 "당나귀는 빼앗겨도 말은 내 말이 옳다."라고 주장했다.

후에 소옹(邵雍)이 죽는 자리[當禍之席]에 이천(伊川)이 찾아가서 평생에 경계될 만한 말을 하나 달라고 청했다. 그러자 소옹(邵雍)이 다음과 같은 말을 남겼다.

> 爾道生薑生樹上(이도생강생수상)이면 吾亦從今從汝語(오역종금종여어)하리라.

> 네가 끝내 생강이 나무에 열린다고 한다면, 나 역시 이제부터 너의 말을 따르겠노라.

"네가 끝까지 고집한다면 나 역시 네 말을 따르겠다."라고 한 것은 앞으로 너의 고집을 조금 꺾으라는 뜻이다.

하지만 생강나무라는 것이 있다. 생강나무는 가지를 꺾어서 물에 넣어 끓이면 생강 냄새가 나므로 생강나무라고 한다. 정이가 '생강은 나무에 여는 열매'라고 한 것은 이 생강나무와 식용 생강을 착각한 것인 듯하다.

● 정송강(鄭松江)의 출생

송강의 조부 때 일이다. 과객(過客)이 왔는데 밥을 주니 먹지 않았다. 주인이 그 이유를 물은 즉 그날 밤이 제 아버지의 제삿날인데, 아버지를 굶겨놓고 제만 밥을 먹기가 미안해서 먹지 않는다고 했다. 송강의 할아버지가 보기에 대견스러워 작은 며느리를 보고 제사 준비를 좀 해주라고 했다. 그는 시아버지의 말을 듣지 않았다. 그래서 큰 며느리에게 제사 준비를 해 주라고 했더니 쾌히 승낙하고 제사준비를 해 주었다. 그날 밤 큰 며느리의 꿈에 어떤 노인이 나타나서 너는 앞으로 큰 인물이 될 아들을 낳을 것이라고 했다. 이렇게 해서 낳은 것이 송강 정철이다.

● 어사(御史) 이시원(李是遠)의 엄격함

이시원은 이건창(李建昌)의 조부로 유명한 어사이다. 한 번은 매씨(妹氏)를 가마에 싣고 얼음이 약간 언 한강을 건너다가 얼음이 깨어지면서 가마가 기울어져 매씨가 물에 빠졌다. 가마를 메고 가던 하인들이 놀라서 물에 뛰어들어 아씨를 건지려 하자, 이시원이 큰 소리로 "어디 하인 놈들이 양반 아씨 몸에 손을 댄단 말인가!" 하고 호통을 쳤다. 결국 누이동생은 물에 떠내려가고 말았다.

● 파혼(罷婚)의 제사(題辭)

제사(題辭)란 백성이 제출한 소장(訴狀) 또는 민원서류(民願書類)에 관청의 판결이나 지령을 내리는 글이다.

다음에서 보이는 예문은 유희문자(遊戲文字)이기는 하지만, 제사의 한 형식을 보여주므로 여기에서 선택한 것이다. 창원과 칠원에는 감씨(甘氏)와 황씨(黃氏)가 많이 사는데, 두 가문이 혼인을 정했다가 취소하려 했으나 여의치 못해 소송이 일어났다. 그런데 고을 원이 판결문을 쓰면서 아래와 같이 썼다.

昌原·漆原 兩原間(창원·칠원 양원간) 甘氏黃門咫尺間(감씨황문지척간)

창원 칠원 양원(兩原: 두 언덕) 사이에
감씨와 황문이 지척 간이라

그러니 싸우지 말고 혼인을 하라는 것이다. 너무 음탕한 말로 웃음을 참지 못할 글이다.

● 공야장(公冶長)이 새의 말을 알아듣다.

공야장은 중국 춘추시대 공자(孔子)의 제자이자 사위로, 공문(孔門) 72현(賢) 중 한 사람인데 새의 말을 알아들었다고 한다. 어떤 사람이 제비 알을 숨기니 제비가 울어대었다. 공야장에게 제비가 무슨 말을 하느냐고 물으니 공야장이 말하기를,

皮不用(피불용) 肉不用(육불용) 舍我哉(사아재) 舍我哉(사아재)!

껍질도 쓸 모 없고 살도 쓸 모 없으니 나를 놓아주세요, 나를 놓아주세요!)

라고 한다고 했다.

● 詩題(시제) : 落照(낙조)

落照吐紅掛碧山(낙조토홍괘벽산), 寒鴉尺去白雲間(한아척거백운간)
― 귀신이 지은 것
問津行客鞭應急(문진행객편응급), 尋寺歸僧杖不閒(심사귀승장불한)
― 귀신이 지은 것
放牧園中牛帶影(방목원중우대영), 望夫臺上妾低鬟(망부대상첩저환)
― 귀신이 지은 것
蒼烟枯木溪南里(창연고목계남리), 短髮樵童弄笛還(단발초동농적환)
― 사람이 지은 것

낙조가 붉은 빛을 토하며 푸른 산에 걸려있으니
차가운 까마귀는 흰 구름 사이로 날갯짓을 하며 날아가네.
나루터를 묻는 나그네는 말채찍이 응당 급하고

절을 찾으며 돌아가는 중은 지팡이가 한가롭지 않네.
방목하는 동산에는 소가 석양 그림자를 띠었고
남편을 기다리는 망대(望臺) 위엔 첩이 고개를 떨구네.
푸른 연기 마른 고목 시내 남쪽 마을에
단발의 나무꾼 아이들 피리 불며 돌아오네.

이 시를 명시(名詩)라고 하는 것은 표현이 아주 사실적이다. 제목이 "낙조(落照, 석양)"이나 작자의 감정이 노출된 곳이 없다. 객관적 상관물(客觀的相關物)을 통해서 석양을 진실감 있게 표현했다. 끝부분은 인간사를 소재로 했기 때문에 인간이 지은 시라고 한 것이다.

2. 사라져가는 말과 이야기들

옛날 글을 읽다가 보면 도저히 이해할 수 없는 말들을 접할 때가 있다. 지금은 이처럼 알기 어려운 말들이지만, 그 말이 쓰이던 당시에는 생활 용어에 불과했을 것이다. 예를 들면 『논어』가 지금 사람이 보면 어렵지만 『논어』가 쓰여진 그 당시에는 거의 생활용어였을 것이다. 다만 시대가 달라짐에 따라 그 말을 쓰지 않게 되니 그 말은 자연히 어렵게 된 것이다. 말과 글은 시간적으로만 이런 현상이 있을 뿐만 아니라 공간적으로도 그러하다. 예를 들면 특정 집단이나 특정 지역에 따라 즐겨 쓰는 말들이 있다. 따라서 서당(書堂)에 따라 또는 학통 따라 그들만이 즐겨 쓰는 말들이 있다. 기호학파니 영남학파니 하는 것도 이러한 현상이다. 당시에는 교통이 발달되지 않아서 서로의 의사소통이 잘 되지 않았으니 자연스러운 현상이다. 어떤 집단이나 어떤 지역에서 사용하는 말들은 그들의 입장에서 보면 일상용어일 것이나 다른 집단이나 다른 지역에 사는 사람들이 보면 낯선 말이 있을 것이다.

하지만 여기서는 이런 전반적인 문제는 접어두고 과거에 일상적으로 쓰던 말이지만 지금은 이해하기 어렵고, 또 앞으로 사라지기 쉬운 말들을 가려 뽑아 보기로 한다.

- **가산(柯産)** : 순산(順産)
- **과숙(瓜熟)** : 기한이 차다.
- **가우(駕雨)** : 김해의 벗. 가(駕)는 가락(駕洛)이고 우(雨)는 벗이다.
- **갓끈에 죽영(竹纓)의 수(數)** :

① 턱 위의 얼굴에 가는 것 - 4마디

② 턱 아래 드리우는 것 - 5마디 합해서 9마디이다.

③ 구슬 수 - 28개(28宿 상징)

- **견매(繭梅)** : 상주가 슬픔으로 부어서 누런 얼굴
- **견아상제(犬牙相制)** : 국경선을 정할 때, 개의 어금니처럼 서로 선(線)이 어긋나게 함
- **경술성인생(庚戌聖人生)** :

① 전경술(前庚戌) : 공자 탄생(孔子誕生),

② 후경술(後庚戌) : 주자 출생(朱子出生)을 말한다.

- **경원간적역방명(慶元姦籍亦芳名)** : 송(宋)나라 경원(慶元) 연간에 당쟁(黨爭)이 있었는데, 정자(程子)와 같은 분이 간적당(姦籍堂)에 이름이 올렸다. 그러므로 이 명부에 이름이 없힌 것이 오히려 영광스러운 일이라고 했다.
- **견창지희(見暢之喜)** : 손자를 본 기쁨
- **경자(經子)** : 오경(五經) 사자(四子, 書)
- **경칠대감(庚七大監)** : 경술(庚戌) 8월에 나라가 망했으므로. 벼슬을 사서 7월 한 달만 행세한 매관자를 놀려서 하는 말.
- **계고(鷄膏)** : 닭 고음

- **계부당(鷄伏堂)** : 닭이 알을 품듯이 내면 공부를 하는 것을 이름
- **고도서(古道書)** : 서로 만나본 적이 없으면서 하는 편지
- **고둥(枯藤)** : 지팡이
- **고금지석(鼓琴之夕)** : 대상(大祥) 저녁
- **과년(瓜年)** : 15세를 일컬음. 외는 꽃이 떨어진 지 15일 만에 성숙하고, 16일 만에 익는다는 데서 온 말
- **관동문(冠童文)** : 관(冠)은 성인(成人), 동(童)은 미성인(未成人), 문(文)은 돈. 주로 문중(門中)에서 족보(族譜)를 만들 때, 성인과 아이에게 배당하는 돈
- **관상지개(冠裳之改)** : 탈상
- **광탕지전(曠蕩之典)** : 법에 없는 넓은 은전(恩典)
- **구경시하(俱慶侍下)** : 양친이 다 살아계심
- **구사(丘史)** : 산지기
- **구우(舊雨)** : 예로부터 사겨오던 벗, 우(雨)는 벗이라는 뜻
- **권산(權山)** : 앞산. 안산(案山)
- **굴씨불서매(屈氏不書梅)** : 굴원(屈原)의 「이소경(離騷經)」에는 온갖 꽃들이 다 등장하는데, "매(梅)"자는 쓰지 않았다. 그의 어머니 이름자가 "매(梅)"이므로 쓰지 않았다고 한다.
- **금호지선(金虎之燹)** : 경인년(庚寅年)의 난리, 즉 6.25전쟁. 서쪽 금(金)인 경(庚)과 같은 범인 인(寅)으로 변환 것.
- **기경(騎鯨)** : 지방에서는 익사(溺死)를 의미함. "李白騎鯨飛上天(이백기경비상천 — 이백이 고래를 타고 하늘로 올라갔다.)"에서 나온 말. 사전에는 아직 등재하지 않았음.
- **기백(箕伯)** : 평양 감사
- **기하(記下)** : '나'의 겸칭. 높은 사람이 겸칭으로 씀. 주로 관원이 씀
- **남주(藍朱)** : 배움. "丹之所藏者朱 藍之所藏者靑.(단지소장자주 남지

소장자청 — 丹을 감추고 있는 자는 붉은 것이고, 藍을 감추고 있는 자는 푸른 것이다.)"에서 나온 말

- **낭함(郞啣)** : 참봉. 낭(郞)은 미관(微官)이므로 붙여진 이름
- **녹지(錄紙)** : 수표(手票)
- **늑(扐)** : 윤달
- **낭사지계(囊沙之計)** : 한신(韓信)이 모래주머니로 물을 막았다가 적이 반쯤 건너자 물을 터뜨려 적을 막은 계책
- **남향군수(南向郡守)** : 과거(科擧)를 통하지 않고 북문(北門), 즉 뒤로 들어와서 군수가 된 사람
- **노파(壚婆)** : 주모(酒母)
- **대분지원(戴盆之冤)** : 억울한 원한 : "日月雖明 不照於覆盆之下(일월수명 불조어복분지하 — 해와 달이 비록 밝지만 엎어놓은 동이의 밑에는 비치지 못한다.)"
- **담파(潭巴)** : 율곡(栗谷)의 석담(石潭)과 우암(尤菴)의 파계(巴溪)
- **담화(潭華)** : 율곡이 살던 석담과 우암이 살던 화양(華陽), 즉 율곡과 우암
- **대정(戴晶)** : 안경을 끼다.
- **각 나라의 성(大姓)** :
  ① 한(漢)나라의 대성 : 김(金), 장(張)
  ② 당(唐)나라의 대성 : 최(崔), 노(盧)
  ③ 진(晉)나라의 대성 : 왕(王), 사(謝)
- **대학(大學)과 중용에 심(心)자가 없다.**
- **도능독(徒能讀)** : 변화를 알지 못함. "徒能讀父之書(도능독부지서 — 다만 아버지의 책만 읽고 활용 못함.)"에서 나온 말
- **돌변지례(突弁之禮)** : 관례(冠禮)
- **동노(東魯)** : 한국

- **동로(東老)** : 공자

- **동화(東華)** : 서울

- **막존지지(莫尊之地)** : 왕릉(王陵)

- **매우(梅雨)** : 5월의 장마

- 사마천의 『사기(史記)』, <맹상군전(孟嘗君傳)>에는 많은 사물(事物)
이 등장하지만, 물고기는 등장하지 않았다.

- **무릉지질(茂陵之疾)** : 소갈증(消渴症). 당뇨병으로 목이 마름. 사마상
여(司馬相如)가 연인과 이별한 후에 이 병이 걸렸음. "茂陵風雨病相如(무
릉풍우병상여)"라는 싯구가 유명하다.

- **문군수(文郡守)** : 문과(文科)에 급제하여 군수가 됨

- **미와(微渦)** : 보조개

- **배문금(排門金)** : 문중 배당금

- **백건지변(白巾之變)** : 민란(民亂)

- **백이전서(百二全書)** : 우암의 『송자대전(宋子大全)』이 102권이므로
이르는 말

- **별(別)** : 있는 사람이 가는 사람에게 주는 글

- **부부(夫夫)** : 인인(人人)과 같은 말

- **부부(附附)** : 부신부관(附身附棺), 즉 장례

- **부일(夫日)** : 제일(祭日)

- **부재(不才)** : 인명(人名). 공공(共工)의 아들 부재자(不才子)가 동짓날
에 죽었다. 그러므로 동지일(冬至日)이 되면 팥죽을 끓여 부재(不才)를 물
리치는 풍속이 생겼다고 한다.

- **부추지겁(負芻之刦)** : 민란(民亂)

- **분재기(分財記)** : 깃기. 금기(襟記), 분금기(分襟記), 제금기(除襟記),
분가(分家) 등으로 쓰인다. '제금'은 '제곰', 즉 '제각기'에서 온 말이다.

- **불식마간(不食馬肝)** : 말의 간(肝)은 먹지 않음. "옛사람이 말하기를,

말고기를 먹으면서 말의 간을 먹지 않아도 맛을 모르는 것이 되지 않는다.[古人云 食肉 不食馬肝 未爲不知味也(고인운 식육 불식마간 미위부지미야)]" — 하겸진『동시화』에서

- **사미(四美)** : 강(江), 산(山), 풍(風), 월(月)
- **사복(査伏)** : 부채에 박은 못
- **사상채지한협(謝上蔡之汗浹)** : 사상채가 정자를 찾아가서『사기(史記)』를 외우니, 정자가 "그 책을 읽는 것은 완물상지(玩物喪志)"라고 하자 사상채가 무안하여 땀이 흘렀다는 고사
- **사촌(四寸)** : 마음
- **사촌지학(四寸之學)** : 귀에 듣고 입으로 말하는 학문. 귀와 입 사이의 거리가 사촌(四寸)이라는 데서 나온 말. 공부를 자기화 시키지 못하고 천박함을 일컬음. 즉 여기서 듣고 저기서 말함
- **산청(山淸) 이정언(李正言)** : 충무공(忠武公) 사당(祠堂)에서 충무공이 무인(武人)이라고 절하지 않음. 당일 익사
- **상여지일(喪餘之日)** : 제삿날
- **삼자함(三字函)** : 지제교(知製敎)
- **삼정승불여일남대(三政承不如一南臺)**: 삼정승이 한 남대만 못하다. 남대는 과거를 통하지 않고 문신들의 추천으로 진출한 사람.
- **삼분지학(三分之學)** : 과거(科擧)
- **삼호지지(三戶之志)** : 복수하려는 뜻. "楚雖三戶 亡秦者楚(초수삼호 망진자초 — 초나라가 세 집만 남더라도 진나라를 멸망시킬 자는 초나라일 것이다.)"라는 데서 나온 말
- **상여지통(喪餘之痛)** : 별세 후 첫 제사
- **상영상분(湘影相分)** : 형제가 서로 헤어짐
- **상인(翔鱗)** : 편지
- **상채(向債)** : 상자평(向子平)이 자녀들의 혼인을 마치고, 이제 인간의

빚을 다 갚았다고 한 일

- **생석(生石)** : 자연석 그대로
- **서귀(西歸)** : 서안(西安). 서울의 뜻 ―『시경(詩經)』
- **서당(書堂)에서 쓰는 은어(隱語)**

① 조창 ― 숭늉의 별칭. 옛날 서당에서 공부하던 사람이 배가 고파서 숭늉마저 먹는다는 데서 나온 말

② 이나니 ― 음식을 탐내는 사람.『맹자』에 "飮食之人(음식지인)을 人(인)이 賤之(천지)이나니)", 즉 '음식을 탐내는 사람을 남이 천하게 여기나니'에서 나온 말

- **서림(徐琳)과 「임꺽정전」**

『율곡전서(栗谷全書)』에 서림(徐琳)이라는 사람이 나온다. 그는 김시진(金時珍)의 글을 대신 지어주고 과적(科敵)이 되었다. 그리하여 그는 김시진의 집에 와주(窩主)가 되었다. 와주(窩主)란 집사(執事)와 비슷하게 그 집의 살림을 맡아 살아주는 사람이다. 「임꺽정전」은 이 사람을 모델로 삼은 것이라고 한다.

- **서원(書院)에 삼불입(三不入)** :

① 빌려준 책 받으러 안감

② 빌려준 돈 받으러 안감

③ 여자는 못 들어감

- **석두어(石頭魚)** : 조기
- **서음(西音)** : 서울 소식
- **석봉(石縫)** : 돌 틈
- **석우(石友)** : 친구. 금석지교(金石之交)에서 나온 말
- **석하(席下)** : 좌하(座下)와 같은 말
- **선숙지루(禪宿之淚)** : 선숙이란 중이 도를 전할 데가 없어서 밤에 눈물을 흘렸다는 고사. ―『주서(朱書)』

- 성남인(城南人) : 벼슬하지 못한 사람
- 성씨(姓氏) : 성(姓)은 종부(從父)요, 씨(氏)는 종모(從母)이다.
예) 여주(驪州)는 씨(氏)요 본관이며, 이(李)는 성(姓)이다.
- 성휘불휘(聖諱不諱) : 성인(聖人)의 이름은 피하지 않는다. 공자(孔子)
의 이름도 그대로 부른다. 윤휴(尹鑴)의 주장이다.
- 설경(舌耕) : 접장
- 소남지역(召南之役) : 농사짓는 일
- 소봉(素封) : 천석군(千石君)처럼 임금이 아니면서 군(君)자를 붙이는 것
- 수룡(水龍) : 임진(壬辰). 임(壬)은 북방(北方) 수(水)이고, 진(辰)은 용
(龍)임
- 수월(讐月) : 부모의 제사가 드는 달
- 숭도(崇韜) : 남의 후손으로 붙음. 그는 곽자의(郭子儀)의 자손이 아니
면서 곽자의를 사모하여 곽자의의 후손 행세를 했다. "哭於汾陽之墓(곡어
분양지묘)"라는 것도 그 한 예다.
- 숭명이홀유 자손치(崇明而忽幽 子孫恥) : 묘갈명은 있으면서 묘지명
이 없으면 자손의 수치이다.
- 십일지업(十日之業) : 과거(科擧)
- 십후(十堠) : 10리쯤에 세우는 이정표. 장승을 5리에 1개 정도 세워서
이정표로 삼기도 함
- 아계(丫溪) : 선원(仙源) 후손으로 "維歲次(유세차) 康熙(강희) ……"
라 썼다고 우암(尤庵)에게 멸문지화를 당했음. 우암이 그를 미워하여 "쌍
두공(雙頭公)"이라 썼음
- 약자(略字) : 圶(墓), 寀(實), 口口(嚴), 乍(作), 坔(塵), 迁(遷), 扲(擅), 甩
(龜), 㘴(壹), 杏(啓), 㦸(戴), 狄(獸), 葯(藥), 芦(蘆), 凥(居), 跲(路), 夣(夢)
- 양안(兩安) : 좋은 묘지는 죽은 사람도 편안하고, 산 사람도 편안함을
말함

- **양효(羊孝)** : 양 새끼가 다리를 꿇고 어미젖을 먹는 것을 이름
- **애통지조(哀痛之詔)** : 당(唐)나라 덕종이 정치를 잘못하다가 뉘우치는 조서(詔書)를 내린 일. 임란(壬亂) 때 선조가 의주(義州)에서 이 조서를 내려 시국을 슬퍼함
- **여개불명(餘皆不名)** : 나머지는 모두 이름을 짓지 않았다. 옛날에는 4~5세가 되어도 이름을 짓지 않았다. 언제 죽을지 모르기 때문이다.
- **여사(餘師)** : 글 속의 스승
- **여일(餘日)** : 제일(祭日). "夫日之餘(부일지여)"에서 나온 말
- **여황(余皇)** : 배(船), 여황(餘艎)
- **연족(燕足)** : 정려(旌閭), 붉은 살
- **연진(衍軫)** : 공손연(公孫衍)과 진진(陳軫)
- **연화(楝花)** : 찔레꽃
- **영근(靈根)** : 지방에서는 인삼(人蔘)을 말하는데, 사전에는 아직 등재되지 않았음
- **오두지력 약존약망(烏頭之力 若存若亡)** : "오두(烏頭)의 힘은 있는 듯, 없는 듯하다." ➡ 이 글에서 오두(烏頭)는 "부자(附子)"이다. 부자는 처음에는 약효(藥效)가 있으나 오래가지 않음을 비유하여 씀
- **오두(烏頭)** : 정려(旌閭). 정려의 지붕 위에 까마귀 모형이 있으므로 이르는 말. 오두적각(烏頭赤脚)의 줄인 말
- **오안(烏眼)** : 까막눈. 무식함
- **오이랑(五二郎)** : 주자(朱子)의 아명(兒名). 주자의 아버지가 52세 때에 주자가 출생했으므로 붙여진 이름
- **오성(鰲省)** : 경주
- **오욕지절(烏浴之節)** : 10월 절
- **왕(王)** : 임금님에게는 서향(西向)하여 절한다.
- **우암(尤庵)이 명명(命名)했다는 이름들**

① 노씨(盧氏) 집 이름 – 낭개정(浪開亭)

  (노랑개)

② 오씨(吳氏) 집 이름 – 낭쾌정(浪快亭)

  (오랑캐)

③ 윤백호(尹白湖)가 여강(驪江)가에 산다고 – 흑수배(黑水輩)

  우암이 이러한 이름을 잘 썼다고 한다.

- **운도(雲陶)** : 주자의 운곡(雲谷)과 퇴계의 도산(陶山)
- **원부(怨府)** : 부자(富者). 부자는 남의 원한을 쌓는다는 뜻
- **원운(原韻)** : 원운이란 남이 쓰는 말이지 자신이 쓰는 말이 아님. 자신이 "題曉原齋(제효원재)"라 하고 자기 집에 시를 써 놓으면 남이 이것을 원운이라 함
- **월인지투(越人之投)** : 편작(片鵲)의 투약(投藥)
- **월향(越鄕)** : 타향
- **초향(楚鄕)** : 타향
- **유경(柳京)** : 평양. 평양에 버드나무가 많으므로 이르는 말. 전설에 의하면 기자(箕子)가 한국으로 올 때에 상주(喪主)였기 때문에 버드나무 지팡이를 짚고 왔는데, 그것이 살아서 버드나무가 많다고 함. 한편 이와 달리 기자가 한국 사람의 성질이 강하기 때문에 부드럽게 하기 위하여 버드나무를 심게 한 데서 유래했다고 함
- **일은(一) 동일한 이치다**

① 유교(儒敎) : 오도일이관지(吾道一以貫之)

② 노자(老子) : 포일수정(抱一守正)

③ 불교(佛敎) : 만법귀일(萬法歸一)

- **유차(劉叉)가 한퇴지 책상 위에 있는 돈을 가져감**: 한퇴지가 왜 남의 돈을 가져가느냐고 묻자, 자신이 술 받아먹겠다고 하면서 귀신에 아첨한 돈 가져가면 어떠냐고 했다. 남의 비문을 지어주는 것은 귀신에 아첨하는

것이다. 한문으로 "使劉君爲壽(사유군위수)케 하라"고 했다.

● **육족(六足)** : 하인(下人). 하인 발 2개, 말 발 4개, 합하여 여섯 개임

● **윤황양(閏黃楊)** : 황양목(黃楊木)은 윤달에 작아짐. 문장이 차차 못해짐을 비유

● **의유지계(依劉之計)** : 유비(劉備)가 유포(劉布)에게 의지하듯이 남에게 의지함을 비유.

● **이견지소릉(已見之昭陵)** : 이미 알고 있는 사실. 당태종이 위징(魏徵)과 동산에 올라 손으로 소릉을 가리키며, "저기를 보라." 하니 위징은 보이지 않는다고 했다. 태종이 바로 앞에 저것이 안 보이냐고 하자, "저는 임금님의 아버지 능인 헌릉(獻陵)을 가리키는 줄 알았습니다. 소릉은 벌써 알고 있습니다."라고 한 고사에서 유래한 말

● **이두지호(李杜之好)** : 이응(李膺)과 두밀(杜密)의 좋은 사이. 두밀이 이응과 친하게 되자, 두밀의 어머니가 자기 아들을 보고 "네가 이응과 친했으니 내가 죽어도 한이 없을 것"이라고 한 고사를 일컬음

● **이부(伊傅)** : 이윤(伊尹)과 부열(傅說)

● **이사비옥년지곽(李私婢玉年之柩)** : 이(李)는 주인 성임. 옥년(玉年)은 종의 이름. 옛날 천한 사람의 명정(銘旌)은 이렇게 썼다.

● **이연(夷連)** : 백이(伯夷)와 노중연(魯仲連)

● **이행(裡行)** : 어사. 수의(繡衣)를 속에 입고 다니므로 이르는 말

● **인우(鱗羽)** : 편지

● **인필(麟筆)** : 사필(史筆)

● **일간모옥제소왕(一間茅屋祭素王)** : 초(楚)나라의 소왕(素王)을 초나라 유민(遺民)들이 불쌍히 여겨 모옥(茅屋)에서 제사 지낸 일. 명나라가 망하자 우리나라에서 만동묘(萬東廟)를 짓고, 명(明)나라의 신종황제를 제사 지내면서 흔히 이 일에 비유하기도 했다.

● **일궁(一弓)** : 한 보탄. 짐을 지고 가다가 한 번 쉬는 거리(경상도에서

쓰는 말)

- **일명지성(一命之成)·소성(小成)** : 진사(進士)
- **임인(壬人)** : 북인(北人). 정인홍의 대북(大北)
- **일천집의(逸薦執義)** : 유일(遺逸)로 추천되어 집의가 되었다.
- **은일(隱逸)과 은둔(隱遁)** : 일(逸)은 상지(尚志). 둔(遁)은 자취, 즉 도망

해 숨음을 의미함

예) 일민(逸民)은 백이(伯夷)·숙제(叔齊)라 할 때의 경우

- **을려(乙藜)** : 지팡이 윗부분이 을(乙)자처럼 구부러진 청려장
- **일불살육통(一不殺六通)**: 불(不) 하나가 여섯 개의 통(通)을 망쳤다.

옛날 학습평가 때, 대개 통(通), 조(粗), 약(略), 불(不) 등 4 단계로 평가했

다. 과거보러 가서 칠서(七書) 중에 여섯 개 모두 통(通)을 받았으나 마지

막 『주역』에서 불(不)을 받아 여섯 개의 통을 무효로 시켰을 것이다.

- **의문이가(倚門而歌)** : 증점이 초상집에 가서 노래를 했다. 죽는 것이

좋다고, 자상백자도 그리했다. -『논어』

- **자부(資斧)** : 노자(路資)
- **자춘지우(子春之憂)** : 낙상(落傷)으로 발을 다친 걱정. "악정자춘이 청

에서 내려오다가 그 발을 다쳤다.[樂正子春 下堂而傷其足(악정자춘 하당

이상기족)]" -『소학·계고』에서 나온 말. 악정(樂正)은 성이고, 자춘(子

春)은 이름이며, 증자(曾子)의 제자이다.

- **작획지탄(綽繣之歎)** : 어긋난 탄식
- **장장(丈丈)** : 문장(文丈). 주자(朱子)가 문장(文丈)을 잘못 장장(丈丈)이

라고 쓴 데서 연유함

- **적우(敵友)** : 친구
- **정(丁)** : 먹을 세는 단위. 묵일정(墨一丁)이라고 하면 먹 한 자루(丁)이다.
- **정경(正卿)** : 판서(判書)
- **정복지전(旌復之典)** : 정려(旌閭)와 복호(復戶)의 은전(恩典)

● **정소지학(程邵之謔)** : 소강절(邵康節)이 죽을 때 정자(程子)와 농담한 일. 강수설(薑樹說)을 의미함

● **정애미사(定哀微事)** : 노(魯)나라 정공(定公)과 애공(哀公)의 은미(隱微)한 일. 숨김.

김종직의 「조의제문」을 탁영이 실록에 실은 것을 우암이 "畢齋之作此文(필재지작차문)과 濯纓之載此文(탁영지재차문) 何意也(하의야)오.(점필재가 이 글을 지은 것과 탁영이 이 글을 실록에 실은 것은 무슨 의도인가?)"라고 했다. 이를 두고 "定哀微事(정애미사 – 국가 · 단종을 비유)"라고 한 것을 서인(西人) 측에서는 잘한 것처럼 말해왔다. 그러나 남인(南人)들은 우암에게 많은 욕을 한다.

● **정인보(鄭寅普)** : 정태화 정승 후에 제사에 어(魚) · 육(肉), 축문을 쓰지 않는다고 함. – 후손들이 어떤 사람이 날지 모르니 정태화 정승이 쓰지 말도록 했다지만, 사실은 김장생에 대한 반발인 듯하다고 함

● **정종(正宗) 때 정승인 유척기(兪拓基)** : 집에 지사(地師)가 찾아와서 조상의 무덤을 잘 쓰면 부귀를 한다고 하자, 유척기가 다음의 글로 반박했다. "王侯將相(왕후장상)이 如容易(여용이)댄 何不當年葬爾祖(하불당년장이조)오(왕후장상이 만약 그렇게 용이하게 된다면 어찌 당년에 너의 할아버지를 그곳에 장사지내지 아니했는가?)" 했다고 한다. 참으로 유명한 정승의 말이다. 그래서 조선조 정승을 통틀어 2명 반이라고 하는데 황희(黃熹) 1명, 허종(許宗) 1명, 유척기 반(半)명이란 말이 있다.

● **제요지의(霽潦之義)** : 날이 개이면 나가고, 비가 오면 나가지 않음. 시대가 좋으면 나가서 벼슬하고 시대가 어지러우면 나가지 않는 것을 비유한 말

● **제진지치(帝秦之恥)** : 노중련(魯仲連)이 진(秦)나라를 제(帝)로 모실 것을 수치스럽게 여겼음

●『**주역(周易)』의 계사(繫辭)**에 '이(理)'자는 한 자밖에 없다. 제(帝)→

주재자. / 천(天)→자연 · 도(道). / 태극(太極)→수학. / 역(易)→변화이지만 뜻은 한가지이다. 즉 이(理)이다.

- **조립서창지지(曺立書窓之志)** : "죽기 전에는 포기할 수 없다[未死之前不自棄]"는 말을 창문에 써 붙인 뜻.

- **조랍(祖臘)** : 한국에서는 구정(舊正)을 일컬음. 한(漢)나라 때 왕망(王莽)이 한(漢)나라 달력을 쓰지 않고 새로 달력을 만들었다. 그러나 지조 있는 선비들은 조랍(祖臘), 즉 한나라의 구정(舊正)을 쇠었다는 데서 유래함

- **지당몽초지감(池塘夢草之感)** : 세월이 빠름

- **지위태(脂韋態)** : 어정쩡한 태도

- **지주(地主)** : 고을 원님

- **지주고사(池州故事)** : 지주(池州)의 송윤곡(宋尹穀)이 성(城)이 적에게 포위당했음에도 불구하고 관례(冠禮)를 행한 일

- **지현수(之玄水)** : 배회(徘徊)하는 물

- **진지려 진지우(秦之呂 晉之牛)** : 씨(氏)가 바뀐 것을 말한다. 진시황(秦始皇)은 여불위(呂不韋)의 아들이고, 진안제(晉安帝)는 소리(小吏) 우금(牛金)의 아들이라는 것이다.

- **중손(曾孫)** : 증조(曾祖) 이상의 후손은 모두 증손(曾孫)이라 쓰기도 함

- **차운시(次韻詩)** : 동파(東坡)에서 처음으로 시작되었다.

- **창엽문(蒼葉門)** : 조선조(朝鮮朝)의 묘문(廟門) 이름. 이를 풀이하면 '창(蒼)' 자는 이십팔군(二十八君)이고, '엽(葉)'은 이십팔세(二十八世), 목무자(木無子)이다. 목(木) 밑에 자(子)가 없다. 이는 마지막 황제의 아들이 없다는 의미. 즉 융희(순종)가 고자로 자식이 없다.

- **채후(彩候)** : 부모님의 기체후

- **천국지당(天局之党)** : 서학(西學)

- **천지원황(天地元黃)** : '현(玄)'자가 청나라 어휘(御諱)이므로 '원(元)'자로 바꾸었음.

● **"첨피기욱 록죽의의(瞻彼淇奧 菉竹猗猗)"**를 읽다가 선생이 학생을 보고, "이 대밭이 몇 평이나 되느냐?" 학생의 대답이 "우리 큰집 대밭만 합니다." 선생이 "네가 기욱 대밭에 가 보았느냐? 어찌 네 큰집 대밭만 한지 아느냐?" 학생이 "선생님은 우리 큰집 대밭에 가보았습니까? 그리 안 되는 것을 어찌 압니까?"라고 했다. 학생의 순발력을 볼 수 있는 문답이다.

● **천(千喜然, 또는 宜鉉) · 하(河靖一, 또는 淸一) · 장(張淳奎) · 안(安弼周, 또는 石柱)**등은 깡패출신인데 임오군란 때 대원군이 이의 사람들을 시켜서 김병기의 처신을 파악하게 했다. 김병기가 수원에 살면서 난리에도 피난가지 않고 도로 돌아왔다. 왜 가지 않고 오느냐고 물으니, "대신은 여국동휴척(與國同休戚)"이기 때문이라고 대답했다. 나라와 함께 기쁨과 슬픔을 같이 한다는 뜻이다. 대원군이 듣고 차마 해치지 못하고, "우리에게도 김병기 반 정도만 되는 인물이 있어도 다행이겠다."라고 했다.

● **청부만엽(靑蚨萬葉)** : 돈 만잎

● **청수간지문(請首簡之文)** : 책의 서문을 청함

● **초두목각지원(草頭木脚之冤)** : 소송(蘇訟＝訴訟). 무함(誣陷)

● **총맥지행(葱麥之行)** : 시집간 딸의 집에 가는 것

● **취성정자손부조적(聚星亭子孫附曹賊)** : 순욱(荀彧)이 조조(曹操)에 붙음을 의미함

● **최전(最殿)** : 1등과 꼴등. 3년 만에 고을 원을 고적(考績, 공적을 등수 냄)하여 5년 만에 대출척(大黜陟)을 하는데, 이때 1등을 최(最), 꼴등을 전(殿)이라 한다.

● **탈준지의(脫駿之儀)** : 문상하러 가서 타고 갔던 말을 부의한 일

● **태양지중(太陽之症)** : 화를 잘 내는 증세

● **통정대부(通政大夫)** : 이 관계(官階)를 계제(階梯) 받으면 과거(科擧)에 응시할 자격 상실

● **파엽사(破葉詞)** : 상처(喪妻)에 만장

- **팔만대장경(八萬大藏經)의 요지** : 심(心)

- **팔족지혜(八足之惠)** : 문어(文魚) 보낸 것

- **패금지설(貝錦之舌)** : 무함(誣陷)

- **평발(平勃)** : 진평(陳平)과 주발(周勃)

- **하당지우(下堂之憂)** : 낙상(落傷)으로 발을 다친 걱정. 자춘지우(子春之憂)

- **하오(夏五)** : 의심스러운 것.『좌전(左傳)』에 "하오월(夏五月)"이라 할 곳에 "하오(夏五)"라 되어 있어 의문스런 일이라는 데서 나온 말

- **하대부열(下大夫列)** : 통정대부(通政大夫) 이하의 서열

- **한문 서적(書籍), 즉 동장(東裝)의 장정(裝幀)**은 한국의 경우 삼강오륜(三綱五倫)을 상징하여 **다섯구멍(五針法)**에다가 한 구멍에 바늘이 세 번씩 들어가게 한다. 참고로 중국은 **사침법(四針法)**이고, 일본은 **육침법(六針法)**이다.

- **한소(寒素)** : 가난함

- **한헌지도옹허위(漢獻之徒擁虛位)** : 한헌제(漢獻帝)가 조조(曹操) 밑에서 허위(虛位)만 받아 실권(實權)이 없는 것을 비유한 말

- **함칠지간 야무비견(咸漆之間 野無肥犬)**함안과 칠원사이에는 들에 살찐 개가 없다 : 효자들이 부모님의 병세를 파악하기 위해 부모님의 똥을 다 주어 먹었으므로 개가 먹을 것이 없어 살이 찌지 않았다고 비꼬아서 하는 말.

- **함색여생(含索餘生)** : 상인(喪人)

- **합하(合下)** : 본바탕

- **해원(解元)** : 지방 향시에 장원함

- **현부(玄夫)** : 붓

- **현현자(玄玄子)** : 노자(老子) · 현현황제(玄玄皇帝) · 원원황제(元元皇帝)

- **현화(玄和)** : 관(棺)을 일컫는다. 문왕(文王)의 관(棺)을 묻은 난수(灤

水)의 둑이 무너졌는데, 앞에는 화(和), 즉 전화(前和), 뒤에는 현(玄), 즉 후현(後玄)의 글자가 보였다. 그래서 관을 "난화(灤和)ㆍ전화(前和)ㆍ현화(玄和)"라고 한다.

- **호변(虎變)** : 표변성호(豹變成虎). 공부가 성취됨을 비유
- **관인(官人)들의 호칭**
  ① 상감 : 임금
  ② 대감 : 정종(正從) 이품(二品) 이상, 판서 이상
  ③ 영감 : 통정대부, 정삼품상(正三品上), 당상관(堂上官), 정삼품하(正三品下)는 통훈대부로 영감이 아님.
  ④ 제감(祭監)나으리 : 영감 다음 관인.
  ⑤ 소감(少監) : 말단 관직.
  ⑥ 나으리 : 일반관인들의 존칭 또는 5품 이상
  ⑦ 영공(令公) : 상대방의 존칭
- **화구(禾邱)** : 한퇴지의 묘비문에 "縣曰 萬年, 鄕曰 佳禾, 高四尺是公墓(현왈 만년, 향왈 가화, 고사척시공묘 − 현은 만년이고 향은 가화인데, 여기에 높이 4척으로 서 있는 것이 공의 묘이다.)"에서 나와 '무덤'이란 뜻으로 쓰임
- **화망건선생(畵網巾先生)** : 명말청초(明末淸初)의 서동해(徐東海)를 이름. 청(淸)이 건국하자 명나라의 풍속을 없애려고 단발령(斷髮令)을 내려 강제로 머리를 깎으니, 서동해가 이마에 망건을 그리게 하였다.
- **황관(黃冠)** : 삿갓
- **황안(黃眼)** : 승려의 눈
- **황양(黃楊)** : 황간(黃幹)과 양시(楊時)
- **황주(皇州)** : 서울
- **황화구구(黃華九九)** : 국화 피는 9월 9일
- **흑모란(黑牧丹)** : 검은 소. 어떤 사람이 자기 집에 흑모란이 있다고 자

랑했다. 많은 친구들이 구경하러 그 집에 갔다. 함께 술을 마시며 보여 달라고 하자 뒷문을 열고 보라고 했다. 그런데 그것은 검은 모란이 아니라 검은 소[烏牛]였다. 그리고 그의 말이 '모란은 사치이지만, 검은 소는 실용이 아니냐'고 했다. 허영을 풍자한 것이다. 그 후로 검은 소를 '흑모란'이라고 한다.

● **회옹지일용경부지장 찬위공비(晦翁之一用敬夫之狀 撰魏公碑)** : 장경부(張敬夫)가 자기 아버지의 묘갈명(墓碣銘)을 짓기 위해서 가지고 온 행장(行狀)을 주자(朱子)가 그대로 써서 비문을 지어주었다는 고사. 아들이 지은 행장대로 글을 지어준다고 할 때 비유해서 씀

● **흘적천적(吃的穿的)** : 먹을 것과 입을 것

● **효수(孝獸)** : 호랑이

● **십육물자일기(十六勿字一旗)** : 16자로 된 물자(勿字)의 한 깃발. 「사물잠(四勿箴)」을 말한다. '사물(四勿)'이란 비례물시(非禮勿視), 비례물청(非禮勿聽), 비례물언(非禮勿言), 비례물동(非禮勿動) 등 네 가지 하지 말라는 경계로, 글자 수가 모두 16자이다. 16자로 된 물자(勿字)의 한 깃발을 내걸어, 적이 오지 못하게 하듯이 예(禮)에 어긋나는 일은 접근하지 못하게 하라는 깃발이다. 그리고 물자(勿字)는 '기이름 물'자이다.

3. 한시(漢詩) 창작(創作)에 쓰이는 인명대(人名對)

한문으로 글을 써 보려면 운문이건, 산문이건 대구(對句)는 큰 비중을 차지한다. 천지(天地)가 있으면 음양(陰陽)이 있고 주야(晝夜)가 있듯이 모든 것이 상대적이기 때문이다. 역대 문장을 두고 볼 때, 사륙(四六) 병려문(駢儷文)에 와서는 운문이고 산문이고 간에 모두 대구를 써 왔다. 한시를 지을 때는 반드시 대구를 써야 할 곳이 있고, 또한 우리나라 과거(科擧)에

사용하던 과문(科文) 역시 대구에 능숙하지 못하면 아예 불가능하다.

요즘 와서 한시작법에 관심을 가지는 사람이 많아지면서 이 대구가 주목을 끈다. 여기에 보이는 인명대(人名對)는 한문학에 박식한 사람이 아니고서는 불가능한 것이다. 특히 한시작법에 관심을 가지는 사람은 꼭 한번 읽어보아야 할 글이다.

● 인명대구(人名對句)

참고	인명대	참고
金	(춘추)春秋 ↔ 王霸(왕패)	漢의 28功臣
효자	(이이)李耳 ↔ 栗腹(율복)	趙의 장수
이름:完, 字 若文, 문인	(요봉)堯峰 ↔ 舜水(순수)	節義人
卓	(문군)文君 ↔ 武臣(무신)	戰國時代
단종조 朴	(중손)仲孫 ↔ 季子(계자)	蘇秦의 字
	(백규)白圭 ↔ 綠珠(녹주)	石崇의 字
秦	(시황)始皇 ↔ 終軍(종군)	漢나라 선비로 匈奴에 死節
齊	(전화)田禾 ↔ 池魚(지어)	人名. 殃及池魚
『삼국지』의 등장인물	(노인)路人 ↔ 山民(산민)	龐德公의 字
戰國時代 진	(정국)鄭國 ↔ 齊家(제가)	朴
李夫人 한무제 첩	(소옹)少翁 ↔ 長孺(장유)	汲 한문제 때 사람
姓은 秦. 편작	(월인)越人 ↔ 楚客(초객)	許
河	(국보)國寶 ↔ 人瑞(인서)	성탄의 名, 『서상기』의 작자
成	(삼문)三問 ↔ 五休(오휴)	安

『莊子』濠上論	(혜시)惠施 ↔ 法正(법정)	제갈량의 부하
진목공이 모시고 감	(서걸)西乞 ↔ 東施(동시)	
郭泰	(유도)有道 ↔ 無功(무공)	三績
宋	(채경)蔡京 ↔ 晉鄙(진비)	위나라 장수
사운영	(사객)謝客 ↔ 買臣(매신)	朱
鄭	(경세)經世 ↔ 定國(정국)	于, 한문제 때 사람. 明, 李定國
웅화	(거비)去非 ↔ 與可(여가)	동주자사 역임 文同州, 동파친구.
도선道仙	(옥룡자)玉龍子 ↔ 石虎(석호)	晉 석륵. 五胡亂때
	(곡직)曲直 ↔ 黑白(흑백)	모두 만주 사람.
양웅의 아들	(동오)童烏 ↔ 竪牛(수우)	魯의 일족
孔子의 門人	(유약)有若 ↔ 何曾(하증)	진나라 정승. 완적시대
神僧	(습득)拾得 ↔ 歸來(귀래)	신숙주의 아우
호연의 형	(호모)狐毛 ↔ 羊角(양각)	左白桃와 右角哀 楚에 가다가 폭설로 양식이 모자라 나무구멍에서 미라로 변함.
東林寺 선비 죽이는데 주동, 顧	(삼재)三才 ↔ 一行(일행)	
주자의 아버지	(주송)朱松 ↔ 青蓮(청련)	李白
	(막수)莫愁 ↔ 無畏(무외)	申
葉	(유성)有聲 ↔ 無跡(무적)	魚
宋의 名將	(곡단)曲端 ↔ 廉頗(염파)	모서리, 비뚤어짐

明人, 張	(봉익)鳳翼 ↔ 麟趾(인지)	鄭
『삼국지』에 나옴	(황개)黃盖 ↔ 朱弁(주변)	朱子의 曾祖父, 金에 死節
위진때 文士	(목화)木華 ↔ 金聲(김성)	明의 節臣, 淸에 死節
樂毅의 조부. 魏의 장수	(악양)樂羊 ↔ 史魚(사어)	
漢代, 鄭	(당시)當時 ↔ 其年(기년)	陳. 淸代
	(서산)西山 ↔ 東野(동야)	
明末 정성공의 자, 母일본인 明淸稗史 鄭	(대목)大木 ↔ 嘉實(가실)	
구범. 호언의 字 『좌전』	(자범)子犯 ↔ 孫順(손순)	손씨 조상
숙종조 양명학의 대가 沈	(백운)白雲 ↔ 紫霞(자하)	申
子夏	(복상)卜商 ↔ 夢周(몽주)	
송휘종	(도군)道君 ↔ 巫臣(무신)	한무인
彭績	(추사)秋士 ↔ 夏姬(하희)	夏의 公主
	(진승)陳勝 ↔ 許負(허부)	한고조 때 관상 보는 사람. 딸이 8번 과부. 진평이 장가. 후손에 진후주. 옥수후정화 지음
위공자	(위제)魏齊 ↔ 吳漢(오한)	왕패와 같은 시대
건문제 충신	(손지)遜志 ↔ 守道(수도)	石, 狙狹先生
남명제자	(하락)河洛 ↔ 山岳(산악)	王
한무제 때 田	(천추)千秋 ↔ 萬里(만리)	江, 宋의 선비
	(묵적)墨翟 ↔ 文鴦(문앙)	삼국시대 사람

형	(거실)居實 ↔ 若虛(약허)	金. 밀양
李	(서구)書九 ↔ 道一(도일)	吳
翟	(방진)方進 ↔ 何休(하휴)	『주역』전함. 복생은 『서경』전함.
진	(사도)師道 ↔ 友仁(우인)	미불의 아들
주의 명장. 문인 한	(금호)擒虎 ↔ 伏龍(복룡)	
謝	(현휘)玄暉 ↔ 蒼雲(창운)	
혜강의 字 張	(숙야)叔夜 ↔ 子朝(자조)	춘추시대 미남
조	(비연)飛燕 ↔ 鳴鶴(명학)	荀. 진고사. 雪間玄土龍, 月下苟鳴鶴
진	(소유)少遊 ↔ 大觀(대관)	河(1698~1776)
범순씨 或 범	(사회)士會 ↔ 民瞻(민첨)	姜
鄒衍의 號	(담천)談天 ↔ 緯地(위지)	河
李	(진유)眞儒 ↔ 大老(대로)	呂. 임란 때 사람
영조 때 참봉. 李	(산해)山海 ↔ 雲林(운림)	呂. 明나라 화가
徐	(거정)居正 ↔ 善述(선술)	徐. 明나라의 志士, 山書에 뛰어남
李	(숭인)崇仁 ↔ 味道(미도)	蘇
제한공 名	(소백)小白 ↔ 孤靑(고청)	徐起. 율곡친구. 종의 아들. 송구봉 감정의 아들
任	(홍수)弘首 ↔ 重耳(중이)	진문공 名
곽광의 형. 霍	(거병)去病 ↔ 延壽(연수)	
	(사명당)四溟堂 ↔ 三峰(삼봉)	鄭
唐明皇의 아우	(원길)元吉 ↔ 无處(무처)	민. 曹晁의 친구

	(한산자)寒山子 ↔ 溫溪(온계)	退溪의 仲氏
明末 기생. 錢謙益의 소실. 柳	(여시)如是 ↔ 無己(무기)	宋, 陳師道의 字. 시인. 妾薄命의 作者
	(소군)昭君 ↔ 可臣(가신)	
	(진월인)秦越人 ↔ 許楚客(허초객)	
	(진식)陳寔 ↔ 郭虛(곽허)	
	(어득강)魚得江 ↔ 馬占山(마점산)	
	(정현)鄭玄 ↔ 晉淸(진청)	
	(황화)黃花 ↔ 白圭(백규)	
	(문옹)文翁 ↔ 武臣(무신)	
	(호모)狐毛 ↔ 鼠首(서수)	
	(곽유도)郭有道 ↔ 曹無咎(조무구)	
	(왕패)王霸 ↔ 胡華(호화)	
	(위제)魏齊 ↔ 吳漬(오지)	
	(직불의)直不疑 ↔ 何無歎(하무탄)	
	(야왕)野王 ↔ 山民(산민)	방덕공 字
	(노자)老子 ↔ 少君(소군)	
	(양설적)羊舌赤 ↔ 龍骨大(용골대)	
	(만장)萬章 ↔ 五償(오원)	

	(이화)李花 ↔ 桃葉(도엽)	
	(고령인)顧寧人 ↔ 李存吾(이존오)	
	(중이)重耳 ↔ ○道(○도)	
	(왕무공)王無功 ↔ 史可法(사가법)	
	(악래)惡來 ↔ 可之(가지)	

버려졌어도 살아있는 우리의 전통

초판 1쇄 인쇄일	2018년 10월 15일
초판 1쇄 발행일	2018년 10월 20일

지은이	이병혁
펴낸이	정진이
편집장	김효은
편집/디자인	우정민 박재원 정구형
마케팅	정찬용 우민지
영업관리	한선희 이성국
책임편집	정구형
인쇄처	국학인쇄사
펴낸곳	국학자료원 새미(주)
	등록일 2005 03 15 제 4063240000251002005000008호
	경기도 파주시 소라지로 228-2 (송촌동 579-4)
	Tel 442−4623 Fax 6499−3082
	www.kookhak.co.kr
	kookhak2001@hanmail.net

ISBN	979-11-88499-68-7 *93900
가격	24,000원